NENHUM AMOR É EM VÃO

Américo Simões
Ditado por *Clara*

NENHUM AMOR É EM VÃO

Barbara

Revisão
Sumico Yamada Okada

Capa e diagramação
Meco Simões

Foto capa: Ragnar Schmuck/Corbis(DC)/Latinstock

Dados Internacionais de Catalogação na Publicação (CIP)
(Câmara Brasileira do Livro, SP, Brasil)
Garrido Filho, Américo Simões
Nenhum amor é em vão / Américo Simões. - São Paulo:
Barbara Editora, 2011.

1. Espiritismo 2. Romance espírita I.Título.

05-0616   CDD-133.9

Índices para catálogo sistemático:
1. Romances espíritas: Espiritismo   133.9

BARBARA EDITORA
Av. Dr. Altino Arantes, 742 – 93 B
Vila Clementino – São Paulo – SP – CEP 04042-003
Tel.: (11) 5594 5385
E-mail: barbara_ed@estadao.com.br
www.barbaraeditora.com.br

Todos os direitos reservados.
Nenhuma parte desta obra pode ser reproduzida ou transmitida por qualquer forma e/ou quaisquer meios (eletrônico ou mecânico, incluindo fotocópia e gravação) ou arquivada em qualquer sistema de banco de dados sem permissão expressa da Editora (lei n° 5.988, de 14/12/73).

O tempo nos ensina que não existe amor errado.
Todo amor, toda paixão, dure o tempo que durar,
tem algo de muito importante a nos ensinar...
Às vezes, é preciso encarar o tempo para
olharmos para trás e ver que nenhum amor foi em vão...

Para as minhas tias queridas
Saudade e Beatriz Queiroz
e meus padrinhos
Sebastião e Elvira Toledo

Primeira parte

A família de Valeriano da Silva era composta de quatro pessoas: o próprio Valeriano, sua esposa, Vicentina Santos da Silva, e as filhas Silvana e Juliana. Moravam no sítio de dez alqueires que Valeriano recebeu do pai, para garantir o seu sustento, após ele se casar com Vicentina. Terras produtivas, situadas às margens do rio Paranapanema, no estado do Paraná, Brasil.

Não havia nenhuma cidade nas proximidades, apenas um vilarejo chamado Lagoa Serena, onde havia uma farmácia, uma loja de secos e molhados, uma escola e uma igreja católica que todos os moradores das fazendas e sítios da região frequentavam, especialmente nas manhãs de domingo.

Valeriano era um homem batalhador. Não tinha tempo ruim com ele para trabalhar. Por não ter condições financeiras para contratar funcionários para ajudá-lo no sítio, ele próprio procurava dar conta de tudo que era necessário ser feito ali. Nunca estava de mau humor, tampouco cansado, tampouco abria a boca para reclamar da sobrecarga de trabalho.

Vicentina procurava ajudar o marido no que fosse preciso. Cuidava dos afazeres da casa e quando sobrava tempo, ajudava o marido na roça. Tinha uma vitalidade leonina e mãos de fada para a culinária.

Silvana, a filha mais velha do casal, nove anos mais velha do que a irmã, Juliana, desde menina, tinha sonhos de grandeza. Casara-se com Cirineu Rosa aos dezesseis anos, porque acreditou que ele poderia realizar todos os sonhos que ela perseguia. O que não aconteceu, deixando a moça revoltada e infeliz. Moravam num sítio vizinho ao do pai, na companhia dos dois filhos: Benedita, de quase nove anos de idade e Aparecido, de oito.

Juliana, por sua vez, aos dezessete anos de idade era uma jovem tipicamente camponesa. Solidária e prestativa. Com ambições bem mais modestas que as da irmã. Era bem feita de corpo, os cabelos, lisos, divididos ao meio, num tom castanho, da cor dos olhos, caíam sobre seu ombros, de forma harmoniosa. No todo, ela era muito graciosa.

Após o almoço na casa da família da Silva, Juliana, como sempre, ajudava a mãe a tirar a mesa, lavar e secar a louça. Depois a ajudava a fazer pão, geleia, manteiga, doces de compota, arroz-doce, bolinhos de chuva, garapa, cada dia, enfim, uma gostosura para saborearem. Neste dia em especial, mãe e filha fizeram pão caseiro. O único disponível na região, uma vez que não havia padarias por lá.

Por volta das três horas da tarde, enquanto a travessa de pães assava no forno à lenha, Vicentina e a filha foram descansar um pouco na pequena e modesta varanda que ficava do lado direito da casa. A filha sentou-se na rede e a mãe, na cadeira de balanço construída pelo próprio pai, única herança deixada para ela, por isso a preservava com muito carinho.

Era naquela modesta varanda que mãe e filha falavam com empolgação sobre os livros que liam, retirados na pequena e humilde biblioteca da escola, montada por uma rica fazendeira da região. A mãe contava também para a filha, trechos do seu passado, de sua infância e sua adolescência querida.

Cerca de meia hora depois, Silvana chegou, mas Vicentina e Juliana estavam tão entretidas na conversa que levaram um bocadinho de tempo para notarem sua chegada.

— Silvana! — exclamou Vicentina, ao ver a filha parada próximo à varanda.

— Olá, mamãe. — respondeu Silvana com secura.

— Não a tinha visto aí. Chegou faz tempo?

— O tempo suficiente para ouvir os últimos relatos.

A mãe foi até ela dar-lhe as boas-vindas.

— Como vai, Silvana?
Silvana lançou-lhe seu olhar sisudo e evitou, como sempre, que sua mãe a beijasse.
— Indo. — respondeu Silvana com profundo desagrado. — *Cadê* o papai?
— Na roça. E seu marido, como vai?
— Cirineu?! Bem.
Juliana cumprimentou a irmã a seguir, mas Silvana a tratou como um inseto incômodo a rodear sua cabeça. Ignorou as boas-vindas e disse:
— Quando eu era menina, a senhora não costumava me contar histórias como faz com Juliana.
— Eu tentava, mas você nunca se interessava por elas.
— Sei...
Silvana mediu a irmã de cima a baixo antes de perguntar:
— Esse vestido seu é novo, Juliana?
— Não, Silvana. Você já me viu usando *ele* diversas vezes.
Silvana aproximou-se da irmã e pegou o tecido.
— O tecido dele é dos bons. Não me lembro de tê-la visto usando-o antes.
— Deve ter se esquecido.
— Quando eu tinha a sua idade eu raramente ganhava um vestido novo, com você já é diferente. Mamãe gasta todas as suas economias para fazer um para você.
— Isso não é verdade. — defendeu-se Vicentina.
— É verdade, sim. Ora, não se faça de sonsa, mamãe.
— Silvana, respeite-me.
— Sejamos francas, mamãe. A senhora sempre gostou mais da Juliana do que de mim, não é mesmo?
— Filha, amor de mãe...
— Por que a senhora insiste em negar? É, sim. Juliana foi sempre mais paparicada do que eu.
— Eu sempre tratei *você* do mesmo modo.
— Quando? Juliana é a filha mais querida e ponto final.
Vicentina estendeu a mão direita para frente e pediu à filha:
— Aperte qualquer um dos meus dedos e todos vão doer do mesmo modo. Filhos são como dedos.

— Não são. Uns são mais queridos que os outros e ponto final.
— Ora, ora, ora, Silvana. Por acaso você gosta mais da sua filha, Benedita, do que do seu filho, Aparecido?
— É diferente, filho e filha são diferentes.
— Que nada.
— Eu não me importo que a senhora goste mais da Juliana do que de mim. Juro que não me importo. Só queria que a senhora assumisse isso diante de todos.
— Você está sempre procurando pelo em ovo, Silvana. Sempre procurando algo para cutucar, levar à discórdia. Você puxou demais as minhas duas irmãs.
— Aquelas duas solteironas, gagás? Eu pelo menos me casei. Tenho meus filhos.
— Agradeça a Deus por tudo isso. Veja o quanto você foi abençoada.

Silvana fez outro bico de descaso. Houve uma breve pausa até que ela se voltasse para Juliana e dissesse, no seu tom mais ácido:
— E você, Juliana, quanto tempo mais vai levar para arranjar um pretendente?
— Tenho apenas dezessete anos, Silvana, sou ainda muito moça para me casar.
— Moça?! Vê lá, hein? O tempo passa voando... Se eu fosse você dava um jeito de fisgar um marido e o mais rápido possível, antes que acabe solteirona como nossas duas tias.

Juliana e Vicentina se olharam. Não foi preciso dizer nada, falaram-se pelo olhar. Silvana disse a seguir:
— Encontrei com dona Cremilda ontem à tarde na cidade, ela perguntou da senhora, mandou-lhe lembranças.
— Estimo.
— Não entendo como o marido dela pôde ter se casado com ela! Uma mulher bem mais velha do que ele, feia e enrugada!
— Não é bonito dar mais idade às pessoas do que elas realmente têm, Silvana!
— Mas ela parece bem mais velha do que o marido, ora!
— Não parece não. Isso é coisa da sua cabeça.
— Parece, sim. A senhora é que gosta de pôr panos quentes nas coisas.

No minuto seguinte, Juliana pediu licença para a mãe e para a irmã para ir colher algumas flores. Silvana ficou na janela da cozinha, observando a irmã, seguindo o caminho que levava ao canteiro de flores que era sempre muito bem cuidado por ela e pela mãe.

— Lá vai ela, a filhinha querida da mamãe, colher florzinhas para encher os vasos da casa. — debochou Silvana.

Vicentina fingiu não ouvir, se dissesse alguma coisa, acabaria se desentendendo com a filha, como sempre acontecia quando ela desdenhava Juliana. Vicentina sabia que Silvana fazia aquilo de propósito só para ter um bom motivo para brigar. Adorava uma discussão, uma afronta. Parecia ter prazer com aquilo.

Para não desandar a harmonia entre as duas, Vicentina sugeriu:

— Agora sente-se aqui e coma uma fatia do pão que acabei de assar com esse cafezinho preto, *bão,* que acabei de coar. Esta manteiga está uma delícia.

A filha acatou a ordem da mãe.

Logo depois, Juliana voltou trazendo um lindo buquê de flores que arranjou com muito jeitinho num dos vasos da casa.

— Não ficou lindo? — perguntou à mãe e à irmã.

Vicentina respondeu que sim. Silvana torceu o nariz.

Depois de saborear fatias do pão quentinho com manteiga caseira, Juliana pediu licença para ir dar a sua volta habitual pelos arredores do sítio.

Licença concedida.

Silvana disse a seguir:

— Juliana não deveria andar sozinha por aí, vai que acontece alguma coisa de ruim com ela.

— Ora, ora, ora, Silvana. O que poderia acontecer a sua irmã num lugar pacífico como este?

—Tantas coisas... Um maluco pode cruzar o caminho dela, agredi-la, estuprá-la, até mesmo matá-la. Se ela precisar de socorro ninguém vai poder socorrê-la, pois por mais que ela grite, dependendo da distância, ninguém daqui vai conseguir ouvi-la.

As palavras de Silvana assustaram Vicentina. De certo modo, ela tinha razão.

Silvana continuou destilando veneno:

— Ela pode ser atacada por um animal feroz, um cão enlouquecido. Pode torcer o pé, escorregar num dos barrancos... Só fico imaginando o que aconteceria com a senhora se alguma coisa de ruim acontecesse a sua filhinha do coração.
— Nada disso vai acontecer a Juliana.
— Se acontecesse comigo a senhora não daria a mínima, não é mesmo?
— Não diga tolices, Silvana.
— É verdade, confesse, para que mentir? Se algo de ruim me acontecesse, a senhora não sentiria tanto quanto sentiria se fosse com a sua filhinha adorada.

As provocações de Silvana esgotaram a paciência de Vicentina.
— Quer saber de uma coisa? — explodiu a mulher. — Eu realmente não sentiria nada se algo de ruim lhe acontecesse. É isso que você quer ouvir, não é? Pois bem, ouviu, está contente agora?
— Eu sabia! — exclamou Silvana, triunfante. — Eu sabia que era verdade.
— Você não passa de uma menina invejosa e ranheta, Silvana. Que você não passe nas mãos dos seus filhos o mesmo que eu estou passando nas suas mãos.
— Não passarei e sabe por quê? Porque amo os dois da mesma forma, com a mesma intensidade.
— Será mesmo?
— Está duvidando de mim?
— Estou do mesmo modo que você duvida dos meus sentimentos por você.

O clima pesou no recinto, mas foi breve, Vicentina logo quebrou o gelo:
— Quer provar um bocadinho do doce de cidra que eu fiz esta manhã? Está do jeito que você gosta.

Silvana não resistiu, aceitou.

Juliana saía toda tarde a sós porque adorava andar a cavalo e ficar a sós com seus pensamentos para pô-los em ordem, algo que

11

considerava importante para o seu equilíbrio físico e mental. Durante a cavalgada, colhia algumas flores de São João para alegrar a casa onde vivia com os pais, aprendera cedo que flores embelezam e harmonizam o ambiente.

A jovem passeava os olhos pelas extensões de terra, quando avistou a silhueta de um homem. Estava parado rente a um cavalo, não podia ver seu rosto, tampouco se olhava na sua direção, pois estava contra o sol que caía no horizonte. Por mais que Juliana tentasse, não conseguia precisar sua idade. Estudando melhor a silhueta, chegou à conclusão de que ela pertencia a um estranho. Alguém que até então jamais vira por aquelas bandas.

O relincho do cavalo em que estava montada, despertou Juliana de seus pensamentos. De repente, ela sentiu medo, medo de que o estranho fosse alguém desequilibrado. Um perigo para uma jovem indefesa num lugar despovoado como aquele. Pegou seu crucifixo preso à corrente que adornava seu gracioso pescoço e o beijou, pedindo a Deus por proteção.

Subitamente, o estranho moveu-se e, em seguida, desapareceu por trás da cadeia de eucaliptos que havia próximo dali. Juliana tornou a beijar o crucifixo e, desde então, sentiu-se mais aliviada.

Voltava para casa, carregando seu cesto tomado de flores de São João, quando subitamente foi despertada de suas reflexões pelo trotar de um cavalo. Voltou-se para trás e assustou-se ao ver um cavalo montado por homem de chapéu vindo na sua direção. Era ele, o estranho que avistara há pouco.

Juliana voltou a sentir medo dele, por mais perto que estivesse de sua casa, duvidou que seus gritos de socorro, caso ele a agredisse, pudessem ser ouvidos por seu pai e sua mãe.

Com a aproximação do estranho, Juliana pôde ver que se tratava de um homem de aparência jovial, mas talvez fosse bem mais velho do que aparentava. O suor corria por sua face corada, seus olhos pareciam ligeiramente arregalados, denotando preocupação.

— Olá. — disse ele.

— Olá. — respondeu Juliana, timidamente, mal olhando para a face do homem.

Um tanto esbaforido, o estranho se explicou:

— É a primeira vez que visito essas terras e acho que estou perdido. Que caminho devo tomar para chegar à Fazenda Mato Serrão?

Juliana deixou escapar um suspiro de alívio antes de responder:

— Por ali, meu senhor. Siga aquela estrada de terra até o fim, depois vire à esquerda e siga em frente, não há o que errar.

O estranho lhe agradeceu, ajeitou o chapéu sobre a cabeça e partiu, exigindo do cavalo toda a velocidade.

Juliana ficou tão aturdida diante do homem que mal pôde olhar direito para sua face, que viu apenas de relance, sem coragem e tempo suficientes para vê-la com detalhes. Seu rosto pareceu-lhe apenas um borrão.

Quando Juliana chegou em sua casa, Cirineu, marido de Silvana, já havia chegado na companhia dos dois filhos, para buscar a esposa. Era um homem e tanto, com qualidades que sua mulher, aparentemente, jamais notaria.

Todos já se encontravam aconchegados na charrete quando a jovem passou por eles e os cumprimentou. Os sobrinhos sorriram-lhe felizes por vê-la. Silvana endereçou à irmã um daqueles seus olhares de descaso e inveja. Cirineu, por sua vez, acenou para a cunhada no seu jeito tímido de sempre.

Em seguida, Silvana ajeitou no chão da carroça a forma cheia de pão assado, que a mãe havia feito especialmente para ela, e partiram.

Minutos depois, Juliana, seu pai e sua mãe sentavam-se à mesa para jantar o mesmo de sempre: leite com café, pão com manteiga. Foi aí que Juliana contou aos pais a respeito do estranho que vira naquela tarde.

— Esse homem só pode ser *fio* do novo dono da fazenda Mato Serrão. — explicou Valeriano. — Coitado, deve ter morrido de medo de ficar perdido por aí e o que é pior no escuro.

— Como era a aparência desse moço, filha? Bonita?

— Não. Sim... Não...

— Sim, não? Como assim?

— Não sei dizer ao certo, mamãe. Se eu reencontrá-lo mais uma vez, vou prestar melhor atenção nele. Prometo.

Naquela noite, Juliana ficou por um longo tempo pensando em como seria a vida daquele estranho longe dali, num mundo em que, até aquele momento, ela só ouvira falar a respeito, jamais visitado. Sim, jamais, pois nunca havia arredado os pés das terras de seu pai. O mais longe que tinha ido era até Lagoa Serena, nada além do vilarejo.

No dia seguinte, por volta das três e meia da tarde, Juliana se dirigiu até o lago que atravessava o sítio de seu pai e fazia divisa com a fazenda Mato Serrão. Queria, sem saber ao certo o porquê, reencontrar o tal estranho que havia cruzado seu caminho no dia anterior. Algo que não quis comentar com sua mãe, com quem dividia tudo, por receio de que ela estranhasse o seu repentino interesse pelo homem.

Para a sua surpresa, assim que chegou às margens do lago, avistou o estranho cavalgando ao lado de um senhor, pançudo. Sua voz não era forte, notou Juliana, mas soava naquele instante com grande intensidade.

— Essas terras, todas elas, Miguel, um dia serão suas.

— Minhas e de minha irmã, papai, esqueceu-se dela?

— Não. Mas ela só herdará alguma coisa minha se eu estiver bem certo de que aquele almofadinha com quem ela se casou, provar, não me pergunte como, que não se casou com ela por causa de sua herança.

— Ora, meu pai, Maximiliano é um bom sujeito.

— Maximiliano é um de seus amigos, Miguel, e nenhum amigo seu, falando francamente, é um bom sujeito. Todos não passam de *bon vivants*. Qualquer um da cidade de Curitiba sabe disso.

— Por que o senhor implica tanto com os meus amigos?

— Porque nenhum presta, ora. São todos uns filhinhos de papai, mimados e vagabundos. Os que não são, não passam de boêmios, interesseiros e picaretas.

— O senhor está exagerando.

— Não desviemos do assunto. Falemos do que realmente importa: Maria Tereza Mendes e Souza. Está mais do que na hora de você pedir a moça em namoro, noivar e se casar com ela. Ela gosta de você. Curitiba inteira sabe disso. Além do mais, o pai dela é meu grande amigo e um homem, assim como eu, muito bem sucedido nos negócios. Maria Tereza é a moça certa para você se casar, Miguel.

— Lá vem o senhor com esse papo novamente. O senhor já falou a respeito durante a viagem toda para cá, agora chega, por favor.

— Não chega, não! Você já está com 31 anos completos. Ou você decide de uma vez ou...

Aristides Pabliano interrompeu sua fala ao avistar Juliana parada em frente ao lago, num ponto não muito longe de onde ele se encontrava com o filho.

— Quem será? — perguntou, franzindo os olhos para poder ver melhor.

Miguel também enviesou os olhos para poder enxergar melhor.

— Provavelmente alguma moradora das fazendas vizinhas. — respondeu.

— Provavelmente. — concordou o pai. — Agora, voltemos a falar sobre você e Maria Tereza Mendes e Souza.

Miguel bufou, irritado, não aguentava mais ouvir o pai tocar no assunto. Para ele, Maria Tereza e um mosquito eram a mesma coisa, insignificantes e sem graça.

Assim que os dois chegaram à sede da fazenda Mato Serrão, um casarão bonito, todo reformado, Maximiliano achegou-se ao sogro e disse:

— A fazenda é maravilhosa, senhor Aristides.

Aristides Pabliano fingiu não ouvir o comentário do genro, passou por ele, fingindo estar atrasado para um compromisso inexistente.

Assim que Miguel se encontrou com Graciela, sua irmã, ele fez um desabafo:

— Papai insiste em me ver casado, Graciela.

Maximiliano deu seu parecer:

— Quando você encontrar a moça certa, meu caro cunhado, aquela que fizer o seu coração bater mais forte, você se casará com ela de livre e espontânea vontade e o que é melhor, esbanjando alegria. Foi assim que aconteceu comigo, por isso estou aqui, casado com sua irmã.

— Eu também acho, Miguel. — opinou Graciela, apreciando intimamente as palavras do marido oito anos mais jovem do que ela.

Maximiliano deu o ar de sua graça, novamente:

— O duro é se o Miguel levar quase uma vida inteira, para encontrar a mulher certa para se casar.

A frase terminou em meio a uma gargalhada. Miguel disse a seguir:

— Papai exige que eu me case para lhe dar um neto. Já que ele quer tanto um neto por que ele não pede a vocês? Vocês já estão casados, torna-se mais fácil.

— Sinto muito maninho, mas sou muito jovem para ter filhos.

— Jovem, minha irmã? Você já passou dos trinta há quase três anos.

— Eu é que não vou deformar o meu lindo corpinho com uma gravidez. Não agora. Preciso me cuidar.

— Torna-se mais difícil engravidar com o avanço da idade...

— Do mesmo modo que se torna mais difícil arranjar um marido, bem como mantê-lo ao seu lado com o avanço da idade. Ainda mais com um corpo disforme após uma gravidez.

— Mas Maximiliano a ama, não?

— Agora. Enquanto sou jovem e bonita. Depois...

— Eu vou sempre amá-la, Graciela. — afirmou Maximiliano, abraçando a esposa por de trás.

Graciela olhou para o irmão com olhos transparecendo insegurança. Miguel, como sempre, caçoou de sua insegurança.

A reação da irmã o deixava ainda mais descrente em relação ao amor, certo de que o amor não passava de uma mentira. Para ele, amor e paixão eram a mesma coisa, explodia dentro de uma pessoa, levando a loucura do prazer, depois deixando apenas estilhaços. Miguel nunca havia amado ou se apaixonado de verdade, até então, para ter aquela opinião sobre o amor e a paixão. Essa desconfiança e descrença no amor haviam nascido com ele, fruto, provavelmente, de algo vivido em uma vida passada.

Minutos depois, Miguel foi até a cozinha do casarão em busca de um copo de água.

— Um copo d'água, por favor. — pediu para jovem que conversava com Valmira, a cozinheira da casa.

Diante da imobilidade da moça, Miguel tornou:
— Não me ouviu? Quero um copo de água.
Houve então um espasmo em seu olhar ao perceber que a jovem, era a mesma que encontrara na tarde do dia anterior pelos arredores da fazenda.
— Você!? — exclamou.
Juliana não sabia o que fazer, tamanho o embaraço.
Só então Miguel observou mais atentamente a jovem, usando um vestido simples, que destacava sua delicadeza e fragilidade. Era realmente uma mocinha linda, observou, bem feita de corpo, de cabelos castanho-claros, lisos, escorridos até os ombros, com olhos castanhos, transparecendo vitalidade e compaixão. Uma raridade, enfim, num fim de mundo como aquele.
— Você é a jovem que encontrei nos arredores da fazenda ontem, não? — perguntou ele, focando os olhos da jovem, com grande interesse.
— Sim, senhor. — respondeu Juliana, timidamente. — O senhor me perguntou que direção...
Ele a interrompeu:
— Não sabia que trabalhava aqui na fazenda.
Valmira interferiu na conversa:
— Ela não trabalha aqui, meu patrão. É filha do dono do sítio vizinho, é amiga minha, veio me visitar.
Miguel assentiu com um leve movimento de cabeça.
— Patrãozinho, sua água. — falou Valmira a seguir.
Levou alguns segundos para que o moço* baixasse os olhos na direção da mão da cozinheira que segurava o copo com água na sua direção. Ele, enfim, pegou o copo de sua mão e o secou numa golada só. A seguir, fez um desabafo:
— Essas terras são quentes como o inferno. Cruz credo morar num lugar desses, só meu pai mesmo para comprar uma fazenda numa região calorenta como esta.
Ele estudou mais uma vez o semblante de Juliana e se retirou, fazendo um ligeiro aceno com a cabeça.
Valmira voltou-se para a jovem e disse:
— Essa gente da cidade grande é *tudo metida* e sem educação. *Ocê* viu, minha *fia,* ele nem me agradeceu pelo copo de água que servi *pra* ele.

Havia um quê de decepção pairando no fundo dos olhos de Juliana agora. Por quê? Ela não sabia dizer.

Naquele dia, Juliana voltou para a casa pensando mais uma vez em Miguel. Vislumbrara a face do moço, de relance, por meros segundos, mas foi o suficiente para perceber que era um rosto bastante atraente, muito diferente dos homens da região.

Quisera tanto ver sua face em detalhes, no entanto, agora, depois de ouvi-lo falar daquela forma, perdera o interesse na sua pessoa. Achou-o de certa forma repugnante, tão repugnante quanto uma cascavel.

Tal sentimento crescente em seu coração lhe era espantoso, pois não conseguia compreender como uma pessoa tão bem vestida, da cidade grande podia ser tão metida e desagradável. Sim, desagradável seria a palavra certa para descrevê-lo.

Desde então, Juliana procurou não pensar mais nele, mas, por mais que tentasse, a lembrança dele estava ali, resplendente, num canto bem seguro de sua mente.

No dia seguinte, quando Juliana voltava a cavalo de Lagoa Serena, onde havia ido comprar um retrós de linha para a mãe, reencontrou aquele que lhe desagradara profundamente no dia anterior.

Miguel Pabliano entrou na estrada cavalgando, imponente, na direção contrária a dela. Ao vê-la, fez sinal para que o animal diminuísse a marcha.

— Nos encontramos mais uma vez. — falou ele, com discreto entusiasmo.

Juliana quis sorrir, por educação, mas o sorriso não passou de um mero esboço.

Por um momento, Miguel observou a jovem novamente, dentro do seu vestido simples, com seus cabelos castanho-claros, seu corpo delgado e bonito, seus olhos de compaixão. Depois, enxugou o suor da testa com um lenço, soltou um risinho cínico e disse:

— Como você consegue? Diga-me, como alguém consegue viver num fim de mundo desses?

— Pensei que estivesse feliz por estar aqui.
— Feliz, eu? Nasci na cidade grande, na civilização e pretendo continuar por lá até dar o meu último suspiro. Vim para cá porque meu pai insistiu muito. Caso contrário não poria os meus pés aqui por nada desse mundo.
— E quanto à fazenda que seu pai acabou de comprar, será sua no futuro, não?
— Vou vendê-la assim que me for passada como herança.
— Que pena, pois é uma bela fazenda!
— Não sou bicho do mato, para gostar de mato.

Juliana achou graça no modo de o moço se expressar. Depois, sentindo-se mais à vontade na sua presença, perguntou-lhe:
— Como é a cidade grande?

Os olhos dele se abriram de perplexidade:
— V-você nunca esteve numa cidade grande?!
— Nunca saí daqui, meu senhor. Não conheço nada além dessas terras.
— Pobrezinha... Pois deveria conhecer... Há um mundo bem diferente do que este em que você vive. Mal posso acreditar que existam pessoas que não conheçam a civilização, que nunca chegaram a pôr os pés nela.
— Um dia, quem sabe...

Miguel observou mais uma vez o semblante de Juliana, estudando cada canto do seu rosto com muita atenção. Sem graça, ela disse:
— Preciso ir.
— Onde fica a fazenda de vocês?
— Não é uma fazenda, meu senhor, é um sítio.
— Um sítio...

Ele fez cara de desagrado mais uma vez.
— Posso acompanhá-la? — perguntou a seguir.
— P-pode...
— Você não me disse seu nome.
— Juliana.

Ele estendeu-lhe a mão e disse:
— O meu é Miguel.

Foi no momento em que a mão dela foi envolvida pela dele que Juliana pôde ver com nitidez o rosto daquele estranho rapaz. Era um rosto bem diferente dos homens que já havia conhecido, a pele era rosada, a barba escura, cerrada. Os olhos castanho-escuros eram vivos e expressivos e pareciam ter o poder de enxergar além de sua alma. Aquilo a comoveu de certo modo e, ao mesmo tempo, a perturbou.

A pergunta seguinte de Miguel foi muito pertinente:

— Você não fala com aquele sotaque carregado de interior por quê?

— Porque minha mãe sempre me ensinou, desde menina, a procurar falar certo. Ela sempre foi muito estudiosa, sempre leu muitos livros e, com isso, pôde ter mais cultura, cultura que procura passar para mim.

— Você não tem irmãos?

— Tenho apenas uma irmã. Casada, já com dois filhos.

— E você quando pretende se casar?

— Eu nem namorado tenho.

— Não?! Tão bonita assim... Deve ter pelo menos uns dez homens a sua *cola*.

— *Cola?*

— Querendo namorar *você*.

— Acho que até hoje só o Tobias se interessou por mim. Ele trabalhava para o ex-proprietário da fazenda que seu pai comprou.

— Então ainda deve estar trabalhando para nós, pois meu pai manteve todos os empregados após comprar a fazenda.

— Tobias é um bom sujeito, mas não desperta nada em mim... Minha mãe diz que o homem precisa despertar algo dentro da mulher para que ela se interesse por ele.

— Mulheres...

— O que?

— Nada. O que faz o dia inteiro por essas bandas?

— Ajudo minha mãe nos afazeres de casa, a preparar o almoço e o jantar, leio, passeio pelas tardes, para colher flores e me distrair. Na época da colheita ajudo meu pai, e também levo pão com café para ele...

— E à noite?

— Leio, faço minhas orações e depois vou dormir assim como meus pais. Não há muito que se fazer por aqui à noite, não temos luz. Meu pai não tem condições de comprar um gerador de luz, é muito caro.

— Se na nossa fazenda há luz na de vocês deveria ter também.
— Vocês têm luz porque o antigo proprietário da fazenda que hoje é de vocês pagou para a companhia de energia elétrica levar luz até lá. Gastou um dinheirão para isso.
— A vida de vocês deve ser um horror, uma verdadeira tortura. Como é que alguém pode viver sem energia elétrica? Eu cortaria meus pulsos se não tivesse luz em minha casa. Não aguentaria dois dias, a não ser que me afogasse na bebida o suficiente para dormir.
— O senhor fala engraçado.
— Senhor está no céu. Chame-me apenas de Miguel.
— Nome de anjo.
— Miguel?
— Sim.
— Será que sou um anjo e não sei?
Miguel riu, debochado. Juliana, apreciou sua risada, achou-a divertida, depois disse:
— Minha casa está logo ali.
— Onde? Só vejo a casa dos empregados.
— Casa dos empregados?! Não, aquela é a nossa casa.
— Vocês moram naquilo? Vocês chamam "aquilo" de casa? Desculpe é que não estou acostumado com casas de madeira. Não faço ideia como uma pessoa consegue morar numa casa assim.
Miguel, endireitando o corpo sobre o belo cavalo, despediu-se:
— Bem, eu já vou indo. A gente se vê por aí.
— A gente se vê... — repetiu ela, pausadamente, apreciando a frase.
Juliana tinha agora uma nova impressão sobre o moço. Já não o via mais tão pedante como no dia anterior. A nova visão deixou-a mais alegre, sem saber ao certo o porquê.

No dia seguinte, Juliana e Miguel se encontravam mais uma vez, para alegria da jovem. Ela havia ido dar seu passeio habitual na esperança mesmo de reencontrar o moço da capital. Teria ele saído para cavalgar pelo mesmo propósito que ela?, quis muito saber Juliana.

Nem bem entabularam uma conversa, Miguel, falou:
— Desculpe-me pelas coisas que disse a você em relação a sua casa e a pobreza desse lugar. Acho que fui muito grosseiro. É que tudo isso aqui é tão diferente do mundo em que vivo desde criança.
— Não há nada que se desculpar.
— Estou perdoado?
— Não há nada a ser perdoado.
— Obrigado, você é muito gentil. Sua educação é tão apurada que duvido que haja uma moça na alta sociedade que tenha tão bons modos como você.
— O senhor acha mesmo?
— Senhor? Já lhe disse que senhor está no céu. Chame-me apenas de Miguel.

Ela baixou o rosto, encabulada. A seguir ele pediu-lhe que mostrasse os pontos mais bonitos do lugar. Juliana, sentindo mais confiança em Miguel, atendeu seu pedido.

O dia terminou sem promessas de se verem no dia seguinte. Não era preciso, eles sabiam, intimamente, que iriam se encontrar no dia seguinte, sem precisar fazer esforço algum.

Haviam se passado oito dias desde que Juliana e Miguel haviam se conhecido e cavalgavam juntos nas tardes por aquelas terras. Ele havia acompanhado a jovem até a casa dela, quando Juliana apresentou-lhe sua mãe.
— Aquela é a minha mãe.

Miguel frisou os olhos para ver melhor. Assim que se aproximou de Vicentina, disse:
— Olá.

Desceu do cavalo, tirou o chapéu e cumprimentou a senhora de uma forma que Juliana jamais vira em toda a sua vida.
— Como vai?
— Esse é Miguel, mamãe, filho do novo proprietário da fazenda Mato Serrão.
— Muito prazer, Vicentina, a seu dispor.

Miguel percorreu os olhos ao redor, depois voltou-se para a mãe e a filha e disse:
— Gostei daqui, é um lugar bem agradável, nos enche de paz.

— Queira entrar, por favor, nossa casa é modesta, mas é sua. Acabei de assar uma travessa de pão, ainda estão quentinhos, com manteiga ficam uma delícia.

— Minha senhora, vou aceitar, só de falar me deu água na boca.

— Juliana prepare um cafezinho para o seu Miguel. Nada melhor que uma boa xícara de café para acompanhar um bom pão caseiro com manteiga caseira.

Miguel, por mais que tentasse, não conseguia deixar de reparar na casa em questão. Na sua simplicidade, certo de que nunca vira um lugar tão pobre como aquele.

Minutos depois, Miguel Pabliano saboreava um café preto, quente e saboroso com fatias de pão caseiro.

Vicentina agradeceu seus elogios e perguntou:

— E o senhor o que faz da sua vida na cidade grande?

— Levo uma vida comum. Bem, mais ou menos comum. Ajudo meus pai nos negócios dele, o que me garante uma boa quantia de dinheiro para me sustentar mensalmente. Poderia ter trabalhado noutro ramo, no qual me formei, mas me vi obrigado a trabalhar com meu pai, afinal, aquilo tudo será meu um dia.

— Você é um moço sensato.

— Obrigado.

— Há sempre tanto trabalho para se fazer que sou obrigado a estender minhas horas de trabalho. Trabalhar além do expediente, sabe como é... Nesses dias chego em casa me sentindo um prego. Conhecem essa expressão, não? Sentir-se um prego quer dizer sentir-se um trapo, de cansaço.

— Ah...

— À noite passo em casa, lendo um bom livro.

— Ah, então o senhor também aprecia a leitura?

— Muito.

— O que seria de nós sem os livros, não é mesmo?

— É verdade. Eles nos enriquecem tanto. Então a senhora também é uma apreciadora de livros?

— Sou, sim.

— Que bom. Nos fins de semana vou ao clube da cidade praticar tênis, tênis é um esporte muito popular entre os ri... entre os homens da alta sociedade. À tarde recebo os amigos ou os visito... À noite vou ao teatro ou ao cinema ou a um show, há sempre muitas apresentações musicais na cidade em que moro.

— Que mundo fascinante. Tudo o que diz só conheço por meio dos livros. Juliana tanto quanto, pois ela adquiriu o hábito da leitura com o tempo, creio que por meu intermédio.

— Faço questão de na próxima vez que vier à fazenda do meu pai, trazer-lhe alguns livros.

— Não vá se preocupar

— Faço questão. É dos romances que a senhora gosta mais, não é?

— Sim. Como sabe?

— Intuição.

Vicentina sorriu.

Juliana acompanhava Miguel, a cavalo, até a saída do sítio, quando ele se voltou para ela e disse:

— Gostei muito da sua mãe. É uma senhora muito simpática.

— Obrigada.

Houve uma pausa, em que Miguel pareceu estar concatenando suas ideias. Então, disse:

— Quero que vá almoçar conosco amanhã, quero lhe apresentar minha irmã.

Juliana sentia-se, agora, ainda mais constrangida.

— Almoçar amanhã? Não sei se devo.

— Por favor, ficarei chateado, se não for.

— Vou pedir o consentimento aos meus pais, se eles permitirem...

— Diga a eles que foi um pedido meu. Espero *você* lá, amanhã, por volta das onze horas. O que acha? Esse horário está bom para você?

— S-sim. — respondeu Juliana sem saber ao certo se deveria. Estava apreensiva sem saber o porquê.

Miguel fez um aceno com o chapéu e partiu. Juliana ficou ali, observando o elegante homem de 31 anos de idade, sobre o cavalo, seguindo caminho.

Assim que entrou em sua casa, a jovem de apenas 17 anos de idade fez questão de deixar a mãe a par do convite que Miguel lhe fizera.

— Seu Miguel me convidou para almoçar com a família dele, amanhã.
— Convidou?! Que gentileza.
— Mas eu não vou.
— Como não, filha? Vai, sim!
— Mamãe, não vou me sentir à vontade perto daquela gente, não tenho nem roupa para ocasião.
— Tem, sim.
— Eu ainda nem pedi consentimento ao papai.
— Estou certa de que ele vai consentir que você vá, não se preocupe.

A mãe ficou admirando a filha com um sorriso sereno nos lábios, depois disse:
— O moço se interessou por você, filha.
— Que moço?! Seu Miguel?! Não, mamãe. Ele está apenas querendo ser gentil.
— Que nada. Ele se interessou por você, sim. Do mesmo modo que você se interessou por ele.
— Mamãe!
— Não precisa ter vergonha de me expor seus sentimentos, filha. Você gostou dele e ponto, que mal há nisso? Ele se interessou por você, não é ótimo?
— Vivemos em mundo completamente diferentes um do outro, mamãe.
— Se ele a amar e você amá-lo, nada pode interferir nesse amor.

A mãe aproximou-se da filha, olhou bem para ela e acrescentou:
— Não tenha medo do que está vivendo, filha. O amor, no começo, assusta, mas depois fica tudo bem.

A filha abraçou a mãe, apertado, procurando conforto naquele abraço. Sentia-se muito insegura diante de tudo aquilo.

No dia seguinte, por volta das 10:30, Silvana chegou com os filhos para almoçar com os pais. Assustou-se ao encontrar Juliana toda arrumada para ir ao almoço na casa da família Pabliano.

— Aonde vai toda emperiquitada? — perguntou, medindo a irmã de cima a baixo.
— A um almoço.
— Almoço? Na casa de quem?
— Na fazenda Mato Serrão. O filho do novo proprietário me convidou...
— O filho do novo proprietário?! C-como se ele nem a conhece?
— Nos conhecemos...
— Aonde? Quando? C-como?
— Outro dia, pelos arredores...

Enquanto Juliana dava os detalhes do encontro, o rosto de Silvana se convertia numa máscara de ódio e revolta.

— Não posso acreditar numa coisas dessas... — lamentou com profundo descaso. — É sorte demais.

Por achar que já estava atrasada para o encontro, Juliana despediu-se da irmã e da mãe e partiu para o seu compromisso. Silvana ficou na varanda, observando a irmã seguindo caminho de charrete, seus olhos, agora, estavam esbugalhados e profunda ruga lhe barrava a testa.

Meio minuto depois, ela voltou até a cozinha e acusou a mãe:
— Foi a senhora, não foi?
— Eu o que, Silvana?
— Que arranjou tudo isso. Que está por trás do encontro entre Juliana e o filho do novo proprietário da fazenda Mato Serrão. Que está jogando a filhinha querida do coração nos braços do riquinho.

Vicentina olhou de viés para a filha.
— O que a senhora espera com tudo isso? Deve ter algum interesse por trás, só pode. Aposto que se fosse comigo a senhora não moveria um dedo para nos unir.
— Silvana, o moço convidou sua irmã para almoçar de livre e espontânea vontade.

A filha olhou ainda mais desconfiada para a mãe.
— Por quê? — indagou. — Por que ele haveria de convidá-la? Que interesse pode ter com uma caipira como a Juliana?
— Ele quis ser gentil.
— Gentil com uma jacu? Ela que abra os olhos. Ele só deve estar querendo se aproveitar dela! Bonitinha... virgem...

— Silvana!
— Aposto que a senhora está pouco preocupada com isso. É até bom que ele se aproveite dela, não é mesmo? Só para ter um bom motivo para forçá-lo a se casar com ela.

Vicentina pegou o braço da filha, apertou-o e disse, mirando fundo em seus olhos escuros, saltados:

— Escuta aqui, sua linguaruda. Meça suas palavras. Não ponha palavras na minha boca. Nem na de sua irmã nem na de ninguém. Se não sabe ser educada, pelo menos finja ser.

— Eu não vou me conformar, juro que não vou, se essazinha se casar com esse riquinho. Por que ela e não eu? Por que ela com um riquinho e eu com aquele traste lá fora?!

— Não fale assim de Cirineu. Ele é um homem e tanto, trabalhador, bom pai, bom marido.

— Como é que a senhora sabe? Por acaso convive com ele para saber?

— Você é uma ingrata, Silvana!

— A senhora é a culpada por essa vida miserável que eu levo!

— Eu?

— Sim, a senhora mesma!

— Quem quis se casar com seu marido foi você, não eu!

— Casei por falta de opção. Que escolha tinha eu num fim de mundo desses, onde tem um homem para cada cinco mulheres?

— Dê-se por feliz por ter se casado.

— Nunca! Eu acordo e vou dormir todo dia pedindo a Deus que me apresente um homem que seja digno da minha pessoa!

— Você já é casada, Silvana.

— Que se lasque o meu casamento. Sou capaz de jogar tudo para o alto por causa de um homem que possa me dar tudo o que eu realmente acredito merecer na vida.

Silvana sentou-se na cadeira, mergulhou o rosto entre as mãos e lamentou, chorosa:

— Não me conformo. Eu é que sonho com um homem lindo e rico e é aquela sonsa da Juliana que o consegue. Isso não é justo, não é, mesmo!

Vicentina achou melhor fingir-se de surda.

Quando Miguel apresentou Juliana ao pai, à irmã e ao cunhado e disse que ela iria almoçar com eles, todos se entreolharam surpresos e sem graça.

Juliana, à mesa, nunca se sentira tão sem graça em toda a sua vida. Sua mão tremia por medo de fazer feio na frente daquelas pessoas tão diferentes dela.

Miguel procurava amenizar a situação, contando, de forma divertida, fatos que passou ao lado da jovem desde o dia em que se conheceram nos arredores da fazenda.

Juliana voltou para sua casa em dúvida se havia causado uma boa impressão àquela gente.

Enquanto isso na casa da fazenda da família Pabliano, Graciela falava seriamente com o irmão:

— Miguel, meu irmão, você perdeu a cabeça?!
— Por que, Graciela?
— O que deu em você para convidar uma moça simples, quase um bicho do mato como aquela jovem para almoçar conosco?!
— Ela não é um bicho do mato, Graciela.
— É, sim e você sabe muito bem disso.
— Pois se engana, maninha. Juliana é uma moça de certo requinte, estudada...
— Como estudada?! Ela me disse que cursou somente até a quarta série!
— Teria mais estudo se tivesse tido oportunidade. Não sei se sabe, mas a escola por essas bandas só vai até quarta série é preciso ir para outra cidade caso queiram cursar o ginásio e o colegial*. A mãe de Juliana é uma mulher até que culta, lê muito.
— O que você pretende com tudo isso, Miguel?
— Juliana foi gentil comigo, quero ser gentil com ela, não posso? Que mal há nisso?

---
*Ginásio atualmente chamado de Ensino Fundamental, e colegial, Ensino Médio.

— Miguel, Miguel... Cuidado, muito cuidado com o que você está fazendo, você pode estar alimentando sonhos e esperanças no coração de uma jovem e isso não é nada bonito. Você não percebeu como ela estava sem graça durante todo o almoço? Não só sem graça como trêmula, pobrezinha.
— Ainda assim acho que ela se divertiu um bocado.
— Ela mal conseguia segurar o copo com suco de tão trêmula que estava.
— Se é tão insegura, por que aceitou o convite? Então, que não o aceitasse.
— Talvez ela não saiba dizer "não", como muitos, especialmente as mulheres.
— Exceto você, não é, Graciella? Que manda e desmanda no marido e em todos que a cercam.
— Pois saiba que isso não é verdade, na minha casa Maximiliano é quem dá a última palavra sempre.
— Dá, sim. Você determina e ele por último diz: "Que seja feita a sua vontade, meu bem".
— Ora, ora, ora, Miguel.
O irmão riu, a irmã manteve-se séria.
— Afaste-se dessa moça, Miguel. — aconselhou Graciela, seriamente.
— Ora, por quê?
— Afaste-se dela antes que ela se apaixone por você, se é que já não está apaixonada.
— Bobagem...
— Não brinque com o coração de uma mulher, meu irmão.
— Eu não estou brincando.
— Está, sim. Eu o conheço bem, muito bem, por sinal. Está fazendo tudo isso com essa jovem porque isso o diverte, entretém o seu tempo.
— Você me conhece muito pouco, Graciela.
— Não, é você quem se conhece pouco.
— Cuidado, mana, você pode ter uma grande surpresa comigo.
— Seria bom demais para ser verdade.
Nisso Maximiliano apareceu na porta que dava acesso ao cômodo e perguntou no seu tom de voz pacata:

— Vocês estão brigando ou conversando?
— Conversando. — adiantou-se Miguel, com sarcasmo.
— Ah! — exclamou o cunhado —, pois eu podia jurar...

O pasmacera, como era chamado por muitos, não foi além disso, foi cortado bruscamente pela esposa:

— Calado, Maximiliano! C-a-l-a-d-o! Ouviu bem?!
— Sim, meu bem.

E baixando a cabeça de forma submissa, o moço retirou-se do recinto, atitude esta que fez Miguel romper-se numa tremenda gargalhada:

— Maximiliano não passa de um cordeirinho nas suas mãos, Graciela! Não sei como ele consegue aguentar...
— Aguenta, porque me ama, maninho!
— Ama? Sei... Ama você ou o seu dinheiro? O dinheiro que herdou da mamãe após sua morte e o que mais tarde vai herdar do papai?
— Maximiliano é um trabalhador.
— Pobre coitado, o pouco que ele ganha, você torra tudo em roupas, bijuterias...
— Joias, meu irmão. Eu lá sou mulher de usar bijuterias? Poupe-me!

Miguel aproximou-se da irmã e, esticando o dedinho da mão direita, propôs:

— Façamos a pazes.

Graciela relutou a princípio, depois cedeu, esticou o dedinho que enlaçou o do irmão como faz quem quer reatar as pazes. Então, ele a puxou contra seu peito e a abraçou.

— Se eu não gostasse tanto de você, meu irmão, eu juro que... — desabafou ela.
— Infelizmente você gosta, Graciela.
— Infelizmente. Sei também que gosta de mim tanto quanto eu gosto de você.
— "Gostar" é uma palavra muito forte para descrever meus sentimentos por você, minha irmã, "aturar" seria a palavra correta. Pois é o que eu faço desde que você era garotinha, a aturo.

Graciela recuou o corpo, bateu contra o peito do irmão e disse:

— Bandido!

Miguel deixou a sala, gargalhando espalhafatosamente como de costume.

Ao passar pela sala encontrou o pai, lendo jornal, que assim que o viu quis ter uma palavra com ele.

O filho fez bico, a contragosto atendeu-lhe o pedido:

— O que é dessa vez, papai?

— Aquela jovem que almoçou hoje conosco...

— O que tem ela?

— É de uma moça assim que você precisa para se casar, filho. Uma jovem bonita, educada e gentil. Que o ajude a manter constantemente sua vida nos eixos.

O pai, abrandando a voz, o aconselhou:

— Miguel, tenho certeza de que Maria Tereza Mendes e Souza é uma moça tão agradável quanto essa que almoçou hoje conosco. Por isso, peça-a em namoro e case com ela de uma vez por todas.

— Está bem.

Um sorriso cobriu a face de Aristides Pabliano.

— Fala sério?

— Seriíssimo.

— Que maravilha, meu filho!

— Se o senhor gostou tanto de Juliana, vou me casar com ela.

O cenho do pai fechou-se no mesmo instante.

— Será que nunca se pode falar sério com você?

— O senhor cobriu Juliana de elogios, qual o problema de eu me casar com ela?

— Não seja hipócrita, Miguel. Sei que não é. Essa tal de Juliana não passa de uma pobre coitada, uma caipira... Você tem de se casar com uma mulher de berço, estudada, fina, de família nobre.

— Ai, papai, eu nunca entendo o senhor.

— E eu nunca entendo você, Miguel.

Miguel riu, debochado, mais uma vez.

— Miguel. — repreendeu o pai.

O filho procurou ficar sério, mas o riso escapou pelo canto dos lábios.

No dia seguinte, Miguel, pegou o cavalo e foi até o sítio onde vivia Juliana e seus pais.

— Ô de casa? — chamou, batendo palmas.

Assim que Vicentina o viu, correu até o quarto da filha para avisá-la.

— Filha, é ele, Miguel.

— Miguel, aqui, a essa hora?!

— Ajeite-se.

Quando Juliana chegou a humilde varanda que ficava em frente a sua casa, Miguel já se encontrava de pé em frente ao cavalo, segurando o chapéu na mão.

— Bom-dia. — disse, exibindo seus dentes bonitos num sorriso.

— Bom-dia. — respondeu Juliana, ligeiramente acanhada.

Vicentina saiu em seguida da casa. Ao vê-la, Miguel foi cortês com ela:

— Bom-dia, minha senhora.

— Bom-dia, meu senhor.

Miguel tomou a mão da senhora e a beijou. Depois fez o mesmo com Juliana.

— Desculpe a minha indiscrição, mas acordei pensando: será que ainda tem um bocadinho daquele pão caseiro macio e delicioso de dona Vicentina, para eu comer com manteiga?

Vicentina alegrou-se.

— Tem sim, por favor, entre.

— Obrigado.

Miguel se ajeitou numa das cadeiras em volta da mesa da cozinha, enquanto Juliana pendurava seu chapéu no prego onde seu pai pendurava o dele.

— Este pão é realmente uma delícia. — elogiou, o visitante. — A senhora tem mãos de fada.

— Que nada.

— Modéstia sua, minha senhora.

Miguel saboreava o pão como uma criança se empapuça de seu doce predileto.

— Hum... Que delícia!
Dona Vicentina aproveitou para dizer:
— Juliana gostou muito do almoço, ontem, na sua casa... Gostaria muito de retribuir a sua gentileza, convidando o senhor para almoçar conosco.
— Não se preocupe, minha senhora. Esse pão caseiro com café *da hora* já retribuiu a minha gentileza.
Vicentina e Juliana se entreolharam e sorriram uma para a outra. Minutos depois, Vicentina perguntava ao rapaz:
— Desculpe a indiscrição. Percebo que o senhor não é casado, pois não usa aliança, tampouco há sinal de uma em seu dedo, o senhor não se casou até hoje, por quê?
— Porque não havia encontrado até hoje a mulher certa para me casar. Um homem deve se casar somente quando estiver bem certo de que está se casando com a mulher certa, não concorda?
— Sim.
— Agora que já encontrei a mulher certa para mim, pretendo me casar com ela dentro em breve com uma grande festa em minha cidade.
— Um moço bonito com o senhor não ficaria mesmo solteiro por muito tempo.
Vicentina estava prestes a perguntar o nome da moça com quem Miguel pretendia se casar quando Silvana apareceu à porta. Havia chegado ao sítio, há pouco, a cavalo, mas ninguém notou por estarem concentrados na conversa que se desenrolava alegre e descontraída.
— Desculpe, *num* sabia que estavam com visita. — disse ela, lançando um olhar grave para Miguel.
Vicentina levantou-se e fez as devidas apresentações.
— Essa é Silvana, minha filha mais velha. Silvana, esse é Miguel, filho do novo proprietário da fazenda Mato Serrão.
— Muito prazer. — cumprimentou Silvana olhando para o moço, agora, com profundo interesse.
Miguel levantou-se pegou a mão dela e a beijou galantemente. O rubor cobriu o rosto de Silvana até a raiz dos cabelos.
— O que faz o senhor aqui numa casa tão humilde como esta? — perguntou ela, a seguir, abrandando a voz.
A resposta do rapaz foi dada com muito bom humor:

— Convidei-me para tomar uma boa xícara de café com pão e manteiga. Depois que se prova uma vez do café, do pão e da manteiga feita por sua mãe, ninguém resiste mais à tentação.
— Ah, quer dizer que o senhor já esteve aqui antes.
— Sim. Anteontem. Sente-se.
Silvana se recusou.
— *Tô* bem aqui de pé.
O rapaz fez ar de quem diz: "Como queira...". Silvana perguntou a seguir:
— O senhor deve estar achando esse lugar, essas terras, o fim do mundo, não?
— A princípio confesso que achei realmente que isso aqui fosse um fim de mundo. Hoje já não penso mais assim. Gosto do lugar, do cheiro de mato, do sossego do cair da tarde.
— Seria capaz de mudar para cá?
— Não chegaria a tanto, pois nasci na cidade grande, sou muito acostumado com ela, mas passar algumas semanas por aqui, por que não?
Vicentina perguntou a seguir para a filha:
— E meus netos como vão?
A pergunta desarmou Silvana.
— Bem. — respondeu, olhando atravessado para a mãe.
— Nossa! — espantou-se Miguel. — Você já tem filhos, tão nova assim?!
— Já. Dois.
— Que maravilha! Meus pais também tiveram somente dois. Eu e minha irmã Graciela. Depois meio que adotaram um sobrinho, seu nome é Henrique, cujos pais morreram num acidente quando ele tinha apenas catorze anos de idade. Adotaram-no por pena, mas eu e minha irmã o consideramos como um irmão. Um primo-irmão.
— Eu não conseguiria jamais adotar uma criança. — comentou Silvana com sinceridade. — Não sei como alguém consegue chamar de "filho" uma criança que não nasceu de dentro da sua barriga, que não é seu filho de sangue. Se deixarem uma criança na porta de minha casa eu a deixo na porta de outra casa qualquer, sem arrependimento algum. Desculpe a minha sinceridade, mas...

A voz de Miguel se sobrepôs a dela:
— Você é bem diferente da sua irmã.
— Sou mesmo, graças a Deus.
Miguel pensou em perguntar o porquê de ela ter dito "Graças a Deus!", mas preferiu não estender o assunto.
— Bem... — disse ele, levantando-se da mesa —, já vou indo. Quero aproveitar o resto de manhã para cavalgar um pouco. Você me acompanha Juliana?
— Se mamãe...
— É lógico que sim, filha.
— Juliana é, além de uma excelente companhia, um excelente guia, se ela não tivesse cruzado meu caminho, dias atrás, eu teria ficado perdido por aí, obrigado a pernoitar na mata.
Despedidas foram feitas e o moço deixou a casa seguido por Juliana.
Silvana ficou estudando Miguel de longe, até ele montar o cavalo, Juliana montar o dela e ambos partirem para o passeio. Então, ela comentou com a mãe, com transparente inveja na voz:
— Ele está interessado nela.
— Você acha?
— Tenho a certeza. Mas é sorte demais... Sorte demais! O que ela tem que eu não tenho? Por que ela e não eu? Eu é que merecia conseguir um homem elegante, bonito e rico como esse. Que pudesse me tirar desse fim de mundo, não ela!
— Filha, cada um tem seu destino.
— A culpa é da senhora!
Lá vinha Silvana responsabilizar a mãe, novamente, pelas escolhas que fez na vida e não gostou.
— Minha?! - indignou-se Vicentina.
— Sim! Foi a senhora que me forçou a casar com Cirineu.
— Eu nunca fiz isso. Não me responsabilize por suas decisões e escolhas.
— Deveria ter me impedido de me casar com aquele traste.
— É um pecado você falar assim do Cirineu.
— A senhora deveria ter me dado um tapa na cara para que eu despertasse e não cometesse aquela burrada.

— Filha, não menospreze o que tem.

— Não me conformo. Não me conformo, mesmo! Ai, que ódio! Aquela sonsa da Juliana vai acabar se casando com aquele moço lindo e rico, que vai levá-la daqui, como eu sonhei ser levada um dia para Curitiba ou qualquer outra cidade grande. Vai oferecer a ela tudo aquilo que eu sempre quis ter para mim. Isso não é justo.

— Silvana, isso não são modos de uma mulher casada, mãe de dois filhos lindos falar.

— Sou uma infeliz!

Ela deixou seu corpo cair na cadeira quando se rompeu em lágrimas.

— Sou uma infeliz, uma besta! Como pude me casar com o homem errado?

— Um homem que você amava, que era louca por ele...

Silvana continuou surda aos comentários da mãe.

— Por quê? Por que o pai desse sujeitinho não comprou essa fazenda antes? Se tivesse chegado aqui antes, teria sido bem capaz de se apaixonar por mim.

— Ele não está apaixonado por sua irmã, Silvana, você está tirando conclusões apressadas.

A mãe mentira para apaziguar a situação.

— Tomara que não, mesmo! Seria sorte demais para ela.

Silvana olhou bem para a mãe e acrescentou:

— Mas a senhora quer, não quer? Que ele, no íntimo, esteja se apaixonando por Juliana, para que sua filhinha do coração tenha a vida que a senhora sempre desejou para ela, não é mesmo?

— Coma um pedaço de pão acompanhado de uma xícara de café, Silvana, assim enche sua boca com algo mais aproveitável.

— A senhora...

— Silvana!

A filha levantou da cadeira, enxugou os olhos no dorso da mão e saiu da casa pisando duro.

Minutos depois, Miguel e Juliana paravam embaixo de uma árvore repleta de passarinhos em cantoria.

— O canto dos pássaros deve ser o modo como eles se comunicam, não? — comentou Juliana, sentindo-se bem mais à vontade ao lado do moço.

— Nunca havia pensado nisso. — riu Miguel. — Você deve ter razão.

Fez-se um breve silêncio até que Juliana dissesse:

— Gostaria de saber um pouco mais sobre a cidade grande, as coisas que acontecem por lá.

Miguel deu um sorriso e atendeu o pedido da jovem no mesmo instante. Depois de falar um bocado, perguntou:

— Você quer conhecer a cidade grande, não quer, Juliana?

— Isso é um sonho quase impossível para mim.

— Não é, não. Eu posso realizá-lo.

— Não vejo como.

— Eu vou levá-la para conhecer a cidade grande, se você quiser, é lógico, e se seu pai permitir.

— Ele nunca permitirá.

— Vou falar com ele.

As palavras de Miguel foram cortadas ao meio pela voz cortante de Silvana que assim que deixara a casa da mãe, saíra em busca dos dois.

— Aí estão vocês!

Miguel olhou com desagrado para a moça que chegara num momento indesejado. Ambos estavam tão entretidos que nem perceberam sua aproximação.

— Espero não estar atrapalhando nada. — falou ela com certa malícia.

— Não, nada. — respondeu Miguel, segurando-se para não ser grosseiro com a moça.

— Resolvi juntar-me a vocês. — completou Silvana, sem se perceber indesejada.

— É mesmo?

— Sim. Assim posso levá-lo a lugares que Juliana jamais o levará. Pois não os conhece.

— Pois então nos dê esse prazer.

Os três seguiram o caminho indicado por Silvana.

Nem bem chegaram ao lago, ouviu-se uma voz forte, de homem, gritar:

37

— Silvana!

Era Cirineu quem se aproximava. Ele nem cumprimentou Miguel e Juliana, foi logo ao que vinha:

— O que deu *n'ocê, muié?* Saiu de casa, assim, sem dizer para onde ia.

Silvana queria, literalmente, morrer de ódio pela aparição repentina do marido, ainda mais falando com ela naquele modo e, estragando, aquele momento tão seu.

Cirineu prosseguiu:

— A Benedita pisou numa ripa com um prego e *tá* lá em casa chorando de dor.

— Uma ripa com prego?! — assustou-se Miguel. — Isso é perigoso, ainda mais se tiver enferrujado.

Cirineu voltou-se para Miguel, olhando aflito para ele. Silvana o apresentou:

— Esse é Miguel, Cirineu, filho do novo proprietário da fazenda Mato Serrão.

— Ah! — exclamou o homem. — Prazer.

— O prazer é todo meu. — cumprimentou Miguel. — É melhor levarmos sua filha ao médico do vilarejo.

E assim foi feito. Benedita foi levada ao vilarejo onde recebeu o devido tratamento médico. Apesar dos protestos, Miguel fez questão de pagar pela consulta.

— Ainda bem que o *tar* moço pagou a consulta e os remédios. — comentou Cirineu com a esposa, com certo alívio. — Senão nossa conta com o médico ia *espichá* ainda mais.

— Isso sim, é um homem bom. — murmurou Silvana.

Cirineu não prestou muita atenção no comentário da esposa. Estava, por demais, preocupado com a filha.

Miguel fez questão de acompanhar Juliana de volta até o sítio onde morava com os pais. Assim que chegaram à estrada de chão batido, Juliana falou:

— O senhor foi muito bom com a minha irmã e com a minha sobrinha.

— Que nada. Fiz apenas a minha obrigação.

— Que Deus lhe pague.

Ele sorriu, encabulado. Enfim, retomou o que ia dizer à jovem antes de ter sido interrompido pela chegada de Silvana.

— Quero levar você para conhecer Curitiba. Você aceita?
— Meu pai não consentiria.
— Mas você nem pediu seu consentimento ainda.
— Mas é que...
— Peça a ele permissão para ir. Tenho a certeza de que ele acabará concordando. Você é uma jovem ajuizada, não? Pois bem, por que ele haveria de se opor?

Juliana mordeu o canto dos lábios por timidez. Miguel achou bonito seu jeito tímido e aveludando a voz, disse a seguir:

— Obrigado, mais uma vez pela tarde maravilhosa na sua companhia.

Juliana, que mal conseguia olhar nos olhos do moço, de tanta vergonha, sorriu, sem graça, diante do comentário.

— Espero poder vê-la amanhã, novamente.

A jovem corou.

— Eh, olhe para mim, por favor. Não se sinta mais intimidada na minha presença. Afinal, não sou nenhum bicho do mato, não é mesmo?

Um sorriso bonito floriu nos lábios da moça.

— Isso, sorria, você fica ainda mais bonita sorrindo.

Ele acenou, ajeitou o chapéu sobre a cabeça e partiu, sorrindo lindamente para si mesmo, para a vida, para o que estava por vir.

Naquela noite, enquanto degustava sua bebida alcoólica predileta, Aristides Pabliano aproximou-se do filho e comentou:

— Miguel, estou surpreso com você. Não estava nem um pingo com vontade de vir para cá, e agora, me parece sem um pingo de vontade de partir. Pelo menos tão cedo.

— Confesso que acabei gostando do lugar bem mais do que esperava.

— Miguel, não quero me tornar repetitivo, mas...

— Lá vem o senhor com sua exigências...

— Torno a repetir: você só herdará alguma coisa minha se casar com uma moça distinta e me der um neto. Não conte com nenhum centavo meu, se não se casar e providenciar um neto. Não mereço morrer sem ter tido um neto.

O moço de 31 anos refletiu antes de responder:

— Está bem, eu me caso e lhe dou o neto que tanto quer, mas não antes de passar para o meu nome, parte das ações de sua empresa.

A alegria se espalhou pela face bronzeada de Aristides Pabliano.

— É assim que se fala, meu filho, é assim que se fala. Não sabe como me sinto aliviado em ouvir essas palavras.

E voltando-se para a porta, Aristides saiu chamando pela filha:

— Graciela, Graciela!

— Estou aqui, papai. Qual a razão por tamanha felicidade?

— Seu irmão acabou de me dizer que vai finalmente se casar e me dar um neto.

— É mesmo?! Fala sério, Miguel?

— Pode apostar que sim, maninha.

— Maria Tereza já está sabendo da sua decisão?

— Ainda não. Quero lhe fazer uma surpresa.

— A moça vai ficar nas alturas.

— Os Mendes e Souza também. — alegrou-se o pai. — Não pode haver felicidade maior do que o filho de um homem bem sucedido nos negócios, casando com a filha de outro homem bem sucedido. Será um casamento memorável, que entrará para a história de Curitiba.

— Precisamos começar os preparativos para a cerimônia. — empolgou-se Graciela.

— Sim, mas antes quero uma bela festa na casa do papai para anunciar a grande novidade!

Graciela foi até o irmão e o beijou no rosto. Miguel voltou-se para o cunhado e perguntou:

— Maximiliano cadê os *birinaites* para comemoramos?

— É para já, meu cunhadão.

— Vocês só pensam em bebida? — repreendeu o pai.

— Quer coisa melhor que encher a cara, papai? Beba conosco. Em celebração.

— Está bem, mas uma pequena dose.

Os dois homens mais novos tiveram de ser carregados para seus quartos naquela noite de tanto que beberam. Não conseguiam ficar de pé em hipótese alguma.

No dia antes da volta para Curitiba, Graciela chegou no irmão e perguntou:

— Você já arrumou a suas coisas, Miguel?
— Não ainda, mas não há pressa.
— Como não, Miguel? Partimos essa madrugada.
— Eu não vou com vocês.
— Não vai?! Como não vai?!
— Quero ir a Santa Mariana visitar o Felipe. Convidá-lo para ser meu padrinho de casamento. Lembram-se dele?
— Não.
— Como não, Graciela? Felipe Almeida meu grande amigo de escola. Mudou-se para Santa Mariana já faz pelo menos uns dez anos.
— Por que não foi visitá-lo antes?
— Porque fiquei tão empolgado com a fazenda que acabei me esquecendo. Além do mais, gostei daqui, gostei mais do que pensei que iria gostar. Isso aqui me dá paz, quero ficar aqui pelo menos por mais uns dez dias. Por que não fica, papai?
— Tenho os meus compromissos, Miguel, você bem sabe.
— Que pena.
— Pois bem, se é assim que você quer, mando o meu chofer vir buscá-lo, na data que quiser.
— Está bem. Daqui a dez dias está bom para mim. E Graciela, por favor, não se esqueça de preparar a recepção na casa do papai, obviamente, para o dia de minha chegada, o dia em que anunciarei o meu casamento a toda sociedade. Quero ver a casa cheia de amigos meus e do papai. Além de nossos familiares, é óbvio.
— Quem convida Maria Tereza para a recepção? Eu ou você?
— Você, obviamente. Eu, não terei tempo para isso. Estarei chegando a Curitiba na tarde da recepção. Convide-a e toda a sua família para a grande noite. Quero ver todos lá. Diga apenas a ela que

será uma noite muito importante para todos nós, à noite em que eu farei uma grande revelação. Não diga nada, não lhe dê uma pista sobre o que se trata. Mantenha o suspense.

— Nossa! Maria Tereza ficará surpresa com você!
— Surpresa?! Sim, muito...
— Vai ser tão romântico.
— Eu gosto de coisas românticas.

Naquela madrugada, Graciela e Maximiliano partiram na companhia de Aristides Pabliano para Curitiba.

Miguel ficou na varanda da casa acenando para a família. Jamais em toda a sua vida viu um sorriso tão satisfeito no rosto do pai. Jamais pensou que sua decisão de se casar lhe causasse tanta alegria.

Segunda parte

Curitiba, dez dias depois
Aristides Pabliano andava agitado de um lado para o outro, ansioso pela chegada do filho.
— Graciela, nenhuma notícia de seu irmão até agora?
— Não, papai, por enquanto não. Mas não se preocupe ele há de chegar na hora que combinou.
— E se houve algum imprevisto? E se o carro quebrou na estrada?
— Pense positivo, papai, que nada de mal há de ter acontecido.
O homem coçou a nuca preocupado.
— Para que horas você marcou a recepção?
— Para às vinte horas, como o Miguel me pediu.
— Vou procurar me acalmar, preciso me acalmar, estou tremendo por inteiro. Ah, como eu queria que sua mãe estivesse aqui para ver esse dia. Que pena... Que pena que a vida a levou tão cedo.
Vinte horas em ponto os convidados começaram a chegar à mansão de Aristides Pabliano. O dono da casa, impecavelmente vestido, recebia todos com grande alegria. No entanto, até aquele momento, nem um sinal de Miguel.
— Graciela, estou preocupado. — murmurou o pai no ouvido da filha.
— Acalme-se, papai, Miguel há de chegar. Fique tranquilo!
— Já são quase vinte e trinta e nem um sinal dele. Onde já se viu fazer uma coisa dessas? Isso é muito deselegante para com a família da Maria Tereza.
— Ele há de chegar, papai. Maximiliano soube por um conhecido de Miguel que ele chegou esta tarde a Curitiba e seguiu direto para a casa dele na Água Verde.

— Se já chegou por que ainda não veio para cá? Deveria ter vindo direto!

O homem levou a mão ao peito.

— Oh, meu Deus se aquele desmiolado não aparecer, sou capaz de matá-lo com as minhas próprias mãos.

— Veja, papai, Miguel acaba de chegar!

Aristides Pabliano suspirou aliviado quando viu o filho entrando na grande sala de sua mansão tomada de convidados, arranjos de flores e garçons servindo comida e bebida à vontade, para todos.

— Papai. — disse Miguel aproximando-se dele.

O pai desmanchou-se num sorriso bonito.

— Miguel, que bom que você chegou. Já estava preocupado. Este é um grande dia para mim. Para todos nós.

— Eu sei. — falou Miguel, expressando-se com cautela.

Graciela aproximou-se do irmão naquele exato momento e o beijou carinhosamente.

— Olá, meu queridíssimo irmão. Fez boa viagem?

— Ótima. Não poderia ter sido melhor.

— Que bom.

Percorrendo os olhos ao redor Graciela perguntou:

— Onde está Maria Tereza, vocês já se encontraram?

— Não. Acabei de chegar.

Nisso, Miguel pediu a todos os convidados um minuto de silêncio. Assim que todos voltaram sua atenção para ele, ele se pronunciou:

— Convidei todos para vir aqui esta noite para anunciar o meu casamento!

Maria Tereza olhava para Miguel, sentindo o peito palpitar de tanta alegria.

— Quero apresentar a todos — prosseguiu o moço —, a mulher que escolhi para ser minha esposa.

Houve um burburinho entre os convidados.

Miguel foi até o hall da casa, onde havia uma jovem parada de frente para o belíssimo vaso de porcelana repleto de flores. Tomou sua mão e a levou até o meio da grande sala da mansão de sua família.

Graciela mal podia acreditar no que via. Ao lado do irmão, encontrava-se a humilde Juliana, cabisbaixa, mal conseguindo olhar para as pessoas, tamanha a vergonha. Voltou os olhos para o pai começando a se preocupar com ele, receosa de que ele tivesse um *treco* a qualquer momento.

— Senhoras e senhores — continuou Miguel —, apresento a vocês a minha esposa: Juliana da Silva.

Quando o pai reconheceu a jovem humilde, seu coração por pouco não parou. Era ela mesma, a humilde mocinha, filha do dono do sítio colado a sua fazenda.

— Ele não fez isso. — murmurou Aristides Pabliano, convulso.

— Acalme-se, papai, respire fundo. — aconselhou Graciela, massageando o peito do pai.

— Miguel só pode estar brincando conosco, Graciela.

— Tratando-se de Miguel, duvido muito que isso seja uma brincadeira, papai.

— Eu vou esganá-lo.

Juliana procurou sorrir para Aristides e Graciela Pabliano, mas recolheu seu sorriso assim que avistou a seriedade tomar conta do rosto de ambos.

A seguir, Miguel começou a apresentar a esposa aos convidados. E, assim, todos puderam ver mais de perto a jovem de beleza camponesa. Juliana sentia-se totalmente sem graça ao se ver o centro das atenções. Tremia por inteira, mal conseguia estender a mão para cumprimentar as pessoas para quem era apresentada. Não conseguia também olhar para elas. Seus olhos permaneciam o tempo todo voltados para o chão.

Aristides e Graciela assistiam a tudo tomados de perplexidade. Maximiliano divertia-se um bocado. Ele e todos os amigos de Miguel que conheciam bem suas proezas. Seu fascínio por chocar o pai e a sociedade.

Ao perceber a indisposição de Juliana com tudo aquilo, Miguel desistiu de apresentá-la a todos os convidados, levou-a para uma sala onde não havia ninguém e pediu que ela ficasse ali, relaxando um pouco.

Assim que voltou a grande sala lotada de convidados, o pai, discretamente, puxou o filho pelo braço e o levou para uma sala da casa longe dali. Assim que se fechou com ele dentro dela, perguntou, furioso:

— Que brincadeira é essa, Miguel?!

— Não é brincadeira alguma, papai.
— Você não me fez uma desfeita dessas?!
— Eu não entendo o senhor. Pensei que ficaria contente por me ver casado. Afinal, esse era o seu maior desejo, não? O que há?
— Era para você ter se casado com Maria Tereza, uma moça de família, nobre, com cultura e não uma caipirona como essa jovem.
— Papai, o senhor está sendo indelicado com Juliana.
— Indelicado, eu?! Ela não passa mesmo de uma caipirona.
— Essa caipirora, agora, papai, é minha esposa. Eu disse ao senhor que me casaria, não disse jamais que seria com Maria Tereza. Isso foi dedução da sua parte.
— Você não poderia ter feito uma coisa dessas com seu pai, não podia!
Graciela que seguira os dois, intrometeu-se na conversa:
— O que deu em você, Miguel?
— O cupido me flechou, mana.
— Miguel, como acha que essa moça vai se sentir vivendo num lugar como o nosso? Sentir-se-á péssima, perdida.
— Você a ajudará, mana.
— Eu?
— Sim, ninguém melhor do que você para ensiná-la os refinamentos exigidos pela alta sociedade.
Graciela ficou sem reação. Por essa ela realmente não esperava. O pai, quase chorando, voltou a falar:
— E os meus convidados? O que vou dizer para os meus convidados? E quanto ao pai de Maria Tereza? Como vou encará-lo depois disso tudo? Você me envergonhou mais uma vez, Miguel.
— Eu não entendo o senhor, papai. Queria tanto que eu me casasse e agora que estou casado diz que eu o envergonho.
— Não seja cínico.
Graciela interrompeu os dois ao perguntar:
— Miguel!
— Diga, mana.
— Você pelo menos ama essa jovem?
— A palavra "amor", mana, é muito forte para descrever o sentimento de um ser humano. Mas posso dizer que sim, eu a amo, por tudo que ela pode me propiciar de bom.

A pergunta seguinte partiu do pai:
— Então foi por amor mesmo que você se casou com ela?
— Sim, papai... eu me casei por amor.
— Por que então não esperou para se casar aqui em Curitiba, nos devidos conformes?
— O senhor não aprovaria o nosso casamento. Seria complicado também para os pais de Juliana, humildes como são, não se sentiriam bem no nosso meio. Por isso me casei lá, na presença daqueles que agora são meu sogro e minha sogra. Do padre e de alguns empregados da fazenda.
— Foi por isso que insistiu em ficar? Aposto que nunca foi visitar o tal amigo em Santa Mariana! Você já tinha intenção de se casar com ela, não é mesmo?
— Confesso que sim.
A pergunta seguinte partiu de Graciela.
— E quanto a ela, Miguel? Ela o ama?
Miguel soltou um risinho de escarninho ao responder:
— O que acha?

Enquanto isso, Juliana permanecia na saleta onde Miguel a havia deixado só. Estava, no momento, envolta de lembranças, dos últimos momentos que cercaram a sua vida. Especialmente do dia em que Miguel se declarou para ela e a pediu em casamento.

"— Preciso lhe falar, Juliana, dizer-lhe o que há dias estou querendo dizer e não consigo.
— O que é? Algum problema?
— Sim, estou passando por um grande problema. Um problema que somente você pode me ajudar a solucionar.
— Eu?
— Sim.
— Diga, farei o que puder para ajudar o senhor.
— Já lhe disse para não me chamar de senhor.
— Desculpe-me.
Miguel ajeitou o chapéu por uma, duas vezes, por fim o tirou, voltou-o contra o peito e mirando fundo nos olhos de Juliana disse:

— Quero me casar com você.
Juliana prendeu o ar. O rapaz reforçou:
— Falo sério. Quero me casar com você.
— C-casar... c-comigo...?!
— Sim. Mas não precisa dizer que me aceita como seu marido agora, pode refletir a respeito, dou-lhe até amanhã para pensar.
— O senho... *você* me pegou de surpresa, meu Deus...
— Quero lhe propiciar tudo que há de bom na vida, Juliana.
— E-eu...
— Se concordar em se casar comigo pedirei o consentimento a se pai. Casaremos o mais breve possível. Nada de namoro ou noivado. Não é preciso. Estou mais do que certo de que você é a mulher perfeita para mim. E creio que sou também o homem perfeito para você.
— O senhor... *você* me deixa sem ar.
— Você é uma jovem linda, Juliana.
— V-você acha mesmo?
— Acho. Achei desde a primeira vez em que a vi. Espero que me veja com bons olhos, da mesma forma que a vejo.
— Eu nem sei o que dizer.
— Ouça a voz do coração. Preste atenção no que ele lhe diz.
— Ele diz que "sim". Que quer se casar com v-você.
— Sim?! Que maravilha!
— Mas algo dentro de mim diz que "não".
— Não?!
— Não.
— C-como assim "não"?
— Eu não sei. É como se o coração dissesse "sim" e minha alma dissesse "não". Como se eu fosse duas mulheres numa só, uma Juliana quer muito se casar com o *senhor* e a outra não.
— É o seu lado emocional e seu lado racional.
— O que é isso?
— Um dia lhe explico. Mas não se preocupe com essas incertezas, é natural que se sinta assim, dividida, afinal, tudo entre mim e você está acontecendo tão de repente e tão rápido.
— Eu nunca me imaginei casada com um homem de fora, quero dizer, que...

— Eu compreendo. Mas isso não é *bacana,* digo, poder se casar com um homem que possa lhe propiciar uma outra vida, num outro lugar, bem diferente deste no qual você nasceu?

— Sim. É que...

— Eu sei, vivendo longe daqui vai sentir muita falta de seus pais, não é isso?

— É isso mesmo.

— Mas você poderá vê-los quando bem quiser, Juliana, eu lhe prometo.

— Jura mesmo?!

— Juro.

Um sorriso bonito floriu nos lábios da jovem de apenas dezessete anos de idade.

Ele tomou a mão dela e a beijou. E esse beijo rompeu todas as incertezas que a razão insistia em alimentar no coração de Juliana.

— Eu quero realizar seus sonhos, Juliana. — afirmou Miguel, com doçura na voz.

O semblante de Juliana tornou-se luminescente de tanta felicidade. Ela mal se continha de tanta felicidade. Mal podia acreditar em tudo aquilo, naquela virada do destino, tudo tão de repente.

Miguel manteve-se olhando para ela com seus olhos bonitos, castanhos-escuro, olhos que falavam mais do que palavras."

Juliana despertou de seus pensamentos quando um garçom aproximou-se oferecendo um refresco.

— Um refresco, senhorita?

— Agradecida.

Ela ficou encantada com o copo de cristal, jamais vira um em toda a sua vida. Sentiu receio de quebrá-lo de tão fino e delicado que era o objeto. "Deus meu", murmurou, "Como tudo aqui é lindo...".

Ela mal podia acreditar que estava num lugar como aquele, um lugar apenas visitado pela sua imaginação, quando lia seus romances favoritos. Ah, como ela queria que sua mãe estivesse ali para ver tudo aquilo.

Voltou-lhe à lembrança então o momento em que ela chegou em sua casa e contou a mãe sobre a proposta de Miguel.

"— Filha! — exclamou Vicentina. — Isso é maravilhoso!
— É, não é, mamãe?
— Sim. Bem que eu disse, bem que sua irmã disse...
— O que foi que a Silvana disse?
— Disse também que Miguel havia se encantado por você.
— Silvana disse isso?
— Disse, sim, e ela tal como eu, estava certa. Agora compreendo melhor as palavras que Miguel usou para responder a pergunta que lhe fiz naquele dia, aqui em casa, enquanto ele tomava café com pão. "Por que o senhor ainda não se casou?" e ele me respondeu: "Um homem deve se casar somente quando encontrar a mulher certa para se casar." Em seguida, ele afirmou que finalmente a havia encontrado. Era de você que ele estava falando, filha. De você, compreendeu?
— Sim, mamãe, a senhora tem razão. Era de mim realmente que ele falava.
— O que pretende fazer?
— O que a senhora acha?
— Você é quem sabe, filha. Ouça o que dita o seu coração.
— Foi o que Miguel me disse.
— Ele é um moço sensato.
A mãe acariciou o rosto da filha e perguntou, externando profundo carinho na voz:
— Você gosta dele não gosta, filha?
— Sim, mamãe, eu gosto, achei-o um tanto metido a princípio, mas depois... Ele se mostrou cada vez mais encantador.
— Então se case com ele, minha querida. Case-se e seja muito feliz!
As duas se abraçaram.
— E quanto ao papai?
— Ele há de concordar com seu casamento, filha. Pode crer.
Juliana abraçou ainda mais forte a mãe. Vicentina comentou a seguir:
— Só quero ver a face de sua irmã quando ela souber disso tudo. Ela terá um choque. Vai se corroer de inveja.
— Espero que não, mamãe, a inveja não faz bem a ninguém a senhora mesma diz.

— E é verdade, filha. Ninguém sofre mais pela inveja do que aqueles que se deixam ser escravizados por ela. Pois ela corrói mais os invejosos do que aqueles que são invejados.

A mãe recuou o rosto até encarar a filha.

— Juliana, filha, eu quero que você seja feliz, muito feliz mesmo, meu anjo. Você merece.

A mãe beijou a jovem na testa e a envolveu novamente em seu abraço carinhoso.

— Eu a amo, mamãe, a amo mais que tudo — afirmou Juliana sem faltar à verdade."

O momento em que Silvana ficou sabendo que Miguel Pabliano havia pedido a irmã em casamento foi algo também inesquecível. A face de Silvana se derreteu como gelo ao sol diante da novidade.

"— Isso não pode ser verdade, não pode! — exclamou a moça, descorçoada. — Esse Miguel só pode estar caçoando da sua pessoa! É sorte demais pra uma pessoa só.

— Você não está feliz por mim, Silvana? — quis saber Juliana na sua simplicidade e inocência de sempre.

— Feliz? — riu Silvana, com desdém. — Feliz eu ficaria se fosse eu quem tivesse sido pedida em casamento por aquele moço rico e elegante, não você, uma sonsa, sem graça. Eu, ao menos, tenho cérebro, diferente de você que tem mente de uma galinha.

Vicentina chamou a atenção da filha mais velha no mesmo instante, como se isso fizesse alguma diferença para ela.

— Você realmente não tem modos, Silvana.

Silvana fuzilou a mãe com os olhos e disse com todas as palavras:

— Tudo isso é culpa da senhora. Tudo culpa da senhora! Meu casamento, minha infelicidade...

Sem mais ofensas, Silvana pegou suas coisas e partiu, sem se despedir, espumando de raiva. O ódio que sentia por ver a irmã se casando com Miguel foi tanto que avermelhou sua pele como se ela estivesse com forte comichão. Sim, ela sentia ódio, muito ódio e uma inveja abissal, tanto que não compareceu à cerimônia simples do casamento da irmã."

Juliana despertou de seus pensamentos quando o marido voltou a sala.
— Juliana? — disse Miguel entrando no cômodo.
A jovem voltou-se para ele e procurou sorrir.
— Está tudo bem? — perguntou ele, olhando com atenção para ela.
Ela respondeu que "sim" balançando levemente seu rosto delicado.
— Você deve estar cansada da viagem, não?
— Confesso que um bocadinho.
— Eu também estou cansado. É melhor irmos para a casa. Festas assim costumam terminar tarde. Venha.

Ele pegou em sua mão e a levou pelo corredor que findava no jardim que contornava a casa do pai. Saindo por ali, não teriam de passar pela grande sala repleta de convidados, sendo forçados a se despedirem de todos.

Minutos depois, o casal chegava a casa, belíssima e cara, onde Miguel vivia, sozinho, desde os seus vinte anos de idade. Havia mudado para lá, assim que recebeu a parte que lhe cabia da herança deixada por sua mãe. Assim que entraram, Miguel acompanhou Juliana até seus aposentos. Quando lá, perguntou a jovem:

— Você não me disse se gostou do quarto... Gostou? — indagou, olhando bem nos olhos dela.

Juliana olhando para tudo com admiração, respondeu, encantada:
— É lindo, Miguel. Muito lindo.
— O guarda-roupa é bem amplo como pode ver. Haverá espaço de sobra para você guardar seus vestidos, tudo, enfim que precisar.
— É espaçoso sem dúvida.
— Fico contente que tenha gostado.

Havia uma certa frieza no tom de Miguel, mas Juliana, de tão emocionada, nem notou.

— Bom, o quarto é seu, fique à vontade. — finalizou o dono da casa.

— C-como assim o quarto é meu? — espantou-se Juliana. — Ele é seu também, Miguel. É o nosso quarto.

— Não exatamente, Juliana. Cada um de nós terá o seu quarto, eu continuarei ocupando o meu e você ocupará este.

— Pensei que todo casal tivesse um quarto em comum.

— T-tem... Geralmente tem, é que eu não gosto de dividir o meu quarto com ninguém...
— Nem com a sua esposa?
— Nem com ela. A cama, então, nem pensar. Gosto de dormir espalhado, rolar pela cama à vontade, sem divisão de área, entende? Espero que me entenda. Bom, deixe-me ir. A gente se vê amanhã.
— Eu pensei que passaríamos a noite juntos, afinal, essa seria a nossa noite de núpcias.
— É verdade. É tanta coisa na cabeça que havia me esquecido. Vou até meu quarto trocar de roupa e volto já. Até mais.

Sem mais delongas, Miguel partiu. Juliana ficou olhando para a porta por onde ele passou, com os olhos tomados de espanto e surpresa. Aquele, certamente, não era o Miguel que ela conhecera. Algo nele havia mudado, ele se tornara repentinamente frio e distante. Não correspondia em nada ao homem que lhe fez juras de amor, jurando-lhe um amor eterno. Deveria estar agindo daquela forma por causa da viagem, da festa, de tudo enfim, amanhã tudo voltaria ao normal.

As lembrar-se da promessa dele de voltar para o quarto, assim que trocasse de roupa para ter com ela a noite de núpcias, Juliana resolveu se preparar para esperar o marido. Vestiu a camisola que sua mãe havia feito com tanto carinho para ela, passou uma colônia e deitou-se na cama, sob a luz do abajur para aguardá-lo chegar. Dormiu enquanto esperava, só descobriu que Miguel não havia aparecido na manhã do dia seguinte. O cansaço, certamente o havia impedido de consumar sua promessa.

Juliana vestiu-se e deixou o quarto. Descia as escadas que levavam ao nadar térreo quando avistou uma das criadas. Seu nome era Marlete, já havia sido apresentada a ela, por Miguel, na tarde do dia anterior, assim que chegaram à casa.
— Bom-dia. — disse ela.
— Bom-dia, madame. — respondeu a moça com delicadeza.
— Miguel já acordou?
— Ainda não, minha senhora. Mas o café da manhã já está à mesa.

Juliana sorriu.
— Vou querer só uma xícarazinha de café e um pedacinho de pão.

A moça indicou o caminho que leva à copa para Juliana. Quando lá, Juliana teve uma grande surpresa. A mesa estava lindamente preparada para o desjejum.

— Para que essa mesa? — perguntou ela sem ver necessidade para tanto.

— Para o café da manhã, minha senhora.

— Mas é preciso pôr tudo isso à mesa para...

— São ordens do patrão.

— Eu vou querer apenas um cafezinho preto e um pão com manteiga.

— Sugiro à senhora que experimente o doce de leite no pão, ou a geleia de framboesa, a combinação fica uma delícia.

— Já que você sugeriu... vou aceitar a sugestão.

Enquanto saboreava, Juliana admirava, encantada, a toalha branca da Ilha da Madeira cobrindo a linda mesa cujo tampo era de vidro, os talheres de prata, o jogo de café de porcelana portuguesa, tudo extremamente de bom gosto, o melhor que o dinheiro poderia comprar.

— Você tinha razão, a combinação do doce com o pão fica uma delícia.

A criada sorriu para ela, satisfeita.

Assim que terminou o café, Juliana começou a tirar da mesa a louça que havia usado.

— Pode deixar, minha senhora, que eu mesma tiro.

— Que nada, Marlete. Estou acostumada a fazer isso lá em casa. A casa onde vivia com meus pais.

Marlete tentou se opor mais uma vez, mas Juliana não permitiu.

Assim que terminou, Marlete disse:

— Com licença, madame, agora, vou ajudar as outras criadas a limpar a casa.

— Eu ajudo vocês.

— Que nada, minha senhora.

— Ajudo sim.

Cinco minutos depois, Juliana estava ajoelhada no chão da grande sala, esfregando com uma bucha o assoalho frio.

— A senhora não precisa nos ajudar. — repetia Marlete pela terceira vez.

— Faço questão. — respondeu Juliana, impondo mais força nas mãos para esfregar o chão.

Marlete olhou para a outra criada sem saber mais o que dizer.

— Eu, desde menina, sempre limpei a casa dos meus pais. — explicou, Juliana.

— É mesmo? — estranhou a criada.

— Sim. Não era justo deixar tudo para a minha mãe fazer.

Era por volta das onze horas quando Graciela chegou à casa do irmão, tirando suas luvas e o chapéu. Ao ver as domésticas limpando a sala, perguntou:

— Onde está, dona Juliana?

As duas criadas se entreolharam.

— Perderam a língua, é? — exaltou-se Graciela. — Onde está a dona da casa?

Graciela por nunca prestar atenção às domésticas não percebeu que Juliana estava ajoelhada ao lado delas, esfregando o chão. Juliana então se levantou, arrumando a saia e o avental todo amassado e úmido e sorriu para a cunhada.

Ao vê-la Graciela perdeu a fala. Seus olhos se esbugalharam de indignação.

— O que está fazendo, Juliana?

Juliana respondeu com a maior naturalidade do mundo:

— Limpando a casa, Graciela.

Graciela tomou-a pelo braço e arrastou-a até outra sala. Quando lá, perguntou, em tom de reprovação:

— Onde já se viu a dona da casa, ajoelhada ao chão, com uma bucha na mão?

— Eu sempre limpei minha casa, Graciela, desde menina.

— Querida, aquelas moças que estão ali naquela outra sala, são pagas para limpar a casa. Você não precisa mais fazer isso.

— Como não? Essa casa, agora, é minha também.

— Eu sei. Mas você, agora, é uma mulher que pertence a alta sociedade e não fica bem uma mulher da alta sociedade fazer esses tipo de serviço.

— Mas eu gosto, sinto-me bem, limpando a casa.

— Prometa-me que não vai mais fazer isso. Além do mais nenhum marido gosta de voltar para a casa e encontrar a esposa com as mãos ásperas de tanto esfregar o chão e passar o rodo. Os homens gostam de voltar para casa e encontrar suas esposas de banho tomado, bem arrumadas, usando um bom creme na pele e um bom perfume francês.

— Eu não sabia.

— Pois aprenda. Meu irmão é um desses homens que adoram que sua mulher seja bem cuidada, perfumada e carinhosa.

Juliana entristeceu. Graciela sentiu pena da jovem cunhada. Ergueu seu rosto e, num tom alegre, falou:

— Não se aborreça com esse seu pequeno deslize, minha querida. Tudo isso, aqui, ainda é muito novo para você. É como se você tivesse dormido num mundo e acordado num outro completamente diferente do qual fazia parte. É natural que estranhe no começo, que tenha dificuldades em se adaptar, mas com o tempo tudo vai se tornar mais fácil para você, acredite-me. Eu vou instruí-la no que for preciso.

Juliana procurou sorrir.

— Pode contar comigo, querida. — acrescentou a cunhada.

— Obrigada.

— Agora vá se lavar, trocar este vestido todo molhado e sujo, por um que realce a sua beleza. Para ficar cheirosa quando Miguel voltar para casa.

— Voltar? Mas ele nem sequer saiu. Continua dormindo.

Graciela consultou o relógio e franziu a testa. Preferiu guardar para si o comentário que por pouco não saltou-lhe da boca. Juliana perguntou a seguir:

— Você espera eu tomar um banho e me vestir?

— Não querida, não posso. Tenho muito o que fazer: salão de beleza, a tarde clube com as amigas... Só passei mesmo para saber como estava. Beijinhos!

Assim que Graciela se foi, Juliana foi para o seu quarto fazer o que a cunhada havia lhe aconselhado. O que ela menos queria era desapontar Miguel. Seria muito triste para ela saber que o havia decepcionado. Ela o amava, sim, o amava intensamente desde o primeiro momento em que viu sua silhueta ao lado do cavalo naquela tarde em que saíra para passear e colher flor de São João.

Assim que Juliana ficou pronta, deixou o quarto em busca do marido, acreditando que àquela hora ele já poderia ter acordado.

Encontrou as criadas ainda limpando o chão da casa e as outras cuidando dos outros afazeres.

Juliana, um tanto sem graça perguntou:

— O senhor Miguel, por acaso já se levantou?

A resposta de Marlete foi automática:

— Ainda não, senhora.

Juliana passou levemente a mão pelo cabelo, procurou sorrir e achou melhor voltar para o seu quarto.

— Senhora. — chamou Mércis, a cozinheira.

— Sim, Mércis.

— O que prefere para o almoço?

Juliana refletiu por um momento e disse:

— Um arrozinho feito na hora cai bem, não? Um bocadinho de feijão, um ovo frito. Eu mesma posso fritar.

A cozinheira, sem graça, respondeu:

— Pode deixar, senhora, que eu mesma cuido disso.

— Eu... está bem.

— A que horas a senhora pretende almoçar?

— E-eu? Bem... Que horas o senhor Miguel geralmente almoça?

A mulher hesitou antes de responder:

— O senhor Miguel geralmente não almoça em casa, minha senhora.

— Não?! Bem, de agora em diante ele certamente almoçará. Vou perguntar a ele, assim que acordar, que horas ele acha melhor que o almoço seja servido e informo vocês.

As duas funcionárias se entreolharam novamente, enquanto Juliana voltava para o seu quarto.

Diante da porta do quarto de Miguel a jovem parou e ficou, por alguns segundos, olhando para a maçaneta. Pensou em chamar o marido, mas temeu que se zangasse com ela por ter sido acordado. O melhor a se fazer era deixá-lo dormir pelo tempo que quisesse.

Ao se fechar em seu quarto, Juliana sentou-se à cama e mil perguntas vieram à sua cabeça: por que não podia ajudar as criadas a limpar a casa? Não seria trabalho algum para ela colaborar na arrumação e na limpeza. O papel de uma mulher, segundo todas que conhecera até o momento, era cuidar da casa onde vivia com o marido, mantê-la sempre limpa e organizada.

Minutos depois, Juliana ouviu um toque na porta. Era ele, Miguel quem finalmente havia acordado e fora procurá-la, pensou. Ela levantou-se da cama, ajeitou o vestido e foi abrir a porta. O sorriso desmoronou da sua face ao encontrar a Marlete ali informando que o almoço estava servido.

– O senhor Miguel já se levantou?
– Sim, senhora e já saiu.
– Saiu?! Como assim? Ele não ficou para o almoço?
– Não, senhora. Disse que comeria alguma coisa fora e que a senhora não se preocupasse com ele. À noite conversariam.

Foi muito triste e espantoso para Juliana ter de almoçar só naquela copa imensa naquela mesa extensa, no seu primeiro dia naquela casa linda e luxuosa. Início da sua vida de casada. Restou a ela, procurar relaxar ao longo da tarde, entretendo-se com o jardim da casa e ajudando as empregadas.

Ao crepúsculo, Juliana já estava novamente toda arrumada e cheirosa, aguardando Miguel chegar para o jantar. Como ele não apareceu até as vinte horas e a fome apertou, ela se viu obrigada a jantar só na companhia das quatro paredes e do silêncio como fizera no almoço.

Logo após o jantar as criadas se recolheram em seus aposentos localizados nos fundos da casa, deixando Juliana novamente a sós com as paredes e o silêncio. Somente por volta das onze horas da noite é que Miguel voltou para casa. Assim que viu a esposa na sala, aguardando por ele, procurou sorrir.

– Você demorou. – disse ela com sua incomparável delicadeza.
– Trabalho. Muito trabalho. – respondeu Miguel, dramatizando a frase. – Desculpe-me.
– Eu vou esquentar o jantar para você.
– Não estou com fome.
– Que é isso? Precisa comer algo, pelo menos um prato de sopa.

— As empregadas já se recolheram a uma hora dessas.
— Eu mesmo esquento para você, Miguel.
— Não é preciso.
— É preciso, sim.

Os olhos do moço se agitaram diante dos olhos castanhos e profundos de Juliana.

— Está bem, então. — concordou Miguel. — Como alguma coisinha. Vou tomar um banho, enquanto você esquenta a sopa.
— Aguardo *você* na copa.
— Desço em instantes.

Juliana esquentou a sopa que ela mesma tinha feito para jantar com o marido, pôs a mesa e aguardou por sua chegada. Os minutos foram passando e nada de ele aparecer. A demora de Miguel fez com que ela fosse até a sala onde havia a escada que levava ao andar superior para ver se ele já vinha. Nenhum sinal dele, provavelmente, deveria ainda estar no banho.

— Mas que banho demorado... — comentou consigo mesma.

Mais alguns minutos se passaram e nada de Miguel descer para o jantar. Ao perceber que a sopa havia esfriado, Juliana voltou-a para a panela para levá-la ao fogo novamente. Minutos depois a depositava na sopeira linda de porcelana sobre a mesa e ficou a aguardar pela vinda do marido, novamente. Os minutos outra vez se estenderam sem sinal dele.

Preocupada com a sua demora, de quase uma hora e meia, Juliana resolveu ir até o quarto de Miguel para ver se havia acontecido alguma coisa com ele. Encontrou-o ainda vestido, caído sobre a cama, dormindo profundamente, de boca aberta.

— O cansaço foi tanto, coitado... — comentou ela consigo mesma —, que ele caiu na cama e dormiu.

Juliana voltou para a copa, recolheu o jantar e depois foi dormir. Pensou em tirar a roupa do marido, mas teve receio de acordá-lo. Somente quando ela aconchegou a cabeça sobre o travesseiro é que ela se lembrou da sua noite de núpcias que novamente não aconteceu. O cansaço do marido não permitiu. Mas não tardaria a acontecer, pensou.

Terceira parte

Às cinco horas da manhã, Juliana despertou. Seria difícil para ela perder o hábito que adquirira desde menina: acordar ao cantar do galo. Ainda que não tivesse galo nas imediações, o corpo se acostumara a acordar àquela hora. Ela tentou dormir novamente, mas não conseguiu. O jeito foi permanecer deitada, quietinha na cama, procurando pensar em algo que distraísse sua mente, que lhe desse sono ou fizesse o tempo passar.

Como seus pensamentos não fizeram nem uma coisa nem outra, ela se levantou e foi cuidar da casa, preparar o café e fazer pão caseiro, bolo...

Quando as empregadas apareceram surpreenderam-se ao encontrar a mesa pronta para o café da manhã.

— Dona Juliana. — comentou Mércis. — Cabe a nós arrumar a mesa do café da manhã. Não à senhora.

— Eu sei, Mércis, mas é que estou tão acostumada a preparar o café da manhã na casa onde vivia com meus pais, que não vou saber viver sem fazer isso. Vocês me ajudam no que eu precisar na cozinha e na limpeza da casa.

— Se a senhora prefere assim.

— Prefiro. Agora tomem o café de vocês.

Juliana puxou uma das cadeiras para a criada se sentar à mesa, mas Mércis foi rápida em dizer:

— Nosso lugar de tomar o café é na mesa da cozinha, dona Juliana. A mesa da copa está reservada somente para os membros da família.

Juliana fez ar de espanto e disse:

— Se por aqui é assim, tudo bem.

As duas moças pediram licença e se retiraram. Ao encontrar somente as quatro paredes da copa olhando para ela, Juliana decidiu esperar por Miguel para tomar o desjejum em sua companhia. Para ocupar o tempo foi para cozinha, preparar alguns pratos e doces, suas especialidades. Pôs o avental e mãos a obra.

Oito horas da manhã e nada de Miguel aparecer para o desjejum. Nove, dez, onze horas e ainda nenhum sinal dele. A essa hora Juliana já estava com o almoço todo preparado. Só faltava pô-lo à mesa. Visto que o marido não havia aparecido para tomar o café da manhã, Juliana pediu a Mércis para tirar a mesa para prepará-la para o almoço.

Ao meio-dia a mesa estava posta e o almoço, fumegante. Porém, até aquele momento nada de Miguel aparecer. À uma hora, devido à fome, Juliana sentou-se à mesa e almoçou mais uma vez, sozinha. Querendo muito compreender por que o marido até àquela hora não havia partido para o trabalho. Ela já estava na sobremesa quando ele apareceu na copa, de banho tomado, elegantemente vestido, com a raquete de tênis a mão.

— Miguel, o almoço... — tentou dizer Juliana. — Esperei por você, mas...

A resposta dele foi rápida e precisa:

— Não precisa esperar por mim, Juliana, nunca tenho hora certa para fazer as refeições. Fique à vontade para tomar o café da manhã, almoçar e jantar quando achar melhor.

— Mas eu gostaria muito de fazer as refeições na sua companhia.

— Como lhe disse não tenho hora certa para nada. Vai acabar cansando de me esperar e faminta.

Em meio a um sorriso amarelo, ele se despediu:

— Eu já vou indo!

Sem mais, ele partiu deixando uma Juliana, sentada à mesa, olhando para a porta, por onde o marido havia se retirado do aposento, tomada de espanto. Restaram apenas novamente as quatro paredes e o silêncio como sua companhia.

Quando ela voltou a si, tirou a mesa e depois foi ajudar as moças a lavar a louça. Mais tarde, ajudou ambas a lavar o quintal da casa. As criadas se opuseram a sua decisão, mas Juliana não voltou atrás. Ela nunca fora uma moça de ficar parada, não seria agora que ficaria, concluiu consigo mesma.

 Nos dias que se seguiram, Juliana cansou-se de aguardar pelo marido para tomarem o café da manhã juntos ou fazer, pelo menos, uma das refeições na companhia um do outro.

 Cansou-se também de aguardar por sua chegada, à noite, o que só acontecia, costumeiramente, de madrugada. Acostumada a dormir cedo, por volta das dez, já estava cochilando na poltrona da sala e àquela hora, restava a ela, somente recolher-se em seu quarto e dormir.

 Marido e mulher mal se encontravam na casa, pois ele acordava tarde e partia logo após o banho, passando por ela, muitas vezes como um furacão. Não havia beijo de bom-dia, nem um abraço carinhoso. Apenas um "olá, como vai?". E antes que ela lhe perguntasse alguma coisa, ele se adiantava: "Preciso ir, estou atrasado".

 É obvio que Juliana estava chateada com a total ausência de romantismo do marido, presença e comprometimento. Seria o comportamento de Miguel comum entre os homens da alta sociedade e da cidade grande?, perguntava-se.

 Ela também estava chateada com os salgados, tortas salgadas e doces, bolos que fazia para ele que nem sequer provava. De repente, Miguel parecia uma pessoa completamente avessa àquela que ela conhecera nos arredores de Lagoa Serena. Era como se ele fosse um estranho para ela, alguém com quem nunca teve a oportunidade de trocar meia dúzia de palavras.

 Disposta a ter uma conversa com o marido, perguntar-lhe se ela estava fazendo alguma coisa errada, algo que ele desaprovasse, por isso vinha se distanciando dela, Juliana aguardou, sentada à sala por sua chegada. Havia adormecido quando a chave dele rodou na fechadura da porta da casa. Mal sabia ela que já era por volta das duas da madrugada. Todavia, notou de imediato que o marido havia bebido um bocado.

 — Acordada até essa hora? — questionou ele, com certa ironia.

 — Estava esperando *você*, Miguel.

 — Quantas vezes eu vou ter de lhe dizer que não precisa me esperar para nada? Que você é livre para fazer o que bem entender da sua vida?

— Você é meu marido, Miguel.
— Seu marido, mas não seu escravo.
— Você anda tão estranho comigo, tão distante desde que chegamos a Curitiba. Não é mais o Miguel que conheci em Mato Serrão. Fiz algo que não lhe agradou? Se fiz, diga-me, por favor.

Ele negou com a cabeça, enquanto um risinho malévolo escapava-lhe pelo canto dos lábios. Juliana, naquele tom profundamente triste, acrescentou:

— Nossa noite de núpcias, Miguel, até hoje não aconteceu.
— Ah! — exclamou ele, com certo deboche, arqueando as sobrancelhas. — Havia me esquecido completamente, é verdade. Mas podemos resolver isso agora mesmo.

Do modo mais prático e frio que alguém pode se comportar, ele pegou a mão da esposa, a levou para o seu quarto e cumpriu, finalmente, o seu papel de marido. Aconteceu tudo tão rápido e tão mecanicamente, sem beijos e abraços românticos que Juliana se decepcionou com o ato em si. Esperava tanto de sua primeira noite com um homem que jamais pensou que seria tão sem graça quanto foi.

Nem bem atingiu o orgasmo, Miguel levantou-se, ajeitou os cabelos com as mãos e foi para o seu quarto dormir.

Juliana ficou ali, estirada na cama, sentindo ainda o bafo da bebida alcoólica que Miguel deixou no ar. A decepção ainda continuava a importuná-la. Todavia ela ainda amava Miguel Pabliano de paixão.

Nas semanas que se seguiram, Juliana se sentiu como uma jovem isolada numa ilha. A distância entre ela e Miguel permanecia. Nunca mais ele a procurou para se deitar com ela, deixando a jovem cheia de dúvidas na cabeça. Teria ela feito alguma coisa errada durante o intercurso? Sim, só podia, inexperiente como era...

Até então Juliana não havia saído para dar uma volta por Curitiba, vivia enfurnada na casa, 24 horas por dia. Graciela prometera levá-la para dar um passeio pela cidade, mostrar-lhe os pontos turísticos, mas ao perceber que passaria vergonha se alguém da alta sociedade a encontrasse em companhia de uma caipira, desfez o prometido.

A alta sociedade sabia que Juliana era uma moça do interior, que residira até se casar com Miguel num sítio, com os pais, mas não sabia o quanto ela era simples. Os que tiveram a oportunidade de conhecê-la na recepção em que Miguel a apresentou a sociedade, mal trocaram palavras com ela.

    Mas a verdade logo veio à tona, conhecidos e conhecidas de Miguel, vizinhos a casa onde ele morava com Juliana, logo ficaram sabendo que a jovem que segurava a mangueira d'água para as empregadas lavarem o quintal, esfregava o chão com bucha e sabão e mexia no jardim, chegando a ficar suja de terra, era a dona da casa, e estes fatos logo se tornaram fofoca na cidade, propagando-se e adquirindo proporções homéricas.

— Dizem que ela não passa de um bicho do mato. Uma caipirona.

— Ouvi dizer que se ajoelha no chão com as empregadas para limpar a casa, pode?

Risos.

Quando as moças da alta sociedade perguntavam a respeito para Graciela, a moça respondia, sem graça:

— Essa foi mais uma das loucuras de Miguel. O que fazer?

— Onde estava seu irmão com a cabeça para se casar com um bicho do mato?

— Bêbado, querida. — respondia uma outra, em meio a risos.

— Eu ainda acho que ele teve um bom motivo para se casar com essa pobre coitada. — opinou uma outra. — Miguel é esperto, sempre foi.

— E qual motivo seria esse?

— É tão simples de se entender.

— É?! — espantaram-se todas, em uníssono.

— Sim. Basta refletir um bocadinho que vocês logo compreenderão a razão.

As mulheres ali se esforçaram, mas não conseguiram a chegar à conclusão alguma.

Quando perguntavam a Miguel sobre o comportamento simples da esposa, ele respondia seriamente:

— Se Juliana gosta de lavar e secar o chão do quintal que o faça. Qual o problema?

— Mas ela é a mulher de Miguel Pabliano. — revidavam os outros.

— E desde quando alguém é de alguém? Ninguém é de ninguém, meu caro. Portanto ela pode ser, simplesmente, do jeito que é.

Alguns colegas seus lhe perguntavam, então:

— Por mais que eu tente não consigo compreender o que você viu nessa jovem para se casar com ela.

Miguel respondia, prontamente:

— Você não vê porque não tem os meus olhos.

E encerrava o assunto com uma gargalhada.

Quando perguntavam a Aristides Pabliano a respeito do casamento do filho, o homem não sabia onde pôr a cara. Dava respostas vagas e procurava mudar de assunto. Desde o acontecido, ele havia se afastado ainda mais do filho. Por mais que tentasse, não conseguia superar o choque e a revolta por ele ter se casado com Juliana, às escondidas, por ter dispensado uma jovem bonita e rica como Maria Tereza Mendes e Souza para ficar com uma caipirona que só cursara o primário.

Juliana, por sua vez, escrevera para a mãe, pelo menos uma carta, dizendo que estava indo tudo bem entre ela e Miguel. Era preciso mentir para não deixá-la preocupada, tampouco desapontada.

Ela ainda não conseguira compreender, por mais que tentasse, o porquê Miguel mudara seu comportamento tão drasticamente depois que chegou a Curitiba.

Haviam se passado três meses desde que Juliana havia se casado com Miguel e se mudado para Curitiba. A jovem de apenas 17 anos de idade estava, como de hábito, varrendo a pequena passarela em frente à casa onde morava, quando um carro luxuoso estacionou no meio fio em frente a ela. De dentro dele saiu um elegante rapaz que parou diante da linda grade, toda desenhada, que protegia o magnífico casarão, e perguntou:

— Boa-tarde. O Miguel está?

Juliana endireitou o corpo, enxugou o suor da testa e respondeu:

— Não, senhor.

— Você poderia chamar a esposa dele, por favor.

— Bem eu...

— Diga a ela que Henrique, o primo-irmão do marido dela está aqui.

— Sou eu... — tentou explicar Juliana indo abrir o portão para o elegante rapaz.

Enquanto isso Henrique prestou melhor atenção a ela. Ainda que com os cabelos presos, o vestido sovado e manchado de suor, Juliana causou-lhe boa impressão.

— Queira entrar, por favor — disse ela, escancarando o portão.

— A esposa de Miguel está? Você pode chamá-la?

Juliana o interrompeu, delicadamente:

— Sou eu a esposa do Miguel.

O moço riu até perceber que ela realmente falava a verdade.

— V-você?! — exclamou interrogativamente, arqueando as sobrancelhas, transparecendo choque e espanto.

Medindo Juliana da cabeça aos pés, Henrique comentou:

— Desculpe os meus modos é que você não corresponde em nada a ideia que fiz da mul...

Ele mudou o final da frase ao perceber que seria indelicado dizê-la. E para remediar a situação, fez um elogio, porém, verdadeiro:

— Miguel sempre teve bom gosto para mulheres, mas jamais pensei que houvesse aprimorado.

Ao notar que Juliana não havia entendido o seu comentário, ele explicou:

— Eu quis dizer que Miguel escolheu muito bem a esposa. Você é muito bonita.

Juliana enrubesceu diante do elogio.

— Entre, por favor. — disse, mal olhando para os olhos do moço.

— Agora, não. Outra hora. Quando Miguel estiver em casa. Voltarei à noite, para o jantar, quem sabe.

— Seria um prazer, mas é que Miguel nunca janta em casa.

— N-não?

— Não. Janta geralmente perto do trabalho...

— Trabalho?

— Sim.

Henrique fez novamente ar de espanto.

— Seu nome mesmo é... — continuou ele, voltando a encarar os olhos bonitos da jovem.
— Juliana.
— Juliana. — repetiu Henrique, lentamente. — O nome é tão gracioso quanto você.
Juliana enrubesceu novamente.
— Se toda vez que eu fizer um elogio você ficar rubra, deixarei de fazê-los.
Juliana ficou ainda mais vermelha.
— Soube que é do interior do Paraná. O que está achando de Curitiba?
— Eu ainda não tive a oportunidade de conhecer a cidade, Miguel anda tão apurado com o trabalho que ainda não teve tempo de me levar para conhecê-la.
— Não?!
O moço mordeu os lábios, enquanto a face de Miguel preenchia o seu campo mental. Voltando os olhos para a vassoura, Henrique perguntou:
— O que é isso?
Juliana riu.
— Ora, meu senhor, é uma vassoura.
— Sim, eu sei, mas o que está fazendo em sua mão?
— O que toda vassoura faz.
Ele riu, ela também.
— Perguntei o que está fazendo com uma vassoura nas mãos, porque, esse trabalho compete às criadas, não?
— Oh, sim, mas é que eu mesma gosto de limpar a casa. Estava acostumada a fazer isso no sítio.
— Sítio?
— No sítio onde eu morava com meus pais, até me casar e me mudar para cá.
Após breve reflexão, Henrique disse:
— Pensando bem, vou entrar um pouquinho para tomar um café.
— Por favor.
Assim que os dois seguiram para a copa, Juliana pediu desculpas a Henrique por estar com aquela aparência. Foi ela mesma quem coou o café.

— Onde estão as empregadas?
— Saíram.
— A essa hora?
— Sim. Elas me pediram para sair mais cedo, tinham coisas para fazer na cidade e eu, bem, dispensei as duas.

Henrique franziu o cenho, pensativo. Antes de dar o primeiro gole no café preto, cheiroso e fumegante, comentou:
— O aroma está uma delícia.
Após o primeiro gole, acrescentou:
— O sabor, então... *perfect!*
— Que bom que gostou.
— Agora fale-me de você. Como conheceu Miguel, como era a sua vida antes de conhecê-lo.

E assim, enquanto Henrique Pabliano degustava do saboroso cafezinho preto, Juliana contou tudo o que ele lhe pediu nos mínimos detalhes. A conversa entre os dois terminou de forma agradável, com Henrique prometendo voltar para almoçar ou jantar, assim que combinasse com Miguel.

Henrique Pabliano partiu da casa, louco para falar com Miguel.
— O safado só pode estar no clube a uma hora dessas... — comentou consigo assim que pisou no acelerador.

Dito e feito, Miguel estava mesmo lá, no bar do clube, saboreando aperitivos com seus colegas de tênis. Ao ver Henrique, pediu licença aos amigos e foi abraçar o primo.
— Henrique! Seu safado, pensei que estivesse no Canadá a uma hora dessas!
— Cheguei hoje pela manhã. — respondeu Henrique dando umas palmadinhas no ombro de Miguel. — Mal acreditei quando liguei para o seu pai e ele me contou, superficialmente, que você havia se casado. Ele estava prestes a entrar numa reunião, por isso não pôde me contar tudo com mais detalhes. Confesso que precisava ver com os meus próprios olhos, você ao lado de sua esposa, para poder acreditar que você havia realmente se casado.

Miguel riu, dando um murro camarada no ombro do irmão.
— Vamos tomar uma dose de uísque, venha.

Assim que os dois se ajeitaram num dos banquinhos altos em volta do bar, Henrique mirou fundo nos olhos do primo e perguntou, seriamente:

— Que casamento é esse, Miguel? Acabo de vir da sua casa, já tive o prazer de conhecer e conversar com sua jovem esposa, uma moça agradabilíssima, encantadora.

— Eu sabia.

— O que?

— Que você iria gostar dela, Henrique. Interessar-se por ela a ponto de querer bater as asinhas pra cima dela.

— Sabia?

— Sim. Assim que a vi, pensei: Henrique quando a vir vai perder a razão. Mal posso esperar para vê-lo ao lado de Juliana.

— Ela é bonita de fato, Miguel. Mas é sua esposa. Diz o mandamento que o homem não deve cobiçar a mulher do próximo.

— Diz, mas na prática...

— Falemos sério, agora. Por que se casou com essa jovem, Miguel? Uma moça humilde, inocente e pura de coração? Foi mais uma vez para afrontar seu pai, é isso?

— Talvez...

— Quando é que vai haver algum pingo de juízo dentro dessa sua cabecinha, Miguel?

— É você quem tem juízo demais, Henrique. E juízo demais faz mal. Que graça tem viver se não for para viver com uma boa dose de falta de juízo? Agora relaxe e tome sua dose de uísque *on the rocks* comigo, vamos lá!

— Você não devia levar a vida tão na brincadeira, Miguel. Um dia você ainda pode se dar mal.

— O que deu em você, Henrique? Parece um velho falando... Um velho gagá e antiquado. Parece até meu pai, falando.

— Fiquei com pena da moça, Miguel. Fiquei mesmo. Você até agora nem sequer a levou para conhecer a cidade. Desde que ela se mudou para cá, a pobrezinha está presa dentro daquela casa.

— Presa, não! Ela tem toda a liberdade do mundo para sair e quando quiser.

— Ela sabe disso?

— Claro que sim.

— Não creio que ela seja do tipo que saia sozinha, deve ter medo de se perder na cidade.

— Já que está com tanta pena dela por que não a leva para passear por nossa linda Curitiba?

— Pois sou capaz de fazer isso mesmo.

— Sei que é capaz de muito mais, Henrique.

— Você ainda não me respondeu: o que pretende com esse casamento com essa jovem pura e inocente?

— O que sempre pretendi na vida, Henrique, o meu objetivo mor: ser feliz!

Desdenhando suas palavras, Henrique comentou:

— Você não pode ter se casado com essa pobre moça, usando-a somente para afrontar seu pai.

— Tem razão. Há um outro motivo.

— Você a ama, então?

Miguel riu, debochado.

— Amor? Não chegamos a tanto. Você sabe que eu não acredito em amor. Amor só existe em contos de fada, na vida real, o que chamam de amor e paixão, nada mais é que uma atração física e interesses próprios.

— Então me diga, que motivo é esse, Miguel.

— É segredo.

Henrique fez uma careta, Miguel mudou de assunto a seguir. O encontro terminou com Miguel convidando Henrique para almoçar em sua casa no dia seguinte.

Henrique Pabliano deixou o clube aquela tarde pensando em Juliana, sentindo muita pena dela. Dali, partiu para a casa do tio que o recebeu com grande alegria como sempre. Quando o assunto se verteu para Miguel, o semblante de Aristides Pabliano mudou.

— Miguel não tem mesmo jeito, Henrique. — comentou o homem, com ar pesaroso. — Onde já se viu casar com aquela moça, uma pobre criatura do interior, praticamente um bicho do mato? Fez isso só para me afrontar. Como tudo que faz. O que fiz eu para merecer um filho desmiolado desses? Uma vergonha. Eu não entendo como um homem pode ter tanto sucesso nas finanças como eu e ter filhos tão desmiolados quanto os meus. Onde foi que eu errei, meu Deus?

— Nem tudo na vida é como a gente quer, titio.

— Mas deveria ser, Henrique. O problema é que os filhos não nascem puxando os pais no comportamento como deveria ser. Na minha opinião, os filhos tinham de nascer idênticos aos pais.

Henrique pensou na tragédia que seria se todos os filhos nascessem idênticos em comportamento, aos pais. Filhos de homens com sérios problemas alcoólicos, viciados em drogas, sem caráter, sem personalidade, sem entusiasmo pela vida, sem otimismo, sem fé em Deus, sem responsabilidade, seriam um desastre completo tal e qual os pais. Mas Henrique preferiu guardar para si sua opinião.

No dia seguinte, como haviam combinado, por volta do meio-dia, Henrique apareceu na casa do primo para almoçar. Juliana já tinha tudo preparado, pois, miraculosamente, Miguel havia se lembrado de ligar para ela, do clube, avisando que o primo almoçaria com eles no dia seguinte.

Nem bem Henrique entrou na sala, ouviu-se a voz de Miguel soar do alto da escada.

— Henrique, que bom que você veio!

Miguel, acordado àquela hora do dia foi uma surpresa para Juliana, surpresa maior foi quando ele disse que almoçaria com os dois. Foi um almoço descontraído, com muitas risadas por parte de ambos, Juliana participava da conversa de modo discreto e submisso, sendo mais ouvidos do que boca.

Eles saboreavam a sobremesa, um delicioso manjar com ameixas, quando Henrique voltou-se para Miguel e disse:

— Quero levar Juliana, se não se importar para conhecer Curitiba. Algo que você deveria ter feito há muito tempo e não fez.

— Eu sei. Mas não fiz porque sabia, no íntimo, que você faria por mim.

Miguel riu forçado e completou:

71

— Vá mesmo conhecer a cidade, Juliana. Não existe melhor guia turístico do que o meu velho e bom camarada e primo, Henrique Pabliano.

Juliana, que mal olhava para o marido, balançou a cabeça em concordância.

E foi assim que Juliana pôde conhecer os cantos e encantos da inigualável Curitiba. O primeiro lugar que Henrique levou a moça para conhecer foi a Praça Tiradentes. Marco zero da cidade, onde se localiza a Catedral Basílica de Nossa Senhora da Luz, construída em estilo gótico. Depois foi a vez de visitar a Rua Das Flores, a principal rua da cidade que foi transformada no primeiro calçadão do país, em 1972.

Chegou a vez, então, de conhecer o Teatro Paiol. Antigo paiol de pólvora construído em 1906 e reciclado para teatro de arena em 1971. Sua inauguração teve a presença de Vinícius de Moraes, que compôs música especialmente para a ocasião. Símbolo da transformação cultural de Curitiba.

Os próximos pontos visitados por Henrique e Juliana foram a Estação Rodoferroviária, o Mercado Municipal, a Praça Santos Andrade onde se localiza o Teatro Guaíra, um dos maiores da América Latina e a Universidade Federal do Paraná, a primeira do Brasil.

Juliana admirou muito o Passeio Público. O primeiro parque público e o primeiro zoológico de Curitiba, inaugurado em 1886. Seu portão principal, réplica do antigo portal do cemitério de cães de Paris, foi algo que chamou muito sua atenção. O Memorial Árabe, edificação moderna inspirada na arquitetura dos povos do deserto, também despertou muito o seu interesse.

No quinto dia de *tour* pela cidade, Henrique e a jovem almoçaram no Bosque Alemão e encerraram o passeio no Parque Barigui. Um dos maiores da cidade, implantado em 1972, é um dos preferidos para as caminhadas diárias do curitibano à beira do lago.

Foi ali, enquanto caminhavam à beira do lago que Henrique convidou Juliana para se sentar um pouco num dos belos bancos de madeira espalhados pelo lugar. Aproveitou, então, o momento para falar mais à vontade com a jovem, saber mais sobre ela e fazê-la saber um pouco mais a seu respeito.

Passeando os olhos pela linda vista do lago do parque, Juliana comentou:

— Isso aqui é tão lindo.

— É, não é?

— Obrigada por ter me trazido aqui. Eu jamais me esquecerei da sua gentileza.

Um sorriso, jovial, iluminou a face de Henrique. O que a jovem disse a seguir, pegou o moço de surpresa.

— Desculpe dizer, mas... não acho certo continuarmos saindo. Não é certo uma mulher casada ficar saindo com um homem, solteiro, pela redondezas.

Henrique pensou em dizer: o que importa se seu marido pouco se importa com isso?

Juliana continuou:

— As pessoas são muito maldosas, logo podem começar a falar de nós dois, inventar coisas que não existem... Miguel pode ganhar má fama na cidade...

Henrique pensou novamente em dizer: "Não se preocupe, Miguel também não se importa com isso. Na verdade Miguel, não se importa com nada além do seu prazer e sua boemia." Se ela ao menos soubesse quem era Miguel Pabliano de verdade.

Henrique sentiu sua garganta coçar, de vontade de revelar à jovem toda a verdade. Deveria? Teve receio de que a decepção a matasse de desgosto. O melhor a se fazer, por enquanto, era manter-se calado, deixar que ela percebesse a realidade a sua volta por si mesma. Seria capaz? Cega de paixão, com certeza, lhe custaria muito ver as coisas como realmente eram.

Naquele fim de dia, quando Henrique foi levar Juliana para sua casa, os dois foram surpreendidos pela presença de Miguel. Ele, ali, àquela hora, era algo espantoso e raro de se ver.

— Henrique! — exclamou Miguel, um tanto exagerado.

— Olá, Miguel.

— Como foi mais esse dia de passeio?

— Foi bom, acho... Juliana é quem pode responder melhor esta pergunta.

Juliana, delicadamente, respondeu:

— O passeio foi, como os demais, muito agradável. Curitiba é realmente uma cidade linda... Gostei muito. Agora, se me derem licença, vou até meu quarto.

Os dois homens assentiram e acompanharam a retirada da jovem com olhar. Assim que ela se foi, Henrique comentou:

— Ela é realmente uma moça adorável...

— Eu sei.

— Eu ainda não entendo, por mais que me esforce... Por que você se casou com ela? Você mente para ela, a faz pensar que trabalha... Você dorme com ela? Nem isso, não é mesmo? Por que então se casou, é isso que eu não entendo.

Miguel encaminhou o primo até o barzinho que ficava na sala e, enquanto preparava uma dose de uísque para cada um, explicou:

— Papai queria que eu casasse, Henrique. Queria porque queria que eu me casasse. Insistia em afirmar que eu já havia passado da idade de me casar. Como se houvesse uma idade certa para um homem se casar... Não parava de me atormentar com isso, dizendo que me ver casado era o seu maior sonho, que ter um neto meu era um sonho tão grande quanto... Eu tentei lembrá-lo que esse era um sonho dele, não meu... Enfim...

"Aí, então conheci Juliana e percebi que ela seria a moça perfeita para me casar e fazer com que meu pai não mais me aborrecesse com esse papo de casamento."

— Por que Juliana seria perfeita para isso?

— Porque me casando com ela eu poderia continuar sendo quem sempre fui, vivendo do jeito que sempre gostei de viver, na boemia, cercado de mulheres, cada dia com uma, para variar. Que mulher do nosso meio, aqui de Curitiba aceitaria um marido assim, meu querido? Nenhuma! Por isso vi em Juliana a mulher perfeita para me casar.

— Como fui estúpido! Como não percebi suas más intenções para com a moça, antes? Agora, tudo faz sentido. Você escolheu essa jovem para se casar, por ela ser uma moça muito simples, sem instrução, quase uma ignorante. Tola e inexperiente.

— Essas palavras ficam por sua conta.

— Aí é que você cometeu seu maior lapso, Miguel. Nenhuma mulher é tola para sempre. Pode ser por um tempo, nunca eternamente.

— Juliana tem mais é que me agradecer, eternamente, pelo que lhe fiz, afinal, a tirei daquele fim de mundo, a trouxe para a civilização que ela tanto queria conhecer. Eu dei a Juliana a vida que todo mundo quer e em troca, ela me garantiu a liberdade de viver. A troca foi justa.

— Você usou essa moça...

— Ah, para cima de mim, Henrique?! Nesse mundo todo mundo usa todo mundo. Eu não sou o único! Qual é?

— Você não tem respeito pelo sentimento alheio?

— Juliana é dez vezes mais feliz aqui do que era vivendo naquele fim de mundo.

— Ela não é feliz.

— Tire todo o luxo e a riqueza que ela vive agora, deixe-a voltar para aquele lugar onde Judas perdeu as botas e não levará mais que dois dias para ela perceber que é feliz aqui, sim!

— Ela não quer nada além do seu amor e respeito, Miguel. Algo que homens como você, da sua estirpe, nunca conseguem compreender.

— Juliana não quer amor, Henrique, ela, como a maioria das mulheres, quer exclusividade sobre um homem. Isso, não posso lhe dar, não só a ela, como a nenhuma outra mulher, nem a ninguém.

— Você usa e abusa das pessoas, principalmente das mulheres. Só quero ver até quando, Miguel. Até quando.

— Pare de dramatizar a vida, Henrique! Pare de me ver como uma pessoa má. É incrível como você é dado a um drama. Até parece a reencarnação de Shakespeare...

Miguel deu um cutucão maroto no braço do primo e perguntou:

— Em que ponto turístico da cidade, exatamente, você deu em cima dela?

Os lábios de Henrique chegaram a se mover, mas não houve resposta alguma.

— Você se encantou por ela desde que a viu, não é mesmo? Eu sei, para que negar?

— Você por acaso está com ciúme?

— E-eu?! Com ciúmes?! Ah, faça-me o favor, Henrique.

— Tenho pena dela, Miguel, muita pena.
— Você tem pena de todo mundo, Henrique.
— Engana-se.
— Será?
— Há uma pessoa no mundo de quem não tenho pena alguma e essa pessoa é você. Você não passa de um garoto mimado. — acrescentou Henrique, com todas as letras.
— Mimado, eu?! Ora, Henrique tudo o que eu quero da vida é ser feliz, a meu modo. Para isso eu preciso da liberdade, não vou me privar dela por nada. Longe de mim, acabar o resto da minha vida como meu pai. Um homem que menosprezou sua liberdade em troca de trabalho e dinheiro, trabalho e dinheiro que ele nem sequer vai ter tempo de gastar.
— Você alguma vez amou alguém além de si mesmo, Miguel?
— O que sabe você sobre o amor, Henrique? Por acaso você já amou alguém?
— Já amei, sim, e você sabe disso. Sempre compartilhei a minha vida afetiva com você.
— E o que você ganhou em troca amando como amou? Deixe que eu mesmo respondo: nada!
— Sabe qual é a verdade que o cerca, Miguel? É que você não ama nem sequer a si próprio porque se amasse lhe daria amor.
O cenho de Henrique fechou-se ainda mais ao perguntar:
— Diga-me, Miguel, apenas por curiosidade. Quantas mulheres você já passou para trás?
— Mulheres que eu dei alegria e o privilégio de me conhecerem? Bem... foram tantas que eu já...
— As mulheres não são objetos, Miguel.
— Você parece até um maricas falando assim.
— Faço votos sinceros de que Juliana deixe de amá-lo como o ama para que possa, enfim, encontrar a felicidade.
Miguel segurou Henrique pelo braço no exato momento em que ele ia partir dali. Num tom grave o alertou:
— Se seu joguinho é tirá-la de mim, esqueça, desista, ela nunca vai me abandonar porque ela me ama, me ama por ser grata por tudo o que lhe ofereço. E eu jamais lhe darei o divórcio.

— Não esteja tão certo disso, meu caro Miguel.

Com um safanão, Henrique soltou seu braço e partiu.

— Despeça-se de Juliana por mim.

Miguel amarrou o cenho assim que o moço partiu. Pela primeira vez, Henrique conseguira deixá-lo irritado com suas eloquentes palavras.

Nos dias seguintes, Henrique não mais procurou por Juliana, quis respeitar o seu pedido, todavia, sentia saudades da sua companhia; para esquecê-la, sobrecarregou-se de trabalho.

Nas semanas que se seguiram, Juliana se sentia cada vez mais incomodada com a vida que levava ao lado do marido que tanto amava. Continuava escrevendo para a mãe, dizendo que estava tudo bem entre ela e Miguel, mas era mentira, nada estava bem entre os dois, nada nunca mais fora como nos dias em que eles se conheceram e passeavam pelos arredores de Lagoa Serena.

Era assustador perceber que ela passara os últimos meses só, sem ter a mãe e o pai que tanto amava ao seu lado. Até mesmo das pirraças de Silvana ela sentia falta. Agora, só havia ela, as paredes e o silêncio para lhe fazerem companhia. Nada mais. Nada do que pensou aconteceu como esperava. Se ela não amasse Miguel como amava, ela enlouqueceria. Era por ele que se segurava diante de tudo aquilo.

Haviam se passado 4 meses de casamento, quando numa noite, Miguel, ao voltar para a casa, na madrugada, encontrou Juliana em pé, parada de frente para a santa ceia pendurada na parede aguardando por ele. O moço de 31 anos assustou-se ao vê-la ali.

— *Buenas noches!* — brincou ele, com voz embriagada.

Ao ver os olhos dela lacrimejando, Miguel, perguntou, procurando firmar a voz:

— O que foi? Estava descascando cebola, por acaso?

— Eu esperei você para jantar, como de costume, e, mais uma vez, você não apareceu. São quase duas horas da madrugada.

— Trabalho, Juliana, muito trabalho.

— Tanto trabalho assim vai acabar lhe fazendo mal, Miguel. É importante que você faça as suas refeições na hora certa.

— O trabalho na cidade grande é pesado, Juliana, muito pesado. Só trabalhando assim é que se consegue manter uma vida luxuosa como essa que eu vivo, da qual agora você faz parte.

Ela olhou firme para ele, seus lábios tremiam agora, a voz também soou trêmula quando disse:

— Você não está falando a verdade no que diz respeito a trabalho, Miguel.

Ele empinou o rosto para trás e perguntou, olhando cismado para ela:

— Está duvidando da minha palavra, Juliana?

— Estou.

Ele estufou o peito, olhando de viés para a esposa.

— De onde foi que você tirou essa ideia? — perguntou.

— Eu estive na empresa do seu pai esta tarde.

As sobrancelhas dele se arquearam. Ela prosseguiu:

— Fui lá, atrás de você, para lhe fazer uma surpresa. Eles me disseram, com muito custo, um tanto sem graça que você não estava lá nem nunca esteve porque não trabalha lá.

Miguel fez uma careta engraçada. Juliana, ainda que trêmula, prosseguiu:

— Você me disse que trabalhava com seu pai, se não trabalha com seu pai onde trabalha então?

Ele tirou a camisa de dentro da calça, desabotoou os botões, deixando peito livre, sorriu e disse:

— Viver, Juliana, é um trabalho constante, porque dá trabalho viver, sabia? Já tenho quase trinta e dois anos completos, e a vida passa rápido demais para que eu me sobrecarregue com um trabalho além daquele que a vida nos impõe para viver. Fui claro? Como poderei desfrutar da vida preso num escritório? Pense nisso.

— Se não trabalha com seu pai onde e como consegue dinheiro para nos sustentar?

— Com a parte que me coube de herança da minha mãe.

— Herança? Como assim?

— Meus pais casaram com comunhão de bens, portanto tudo o que meu pai ia conseguindo com o seu trabalho, metade pertencia a minha mãe. Quando ela faleceu, a parte que cabia a ela foi dividida para os filhos. Ou seja, para mim e para minha irmã, Graciela. É com esse dinheiro que vivo desde então.

— Você não tem medo que o dinheiro acabe?

Ele abanou a mão:

— Ainda tem um bocado para eu torrar.

— Torrar? C-como assim?

— Torrar, ora... Gastar... Guardar dinheiro para que, se caixão não tem gaveta?

Aprofundando os olhos no marido, a jovem perguntou:

— Você andou bebendo, não andou?

— Minha querida é lógico que sim, é hábito meu tomar alguns drinques toda noite. Que graça tem a vida sem uns *birinaites?*

Ele foi até ela, ergueu seu queixo com a ponta do dedo, forçando-a a olhar para ele, e disse:

— Não se preocupe comigo, Juliana, cada um é um, entende? Siga a sua vida da forma que você achar melhor, que eu sigo a minha. Não se espante também se eu não dormir em casa, geralmente atravesso a madrugada na companhia de amigos.

Na companhia de mulheres seria o certo ele dizer, mas não disse por razões óbvias.

— Seu modo de ver a vida é muito diferente do meu.

— O meu modo de ver e levar a vida é o certo.

Após breve pausa, num tom entristecido, ela falou:

— Você pouco me procura, você parece nem sequer fazer questão de me ver.

— É que o dia passa tão rápido, Juliana.

— Mas... Um homem quando se casa com uma mulher...

— Já sei aonde quer chegar. É que eu não sou, definitivamente, um homem romântico, compreendeu? Mas eu prometo que vou me esforçar para me tornar um marido mais presente, que tal? Só preciso de mais tempo...

Era uma promessa totalmente mentirosa, bem sabia Miguel, mas Juliana, cega de paixão, acreditou piamente nela.

Ele pegou a mão dela e a puxou até um dos quartos da casa. Lá pegou um porta-joias que guardava no cofre e entregou a ela.

— O que é isso?

— Abra-o.

Os olhos de Juliana se ofuscaram diante do brilho das joias que havia ali.

— São lindas, não? Pertenciam a minha mãe. Agora, são todas suas.

— Minhas?

— Sim, suas. Você as merece.

Não eram joias que Juliana queria receber de Miguel era o seu amor, o amor que ele jurou sentir por ela. Só o amor seria suficiente para ela. Nada mais.

— Esse colar de pérolas ficará lindo em você. — disse ele. — Posso?

Voltando a jovem para o espelho da cômoda e, com delicadeza, prendeu o colar em torno do pescoço delicado da esposa.

— Ficou lindo, não?

Ela não olhava para a joia preciosa, olhava para o rosto de Miguel, para os seus olhos, precisamente, com seus olhos cheios de amor e desejo.

Quando ele percebeu seu olhar, foi como se ele tivesse tomado um choque, no mesmo instante deu um passo para trás, depois outro e outro e atravessou a porta do aposento lhe dizendo "Boa-noite".

Juliana ficou ali, olhos lacrimejantes, olhando para o seu pescoço lindamente embelezado por aquela joia linda e cara que para ela não significava nada. Só tinha valor para ela a promessa que Miguel lhe fizera de se tornar um marido mais presente e carinhoso

Nas semanas que se seguiram Juliana aguardou ansiosamente pelo cumprimento da promessa que Miguel lhe fez, mas a promessa logo pareceu a ela, uma promessa em vão. Ela tentou falar-lhe a respeito, mas ele sempre desconversava ou refazia a promessa pedindo-lhe mais tempo. Aquilo foi esgotando as esperanças de Juliana, a deixando cada vez mais deprimida.

Decidida a falar com o marido, não mais adiar a conversa que ela achava necessária ter com ele, Juliana esperou mais uma vez na sala de estar por sua chegada. Era por volta das duas da madrugada quando

Miguel chegou em casa. Estava trançando as pernas de tanto que havia bebido. Sua roupa exalava o cheiro forte do perfume da mulher com quem se aventurou aquela noite. Ao ver Juliana sentada no sofá da grande sala, aguardando por ele, seu olhar se agravou.
— Já disse para você não me esperar, Juliana.
— Eu precisava falar com você.
— Falasse amanhã.
— Que horas, nunca vejo você sair, quando sim, está sempre com pressa.
— Fale então, o que é?
— Semanas atrás você me prometeu que iria mudar, tornar-se um marido mais presente e carinhoso.
— Prometi?! — indagou ele em tom zombeteiro. — Acho que foi uma daquelas promessas de político, sabe?
— Você não vai...
— Cumprir a promessa?! Talvez, um dia, quem sabe...
A jovem respirou fundo e perguntou, de forma direta:
— Você ainda me ama, Miguel?
— Amar?
— Sim, você ainda me ama? Você disse que me amava, lembra? Por isso quis se casar comigo.
— Amá-la... com sinceridade?
— Sim.
— Não.
Juliana entrou em pânico com a revelação dita assim tão diretamente. Sua vista chegou a embaçar tamanho o choque.
Miguel prosseguiu:
— Eu gosto de você, Juliana, o que é bem diferente de amar. Assim penso eu, ao menos.
— Mas você disse que me amava...
— Disse?! É... eu disse... e daí? Acho que foi mais um daqueles momentos em que baixou um político em mim.
— Eu me casei com você porque o amava.
— Tão cedo? Você nem me conhece direito, como poderia saber que me amava se me conhecia há apenas três semanas?

— Não sei como explicar, mas eu o amei desde o primeiro instante em que o vi.

— Mulheres... Sempre passionais... Não deveriam ser assim. Se quer a minha opinião sincera, foi muito imaturo da sua parte gostar de mim assim, tão de repente, ninguém deve gostar de alguém dessa forma repentina e voluptuosa.

A decepção se estampava cada vez mais nos olhos de Juliana.

— Se não me amava, Miguel, por que se casou comigo?

— Primeiro porque eu gostei de você. G-o-s-t-e-i, não confunda as coisas, gostar não tem nada a ver com amar. E, por ter gostado de você, eu quis lhe propiciar algo que não poderia ter ao longo de sua vida, e que, de certa forma, senti que você merecia ter, que era uma vida mais confortável, capaz de realizar o sonho de conhecer e viver numa cidade grande, deixar aquele fim de mundo...

— Você me disse que havia mudado de ideia, que não considerava mais Lagoa Serena um fim de mundo.

— Disse aquilo para ser gentil com você e com sua mãe.

— Gentil?

— Sim, gentil. Era preciso para ganhar a sua confiança.

— Você me disse que me amava também para ganhar a minha confiança?

— Se você puxar bem pela memória verá que eu jamais lhe disse: 'Eu amo você, Juliana". Se dei a entender foi para convencê-la a se casar comigo, caso contrário, receei que não o fizesse. Se não se casasse comigo não teria a chance de sair daquele lugar dos infernos e vir para a cidade grande, a civilização, viver numa casa linda e confortável como esta, tendo do bom e do melhor, com possibilidades até de conhecer o mundo.

"Seja sincera consigo mesma. Você viria se soubesse que eu não a amava? Viria? Não, é lógico que não. Muitas vezes, algumas mentiras nos são muito bem-vindas. Sem elas, as pessoas não dariam um passo além..."

— Estou decepcionada com você.

— Comigo?! Que lhe propicio todo esse conforto, toda essa vida de luxo e riqueza? Não seja injusta.

— Uma vida sem amor. De que vale todo luxo e a riqueza se não há amor?

— Ah, mulheres... Para tudo na vida, Juliana, tem de se pagar um preço, sabia? O preço que você está pagando para ter tudo o que sempre sonhou é esse...

— E o seu qual é?

— Boa pergunta. Acho que sou uma exceção. Pouco tenho de pagar para ter tudo o que quero na vida.

Em meio a um sorriso de lobo, Miguel prosseguiu:

— Já que estamos abrindo o jogo, pondo tudo às claras, com sinceridade, preciso ser ainda mais honesto com você. Não foi só para lhe dar a oportunidade de viver longe daquele fim de mundo e ter uma vida luxuosa que eu menti para você para que se casasse comigo. O meu casamento com você serviria também para dar fim às exigências do meu pai. O *velho* queria porque queria me ver casado com uma moça direita, de boa família e confiável. Então, casei-me, com você. A mulher perfeita para calar de uma vez por todas as exigências do meu pai e me ajudar a continuar levando a vida que eu gosto de ter...

— Que vida é essa, posso saber?

— A vida que todo homem deveria ter: na boemia, cercado de amigos, rodeado de mulheres, até mesmo aquelas que fazem do sexo sua profissão, uma para cada noite, muita bebida, muita farra... Ah, Juliana eu amo as mulheres, altas, baixas, esguias, fofinhas, louras, morenas, de todo jeito. Amo, simplesmente amo as mulheres. Amo da mesma forma que amo a liberdade para eu fazer o que bem entender da minha vida, das mulheres com quem me envolvo, e de tudo, enfim, que me apraz.

— Você é um...

— Pervertido? Não Juliana, sou um boêmio. Um cara que sabe viver a vida.

— Você não agiu certo comigo.

— Já lhe disse que se eu tivesse lhe dito a verdade você nunca teria vindo parar aqui.

A decepção se contrastava agora com a desilusão no semblante da moça. Houve uma pausa até que ela perguntasse.

— Você nunca se apaixonou por nenhuma mulher com quem se envolveu?

— Deixe-me ver... — ironizou ele, coçando o queixo com a ponta do dedo indicador da mão direita. — Não!

— Como isso é possível?

— Sendo. Eu amo as mulheres por um, dois dias, até mesmo por uma semana, fora isso, são páginas descartadas do meu folhetim. Mas, quando digo que amo, amo, segundo o que acho ser o amor. Eu não sei, acho que ninguém sabe ao certo o que é realmente o amor.

— Impossível alguém não se apaixonar.

— Como sabe? Você por acaso conhece todo mundo?

— Todas as pessoas que eu e minha família conhecemos se apaixonaram um dia. Todas, sem exceção.

— Eu sou a exceção. Torno a repetir, não é que eu não me apaixone, apaixono-me, sim, mas por menos tempo que a maioria das pessoas. Só assim posso amar a mulher ideal que é, para mim, todas aquelas que meu atraírem ao longo da vida.

— Envolvendo-se com uma mulher por tão pouco tempo você não tem a oportunidade de conhecê-la mais profundamente, conhecer seu íntimo, sua alma.

— E desde quando eu estou interessado nisso, Juliana? Eu só quero o corpo atraente delas e que elas matem o meu desejo, só isso. Sou uma espécie de vampiro. Só que ao invés de sangue, me alimento de mulheres, variadas, todas que me atraem.

— Você deve ser realmente uma espécie de vampiro, porque ser humano não é. Nenhum ser humano é frio e insensível como você.

— Ora, ora, ora, Juliana, não se volte contra mim. Contra aquele que está podendo lhe oferecer essa vida maravilhosa, a vida que você tanto merece ter.

— Eu o amava...

— Amava?! Para quem dizia que iria me amar eternamente, morreu cedo o seu amor por mim, hein? Por isso que eu não acredito no amor. Em amor que dure mais de uma semana.

— Você me decepcionou tanto.

— Ah, bobagem... a vida é feita de um punhado de decepções, frustrações, reviravoltas. Comigo não, nada me atinge. Como lhe disse, sou uma exceção.

— C-como você pode ter tido a coragem de fazer isso comigo? Eu me entreguei para você.

– E eu fiz de você, a mulher mais feliz da vida. Ao menos foi isso que você me disse na nossa noite de núpcias.
– Pois eu menti.
A resposta dela, verdadeira, feriu fulminantemente o ego de Miguel.
– C-como assim, mentiu?
– Menti. Simplesmente menti. Foi tudo muito frustrante para mim. Uma decepção tão grande quanto a que estou sentindo agora.
– Duvido. Nenhuma mulher até hoje reclamou do meu desempenho na cama.
– Pois eu, estou reclamando, ou melhor, comentando.
Ele aprofundou o olhar sobre ela e quando percebeu que ela dizia a verdade, seu ego se feriu ainda mais.
Um tanto atrapalhado, para encerrar o assunto ali, Miguel bocejou e com voz de sono, disse:
– Vou me deitar, o sono chegou agora para ficar. Depois falamos mais sobre tudo.
Naquele momento, após aquela terrível colisão com a verdade, o que Juliana mais queria era um lugar onde pudesse aterrissar suavemente sua cabeça, fechar os olhos para a realidade e esquecer-se do mundo. Diante da imobilidade da jovem, Miguel lhe perguntou:
– Você não vem?
Ela, submissa caminhou em direção à escada. Os dois subiram, lado a lado, com Juliana fazendo o possível para não olhar para Miguel. Antes de ela entrar em seu quarto, ele lhe desejou boa-noite, mas ela nada respondeu. Ele, aparentemente, não se importou com o seu silêncio, fechou-se no quarto, despiu-se e jogou-se na cama.
Antes, porém, de ser vencido pela exaustão lembrou-se das palavras que trocara há pouco com a esposa:

"C-como você pode ter tido a coragem de fazer isso comigo? Eu me entreguei para você."

"E eu fiz de você, a mulher mais feliz da vida. Ao menos foi isso que você me disse na nossa noite de núpcias."

"Pois eu menti... Foi tudo muito frustrante para mim. Uma decepção tão grande quanto a que estou sentindo agora."

"Duvido. Nenhuma mulher até hoje reclamou do meu desempenho na cama."

"Pois eu, estou reclamando, ou melhor, comentando."
Incrível, como aquilo o incomodou.
— Ela mentiu... — murmurou ele, baixinho, para si mesmo. — É lógico que ela mentiu... Não há mulher que eu não leve à loucura.

Juliana naquela noite, mal pregou os olhos. Não se conformava com tudo o que ouvira da boca de Miguel. Só relaxou quando pensou que Miguel havia lhe dito tudo aquilo por estar alcoolizado. Sim, só podia ser, afinal, nenhum ser humano poderia ser tão frio e ladino como se revelara ele naquela noite. O verdadeiro Miguel não era aquele. O verdadeiro Miguel era aquele que ela conheceu nas proximidades da Fazenda Mato Serrão, por quem se apaixonou, e o pior, ainda estava apaixonada.

No dia seguinte, Juliana ficou de prontidão, esperando pelo marido para tirar aquela história a limpo.

— Miguel, tudo o que você me contou ontem é mentira, não? Você só disse aquilo porque estava bêbado, não é mesmo?

Miguel, mal-humorado, como sempre ficava ao acordar, por causa da ressaca, respondeu secamente:

— Não, Juliana. Aquilo tudo que lhe contei ontem à noite é a mais pura verdade. Eu me casei mesmo com você por aqueles motivos que lhe apresentei.

Juliana sentiu o chão sumir debaixo dos seus pés.

— Preciso ir, agora. — falou Miguel dirigindo-se para fora da casa. — Passar bem.

Ao entrar no carro, o homem de 31 anos ficou por alguns segundos meio que absorto, tamborilando os dedos na direção. Pensando se deveria ou não voltar até a esposa e lhe perguntar sobre a noite de núpcias deles dois. Queria saber se o que ela dissera fora da boca para fora ou verdade. Desistiu da ideia, ao perceber que seria mais confortável ficar na dúvida do que sob a certeza de que ela realmente não havia gostado de se deitar com ele. Sem mais, Miguel partiu para a sua vida desregrada.

Naquela mesma tarde, para surpresa de Juliana, Henrique apareceu. Há quase dois meses que eles não se viam.

— Sei que me pediu para não mais procurá-la, mas estava com saudade.

Só então ele notou as olheiras profundas e os olhos tristes de Juliana e soube que algo de muito grave estava acontecendo com ela.

— O que houve? Você me parece péssima. Parece até que passou a noite em claro. O que houve?

— Uma dor de cabeça chata. — mentiu Juliana, procurando ocultar os verdadeiros motivos que a deixaram naquele estado deplorável.

— Juliana. — falou Henrique, seriamente: — olhe para mim.

Ela o encarou, fingindo-se de forte.

— O que houve? Seus lábios estão brancos, seus olhos sem vida.

— Uma noite mal dormida só isso.

— Não foi. — disse ele, seriamente. — O que se passa? Abra-se comigo, você se sentirá melhor desabafando.

Desabafar, era o que Henrique mais queria que Juliana fizesse para ficar livre do que martirizava o seu coração.

Juliana se encolheu toda, surpresa com aquelas palavras. Henrique prosseguiu:

— Não tenha medo, abra-se comigo.

Enfim, ela acabou aceitando a sugestão. Contou-lhe tudo o que havia descoberto sobre Miguel, confirmado pelo próprio.

— Tudo isso que acabou de me contar a respeito de Miguel, não é novidade alguma para mim, Juliana. Eu já sabia de tudo, quis muito lhe contar mas sabia que você não acreditaria em mim se lhe dissesse.

— Por que não?

— Por causa da paixão que sente por Miguel. Se você não tivesse ouvido da própria boca dele tudo isso, duvido que acreditasse em uma palavra.

— Você tem razão.

— O que você pretende fazer com relação a sua história com Miguel?

— Minha mãe sempre me disse que o lugar de uma mulher é ao lado do homem que se tornou seu marido, para o que der e vier. Que nem sempre o casamento é um mar de rosas. Que no começo leva tempo mesmo para que a mulher se adapte aos costumes do marido. É preciso ter paciência. Em nome do amor, em nome do matrimônio.

— Eu pensei que... Se você não é feliz ao lado de Miguel, você poderia pedir-lhe o divórcio.
— O senhor não entende, eu amo meu marido, amo imensamente, sou capaz de fazer qualquer sacrifício por ele.
— Até mesmo deixar de viver por ele?
— Até mesmo isso, se for preciso.
— Mesmo sabendo que ele não faria o mesmo por você?
— Mesmo sabendo.
— Admiro *você*, Juliana. Admiro mesmo. Você é uma moça de índole rara.

Um sorriso se insinuou na face entristecida de Juliana.
— Pobrezinha, não deveria amar Miguel dessa forma.
— Eu sei, ou melhor, agora eu sei, mas acontece que eu o amo, o que se há de fazer, pobre de mim, não? Esse foi meu mal.
— Esse é o mal de muita gente, Juliana. Apaixonar-se pela pessoa errada. Quantas e quantas pessoas não se apaixonam pela pessoa errada? Muitas. Comigo mesmo já aconteceu.
— E o que você fez com relação a isso?
— Eu procurei superar o erro para seguir em frente. É só o que nos resta fazer nessa hora, não?

Juliana não soube responder.
Para alegrar a moça, Henrique sugeriu:
— Que tal irmos ao Parque Barigui dar uma volta para espairecer um pouco? Eu sei que você não se sente bem ao sair na companhia de um homem que não seja seu marido, mas...
— Por isso que você me disse que Miguel pouco se importaria se eu saísse com você, não?
— Agora você me entende.

Após breve reflexão, Juliana aceitou o convite.
— Estou precisando mesmo de uma caminhada no parque, sinto falta da natureza, costumava cavalgar toda tarde quando morava no sítio.
— Você vai se sentir muito melhor depois desse passeio.

Sem mais delongas os dois partiram.

Naquela mesma tarde, Miguel não conseguia se ver livre do seu mau humor, tampouco conseguiu se concentrar na partida de tênis que jogou, muito menos no bate-papo que teve com os jovens que frequentavam o clube, algo que ele gostava muito de fazer.

Algo em sua mente se agitava, roubando-lhe a paz de espírito, tinha a ver com o que Juliana lhe dissera naquela noite, o que feriu profundamente o seu ego.

Por mais que tentasse se recordar da noite em que fez amor com ela, não se lembrava, estava bêbado demais para registrar o momento. Estaria ela realmente falando sério quanto a sua performance na cama? Era melhor tirar a prova dos nove. E dessa vez com apenas uma dose de uísque na cabeça. Por isso, Miguel voltou para a casa ao entardecer e chocou-se ao saber que Juliana havia saído para passear com Henrique.

Quando chegaram do passeio, os dois não conseguiram esconder o espanto ao encontrar Henrique sentado no barzinho da sala, com um copo de uísque na mão. Ao vê-los, ele sorriu e fez um aceno com o copo.

— Miguel, você em casa, tão cedo?!

A frase partiu de Henrique. Juliana, sem graça, mal conseguia olhar para Miguel.

— Como foi o passeio? Divertiram-se? Aposto que foram ao Parque Barigui, acertei? Eu sabia.

Juliana pediu licença para ir se banhar. Assim que ela se foi, Miguel convidou Henrique para beber com ele uma dose de uísque.

— Não obrigado, eu já vou indo.

— Quem diria que chegaria um dia em que Henrique Pabliano ao invés de chegar à cidade de suas viagens de negócios procuraria minha esposa e não a mim como costumava fazer tempos atrás.

— É impressão minha ou você está com ciúmes de Juliana?

— Eu?! Que nada...

— Está, sim.

Miguel não respondeu desta vez, mexeu o gelo dentro do copo com a ponta do dedo indicador e entornou a bebida.

— O que há, você me parece estranho, preocupado com alguma coisa...

— Eu, preocupado? Eu lá sou homem de ficar preocupado com alguma coisa?! Preocupação cria rugas, embranquece os cabelos...

— Alguma coisa aconteceu, você nunca volta para a casa a essa hora...

— Larga de bancar o psicólogo, Henrique. Detesto ser analisado.

— É bom mesmo que você tenha sentido ciúmes de Juliana. Assim percebe, enquanto há tempo, a preciosidade que tem dentro de casa.

— Você realmente gostou dela, hein? Abra-se comigo, vamos... Você já a levou para a cama, não?

— Você acha que eu seria capaz de fazer uma coisa dessas com você, Miguel? Você é meu primo, quase um irmão...

— Homem nenhum presta, meu caro. Diante de um rabo de saia, só tem respeito um maricas. Um homem, nunca!

— Pois não sou maricas, por mais que a mulher de um conhecido meu me atraia, sei respeitar meu amigo.

— Conta outra, Henrique... Para cima de mim?!

— Por que me perguntou... O que o fez pensar que eu e Juliana pudéssemos ter...

— Vocês saíram juntos tantas vezes...

— Ainda assim nada aconteceu, pode estar certo. Ela ama você, o que é uma pena, pois esse amor a está fazendo sofrer muito. Pobrezinha.

— Eu não pedi para ela me amar assim, ama porque quer.

— Como você é frio...

— Sou realista, é diferente.

— Foi você, não foi? Quem pediu para ela me procurar no trabalho, no escritório do meu pai só para descobrir que eu não trabalhava lá, não foi?

— Não. Se ela fez, foi por vontade própria. Ainda bem que o fez, assim...

— Assim ela me conhece melhor.

— Sabe o que eu penso, Miguel? Que no fundo você gosta dela, gosta muito, ama na verdade. Por isso se casou com ela.

Miguel riu, debochado falou:

— Bobagem.

— Não, Miguel, não é bobagem. Para mim, você gosta dela, mas como morre de medo de amar, sei lá por que, não assume para si mesmo os seus sentimentos; a mantém ao seu lado, como se fosse um objeto, mas no íntimo a controla de longe.

— Nunca ouvi tanta besteira. Eu nunca fui, nem nunca serei homem de uma mulher só.

— Não cuspa para cima que o cuspe cai na cara, hein?

Diante do palor que cobriu a face de Miguel, Henrique, comentou:

— Como não percebi isso antes? Você realmente gosta de Juliana, Só não tem coragem de admitir isso para você mesmo.

— Ah, quanta bobagem...

— Você não assume para si mesmo que a ama porque tem medo de amar. Um medo terrível. Diga-me, Miguel, qual o nome da mulher que feriu o seu coração? Uma delas deve tê-lo ferido para você temer tanto se envolver com uma mulher.

— Nenhuma mulher feriu o meu coração porque nenhuma fica comigo por mais de uma semana, Henrique.

— Não fica exatamente por isso, para que seu coração não seja ferido. Foi a forma que o seu inconsciente encontrou para proteger seus sentimentos.

— Ai ai ai... agora baixou definitivamente o Freud em você!

— Se nenhuma mulher o feriu nessa vida, então isso é coisa de outra vida.

As sobrancelhas de Miguel se arquearam.

— Ah, vá... Não vai me dizer que acredita nessa bobagem de vidas passadas.

— Acredito. É a única explicação plausível para a maioria dos fatos da vida.

— Eu é que bebo e você que fica tonto, né?

O comentário encerrou-se com uma gargalhada espalhafatosa.

— Desculpe-me a indiscrição, mas como foi a noite de núpcias de vocês dois?

— Se quer saber, foi com muita bebida.

— Você não queria, não é?

— Ela é linda, uma jovem encantadora, mas, sinceramente, não me sentia atraído por ela, fisicamente...

Henrique rompeu-se numa gargalhada gostosa, em meio a risos, falou:

91

— A quem você quer enganar, Miguel? Larga de ser bobo, porque sei que não é, nunca foi. Você não quis se deitar com Juliana porque tinha medo de gostar. Por isso adiou a noite de núpcias. Não fez questão alguma de consumá-la.

— Virou psicólogo, agora? Qual é, Henrique?

— Foi bom, não foi? Diferente, eu diria.

— Eu estava bêbado. Para mim foi o mesmo que com qualquer outra mulher.

Henrique tornou a rir.

— O pior cego é aquele que não quer ver.

— Agora vá embora, por favor. Que você conseguiu me deixar irritado.

Henrique partiu da casa, contente com as descobertas que fez sobre o primo, por mais que ele houvesse negado os fatos, ele sabia que havia acertado na mosca.

Quando Juliana voltou a sala, estava de banho tomado, espantou-se por encontrar o marido sozinho, no bar, sem Henrique. Diante do seu espanto, Miguel explicou:

— Henrique já foi, insisti para que ficasse, jantasse conosco, mas, disse que estava cansado, que viria num outro dia.

Juliana assentiu com a cabeça. A pergunta de Miguel, a seguir, a deixou ainda mais espantada com o marido.

— Vamos jantar?

Era a primeira vez que ele fazia tal sugestão o que alegrou muito a moça. Em menos de uma hora Juliana e Mércis prepararam o jantar e com a ajuda de Marlete pôs a mesa. Miguel fez a refeição sem pressa, contando fatos da época de menino ao lado de Henrique. Depois da sobremesa, voltou para a sala e disse que ficaria aguardando pela esposa. Juliana rapidamente, com a ajuda das empregadas pôs tudo em ordem e foi para a sala.

Miguel a recebeu com um sorriso simpático.

— Reservei essa noite para nós. – disse, para total espanto de Juliana. – Quero me redimir por tudo que lhe disse ontem à noite, acho que fui indelicado, falei o que não devia, exagerei nas minhas palavras...

Juliana gostou do que ouviu.

Pedindo licença a ela, ele foi até o toca discos, pôs um de Ray Conniff* para tocar e a tirou para dançar. Juliana não teve tempo de recusar o convite como queria, quando viu já estava sendo levada pelos braços do marido para o meio da sala e se deixando levar num "dois pra lá, dois pra cá".

Ela tentou dizer algo, mas ele a impediu:

— Shh... ouça a canção, deixe se envolver por ela.

A noite terminou na cama dela, como ele queria, para provar a ela e a si próprio que ele não desapontou nem nunca desapontaria uma mulher na cama.

No dia seguinte, Miguel se sentia melhor, pronto para voltar para a vida que não pretendia abandonar jamais. Mas quando ele, por acaso, avistou Juliana na companhia de Henrique andando pela Rua das Flores algo se agitou novamente em seu interior. Temeu que se espalhasse pela cidade o boato de que a esposa o estava traindo com o primo. O que poderia denegrir sua imagem de garanhão. Assim que teve a oportunidade, Miguel conversou a respeito com Juliana:

— Não quero mais você saindo com Henrique, Juliana. Confio nele, confio em você, sei que vocês não fariam nada de errado, mas é que as pessoas podem comentar, sabe como é, dizer que vocês estão tendo um caso e isso não vai ficar nada bem para mim.

— Eu sei. — respondeu Juliana, no seu modo submisso de sempre. — Já havia pensado nisso, por isso pedi a Henrique que não me procurasse mais, porque não ficaria bem eu, uma mulher casada, saindo com um homem que não fosse meu marido.

— Que bom que você me compreende. Posso contar então com a sua colaboração? Ótimo.

Após um sorriso, tenso, Miguel perguntou o que há dias queria saber, na verdade, confirmar.

— E quanto a nossa última noite juntos, o que achou?

---

*Ray Conniff foi um músico norte-americano, considerado o rei do Easy Listening. Seu estilo de associar vozes masculinas a trombones, trompas e saxofones baixo, e vozes femininas a pistons, clarinetes e saxofones altos, dava-lhe uma característica inusitada e só sua. Seu coral limitava-se a pronunciar sons como *da-das e du-du-dus* e outras variantes, ao invés de palavras, o que imprimia um "colorido musical",

Juliana enrubesceu, seus olhos brilharam. Não foi preciso nem que ela respondesse para que Miguel tivesse a certeza de que ela havia adorado o ato entre os dois. Aquilo tirou-lhe definitivamente um peso das costas, a sombra de uma dúvida.

— Que bom que você gostou, Juliana. Eu também gostei...
— Só gostaria muito que participasse mais do meu dia a dia, Miguel.
— Eu sei. Vou me esforçar para isso, acredite-me.

Com a certeza agora de que ele havia sido *bárbaro* na cama, o ego e a vaidade de Miguel voltaram a se inflamar, fazendo com que ele retornasse a sua vida de boêmio com todo gás.

Quando Henrique procurou novamente Juliana e ela lhe pediu para não procurá-la mais, ele percebeu de imediato que dessa vez o pedido havia partido de Miguel. O que serviu para confirmar ainda mais o que ele pensava, que Miguel realmente amava Juliana, mas não se entregava para ela por medo de amar. Novamente a pergunta atravessou seu cérebro de lado a lado. Se nenhuma mulher realmente havia ferido o coração de Miguel nessa vida, aonde então ele havia se ferido no amor, senão numa vida passada? Teria sido a própria Juliana quem o ferira nessa época? De repente, Henrique se viu curioso para saber. Se ele pudesse ver o passado...

Quarta parte

Haviam se passado onze meses desde que Juliana havia se casado com Miguel e se mudado para Curitiba. Onze meses de grandes surpresas, transformações e adaptações. Juliana estava debruçada sobre o tanque, na área de serviço da casa, tentando, exaustivamente, tirar uma mancha de uma camisa, quando Mércis apareceu e disse:

— Dona Juliana, há uma mulher querendo falar com a senhora. Ela diz que é sua irmã.

— Minha irmã?!

Juliana largou o que estava fazendo na mesma hora, ajeitou-se e correu para a sala. Quando seus olhos avistaram Silvana parada na grande sala de visitas da mansão, exclamou, feliz:

— Silvana?! Que surpresa!

Silvana lançou sobre a irmã seu olhar de coruja de sempre.

— Olá, Juliana.

Juliana quis abraçar a irmã, beijar sua face, mas Silvana estendeu-lhe apenas a mão. Em seguida começou a caminhar pela grande sala, admirando o local com grande interesse. Enquanto deslizava os dedos pelos móveis, comentou, maravilhada:

— Isso não é uma casa, é um palacete. Parece até que as paredes são feitas de ouro.

Voltando seus grandes olhos de coruja para a irmã, Silvana acrescentou:

— Você teve muita sorte, Juliana. Meu Deus, como você teve sorte na vida!

O elogio deixou Juliana sem graça.

— Como estão a mamãe e o papai? — perguntou, despertando do embaraço.
— Com saudades de você, obviamente.
— Eu também estou morta de saudade deles. Quando chegou aqui, com quem veio, onde está hospedada?
— Vim com o Cirineu. Seu patrão pediu-lhe para vir buscar umas encomendas na cidade e, então, aproveitei para realizar o meu sonho de conhecer Curitiba. Estou hospedada num hotelzinho fuleiro que o Cirineu arranjou para nós.
— Vocês podem ficar hospedados aqui, se quiserem.
— Fala sério?
— É lógico que sim.
— Numa outra vez, ficaremos. Partimos amanhã pela manhã.
— Onde está Cirineu?
— Deixou-me aqui e voltará depois para me apanhar.
— Vou mandar preparar um café...
— Mandar preparar?!
— A cozinheira...
— Você tem cozinheira? — Silvana riu com descaso. — Mas é sorte demais... Felicidade demais para uma pessoa só.
Juliana ficou sem graça outra vez. A voz de Silvana se elevou, empolgada e autoritária:
— Quero conhecer o palacete. Quero conhecer tudo, tim tim por tim tim...
— Eu lhe mostro.
Juliana tocou o sininho e, assim que a criada apareceu, ela pediu:
— Marlete, por favor, ponha a mesa para tomarmos o café da tarde. Essa é minha irmã.
A criada cumprimentou Silvana e deixou a sala.
— E ela faz tudo o que você ordena?!
— Sim.
— Mais isso é bom demais, *sô!*
A seguir Juliana mostrou toda a casa para a irmã. Por todos os lugares que passava, Silvana passava os dedos pelos móveis, cortinas, olhando extasiada para tudo como se tudo fosse algo divino, superior até mesmo a Deus.

— Quanto luxo... — sibilava, salivando de inveja. — Eu sempre sonhei com o luxo, mas jamais pensei que existisse tanto luxo assim.

Voltando os olhos para a irmã, Silvana comentou, repentinamente:

— Pensei que ia encontrar *você* prenha, Juliana. Mamãe também achou que você já estaria prenha a uma hora dessas.

— Ainda é muito cedo para isso.

Silvana ignorou a resposta da irmã, suspirou e com certa emoção falou:

— Você só pode ser muito feliz vivendo aqui, não?

— S-sim. — mentiu Juliana. — Sou muito feliz, sim.

O rosto de Silvana se converteu numa máscara de pesar. Com profundo desagrado comentou:

— E eu vou morrer sem nunca entender por que uns têm mais sorte na vida do que os outros.

— Que é isso, Silvana?

— É isso mesmo. Esse é um mistério que tento desvendar e não consigo, por mais que eu tente.

Os olhos de Silvana pousaram então no porta-joias sobre a cômoda.

— O que é isso? — perguntou ela com grande interesse.

— É um porta-joias.

— Joias?! — os olhos de Silvana, brilharam. — Posso ver?

— Sim, pode.

Silvana sentou-se à beira da cama, segurando o porta-joias como se fosse a coisa mais preciosa do mundo.

— Esses brilhantes, essas pérolas, são realmente todas de verdade?

— São.

— Mesmo?! — Os olhos da moça brilharam ainda mais. — Posso experimentar este colar?

— Lógico que sim, eu a ajudo.

Juliana pendurou o colar em torno do pescoço da irmã. Silvana mal podia acreditar no que via no espelho. Nunca, em toda a sua vida, achara-se tão bonita.

— Eu fiquei linda... — murmurou, encantada.

— Você já é linda, Silvana.

— Isso não é verdade.

— É, sim.

— Nenhuma mulher pode ser linda sem ter um colar desses no pescoço.
— Engana-se. O colar é apenas um acessório.
— Você diz isso porque o colar é seu.
— Não, Silvana, não é mais meu.
— Não?! Como assim? Não compreendo!
— Digo que o colar não é mais meu porque ele agora é seu. Estou lhe dando de presente.

Os olhos de Silvana pareciam que iam saltar das órbitas.
— Você está caçoando de mim?
— Não estou, não. Falo sério. O colar é um presente meu para você.

Silvana avermelhou-se inteira de emoção.
— O que seu marido vai pensar se ele souber que você me deu o colar?
— Não se preocupe, ele não se importará. Acredite-me.

Silvana ficou alisando cada pérola, enquanto seus olhos lacrimejavam de emoção. Nisso, a criada apareceu à porta do quarto e informou que o café estava servido. As duas seguiram para a copa.
— Eu não acredito, Deus meu... que toalha é essa? E esses pratos, e esses talheres? É tudo lindo demais, *sô*. Que luxo, santo Deus... Que luxo... E isso aqui, o que é isso?
— Uma fruteira.
— Fru... fru, o que?
— Fruteira.
— Mas é linda demais. Isso aqui é o paraíso.
— Um paraíso...?! — murmurou Juliana, pensativa.
— E não é? Ai se eu tirasse a sorte grande, ficasse viúva, o mais rápido possível e arranjasse um fazendeiro rico que pudesse me oferecer tudo isso. Aí, sim, eu seria feliz, muito feliz.

Durante a viagem de volta a fazenda, Silvana ficou alisando o colar de pérolas preso ao pescoço como se ele fosse um filho querido que precisa de um cafuné. Enquanto isso sua mente ia longe, pensando na casa da irmã, imaginando no quanto ela seria feliz vivendo lá, cercada de todo aquele luxo, criadas, dinheiro à vontade.

Cirineu, durante a viagem, comentou mais uma vez algo com a esposa, mas ela mais uma vez ignorou suas palavras.

"Ah, se Cirineu batesse com as botas o mais rápido possível e ela tivesse a sorte de encontrar um ricaço...", pensava Silvana com seus botões. "Ah, se a sorte se voltasse para ela. Que maravilha sua vida seria, então... Que Deus atendesse o seu pedido", suplicava, em segredo, aos céus.

— No que minha esposa querida está pensando, hein? — perguntou Cirineu, diante do silêncio de Silvana. — Tá tão calada. O gato comeu sua língua, foi?

— Cala a boca, Cirineu. — explodiu Silvana. — Esquece *de mim,* vai, homem. Desgruda, até parece carrapato.

— Você só quer sabe agora desse colar que ganhou da sua irmã, né?

— E tem coisa melhor para eu pensar?

— Tem sim: eu.

A esposa desdenhou o comentário.

— Escuta aqui Silvana, essa joia pode se bonita, até mais bonita do que eu, mas ela *num* tem alma não, viu? *Num* passa de um colar!

— E quem precisa de alma quando se vale tanto dinheiro, hein?

— Esse colar pode valer uma fortuna, mas ele nunca vai *te* dar carinho, beijinhos, filhos bonitos como os nossos. Nunca vai estender a mão quando você precisar de uma.

— Ah, Cirineu, faça-me um favor, homem. Fecha essa matraca!

Cirineu se pôs a cantar uma de suas músicas sertanejas favoritas. Depois disse:

— Essa era uma das músicas que você mais gostava de me ouvir cantar, lembra?

— Disse bem: gostava. Agora não gosto mais.

— Você hoje *tá* um purgante, mulher.

Silvana fechou o cenho e voltou a ocupar sua mente com a lembrança da casa da irmã. Do belo café que tomou enquanto esteve lá, do pequeno giro que deu pela casa. Ficou tão entretida que nem se deu conta de que o marido cantava, alegremente, as canções que gostava de tocar em sua viola.

— Estou com uma saudade dos nossos *fio*. — comentou Cirineu, entre uma música e outra.

Mas Silvana não o ouviu, se o ouviu, ignorou mais uma vez seu comentário, não queria papo, a única coisa que ela queria era a sorte que a irmã teve na vida, a sorte que ela tanto almejou e nunca conseguiu.

※※※

— Como está sua irmã, Silvana? — perguntou Vicentina assim que se viu diante da filha.

— Só pode estar feliz, mamãe. Morando num palacete, cercada de todo aquele luxo, quem é que vai se sentir infeliz? Só uma tonta.

— Que bom. E Miguel, como está?

— Não o vi. Àquela hora deveria estar no trabalho.

Frisando os olhos para ver melhor o colar que a filha usava, Vicentina perguntou:

— O que é isso?

— Ah... — abriu-se um sorriso enorme na face de Silvana. — A senhora notou, é? Foi um presente que a Juliana me deu.

— Um presente? É muito bonito.

— E caro.

— Nossa por que ela lhe deu um presente tão caro assim?

— A senhora está, por acaso, insinuando que eu não mereço um presente assim, é?

— Não é isso, Silvana.

— Juliana ganhou esse colar do marido, acho que não gostou, por isso o deu para mim. Ela é tão rica, mamãe, tão rica, que pode até escolher os presentes que quer usar, os que não, passa para frente. Pode?

— E ela não está grávida como pensei?

— Não. Disse que é muito cedo para ficar prenha.

Na manhã do domingo, Silvana chegou à igreja da pequena Lagoa Serena usando, como de costume, seu belo colar de pérolas.

Desde que o ganhara, nunca mais o tirara do pescoço. Só o tirava para dormir. E ainda assim o mantinha sobre o criado-mudo ao seu lado. Logo que se levantava no dia seguinte, a primeira coisa que fazia era pendurá-lo novamente ao redor do seu pescoço e com ele ficava até mesmo quando cortava lenha, ordenhava a vaca, cozinhava e tomava seu banho.

Assim que as pessoas na igreja notaram o belíssimo colar, Silvana tornou-se o centro das atenções da missa, fato que ela apreciou muito.

Na quarta-feira da semana seguinte, quando foi à Lagoa Serena fazer compras na loja de secos e molhados, voltou a chamar a atenção de todos, por onde passava, por causa do colar. Aquilo a deixava cada vez mais envaidecida. Sentindo-se a tal. Enquanto caminhava, ela ia alisando o colar, de propósito, só para chamar ainda mais a atenção. Cada olhar que se voltava para ela, deixava Silvana se sentindo a mulher mais importante da cidade e, por que também não dizer, do mundo?

Ela estava entrando na loja de secos e molhados quando um rapaz, muito mal vestido, pediu-lhe um ajutório:

— A senhora tem uma esmola para me dar?

Silvana nem bem se voltou para o pedinte, pronta para lhe dar um *esporro* como era de seu feitio, quando ele agarrou seu colar de pérolas e com força, soltou-o de seu pescoço. Ao perceber que havia sido roubada, Silvana começou a gritar, histericamente:

— Socorro, socorro fui roubada! Pega ladrão!

Seus gritos chamaram a atenção de todos. As pessoas de dentro das lojas e de suas casas saíram para ver o que havia acontecido. Visto que ninguém tomava uma atitude, Silvana, enfurecida, saiu correndo atrás do assaltante. Todos olhavam para a cena chocados. Ela corria tão velozmente que mais parecia uma onça. Mas o jovem assaltante também corria um bocado.

O rapaz ao perceber que era seguido, apertou o passo. De repente, ela saltou sobre ele e os dois foram ao chão.

— *Me* dá, *me* dá, seu imundo! — grunhia ela. — É meu, é meu!

O rapazinho ainda que assustado segurava firmemente o colar em sua mão. Por mais que Silvana tentasse soltá-lo dali não conseguia, a mão do rapaz parecia uma garra.

— *Me* dá esse colar, seu demônio!

O rapaz, subitamente, conseguiu se esgueirar dela, voltou a ficar de pé e partiu correndo novamente para fora da cidade. Silvana levantou-se e, ainda que esbaforida, seguiu ao encalço do jovem ladrão.

Não levou mais do que alguns segundos para que ela agarrasse sua camisa toda esgarçada, a qual rasgou-se diante da pressão de seus dedos. Isso permitiu que o meliante fugisse outra vez.

Silvana não se deixou abater, correu ainda com mais força, até agarrar o braço do rapaz e conseguir pará-lo. Numa manobra rápida com as mãos, pegou o pescoço do rapaz, com toda força, e disse:

— Solta... Solta...

O rapaz, sufocado, acabou soltando a joia.

Silvana rompeu-se em lágrimas de alegria, ao ver, novamente, o colar de pérolas em suas mãos. O rapaz aproveitou o seu momento de rejubilo para fugir. Silvana, suando em profusão, enxugou o rosto, ajeitou o cabelo que, àquelas alturas, havia se soltado do coque e virado um rebu. Prendeu novamente o colar em seu pescoço, estufou o peito, empinou o rosto e seguiu em direção à loja de secos e molhados.

— A senhora foi muito corajosa, dona Silvana. — comentou o barbeiro assim que ela passou por ele.

Silvana assentiu, empinando o rosto para trás, olhando com superioridade para o homem.

— É assim que se faz, dona Silvana. — comentou o açougueiro.

Silvana estufou ainda mais o peito, sorrindo mais uma vez, satisfeita, orgulhosa de si mesma.

Após as compras e os elogios que recebeu dos moradores, Silvana voltou para o sítio onde morava, sem pressa, com uma mão segurando o reio que direcionava a charrete e, a outra, acariciando o colar de pérolas em volta do pescoço, como se acariciasse a coisa mais preciosa de sua vida, o que de fato era verdade para Silvana. O colar havia se tornado a coisa mais importante para ela, até mais, por incrível que pudesse parecer, que seus próprios filhos.

Exagero dizer isso? Não. Quantas e quantas pessoas amam mais os seus bens materiais do que os próprios filhos? Milhares. Mas até que ponto um objeto pode realmente ser mais valioso que o seu próximo? Só aqueles que despertam para outros sentidos da vida podem obter a resposta.

Enquanto isso em Curitiba...

Juliana estava, como sempre, ajudando as empregadas a lavarem o quintal, quando uma moça, por volta dos vinte e cinco anos, posuda, muito bem vestida, tocou a campainha da casa. Mércis voltou-se para ela e perguntou:

— Pois não?

— Quero falar com Miguel Pabliano. Diga que é Queila do Nascimento.

A criada olhou para Juliana, incerta quanto ao que fazer. Juliana, levantou-se do chão, onde estava esfregando com uma bucha, olhou para Queila e disse:

— É muito urgente? É que Miguel ainda está dormindo.

A moça consultou o relógio, fez ar de deboche e falou:

— Diga àquele vagabundo que um homem da idade dele já deveria estar no trabalho há um bocado de tempo.

Juliana ficou surpresa e chocada ao mesmo tempo com a sinceridade da estranha.

— Chame *ele,* preciso lhe falar com urgência. Diga-lhe que o que tenho a lhe falar é de seu interesse.

Diante da força com que Queila Nascimento se pronunciou, Juliana achou por bem chamar Miguel. Ele iria se irritar com ela por ter sido acordado àquela hora, mas...

— Queila, quem? — perguntou Miguel assim que foi informado da visita. — Não me lembro de nenhuma mulher com esse nome.

— Ela diz que é importante... Que é do seu interesse o que ela tem para falar.

A contragosto Miguel acabou aceitando receber aquela que, para ele, era uma estranha. Em seguida, Juliana voltou à frente da casa e abriu o portão para a mulher entrar. Havia agora, com ela, um garotinho, muito bonitinho, entre três e quatro anos.

Assim que os dois entraram na sala de visita, Juliana disse:

— Vou deixá-los a sós.

Queila tornou a olhar desconfiada para Juliana, enquanto ela deixava o aposento. Logo, Miguel apareceu no topo da escada, dentro do seu roupão, frisando os olhos para ver a moça com mais nitidez.

— Quem é você? — perguntou, enquanto descia os últimos degraus da escada que levava à parte superior da casa.

— Eu sabia que você não iria se lembrar de mim, assim, de imediato. Mas posso refrescar a sua memória.

Não foi preciso, prestando melhor atenção ao rosto da moça, Miguel se lembrou de onde a conhecia. Fora uma das prostitutas com quem se envolvera tempos atrás.

— Queila Furacão... — murmurou ele, chamando-a pelo apelido que era conhecida por todos no ponto onde ficava na cidade.

— Lembrou, hein? — comentou ela, com ironia.

— Não temos nada para conversar.

— Temos sim. Acho melhor você me ouvir enquanto estou paciente. Não vai ser nada agradável para você eu fazer um escândalo aqui e em frente a sua casa.

— Fale logo... Desembucha, vamos.

Queila riu, sarcástica e falou ao que vinha.

Minutos depois, assim que Juliana viu Queila deixando a casa, foi até a sala para saber se Miguel precisava dela para alguma coisa. Assim que entrou no aposento, perguntou:

— Está tudo bem?

Miguel estava em pé, no meio da sala, com os olhos voltados para o chão. Sua expressão facial era de profundo desagrado.

— Está tudo bem? — repetiu ela a pergunta, preocupando-se com o marido.

Só então ela percebeu que o menino que havia entrado com a visita ficara ali, com Miguel. Diante da criança, cabisbaixa, entristecida, encostadinha no canto da sala, Juliana, surpresa, perguntou:

— De quem é essa criança, Miguel?

Ele amarrou ainda mais o cenho.

Podia se notar que estava enfurecido, como se seu sangue estivesse fervendo por debaixo da pele.

Juliana foi até o menino, acariciou seu ombrinho e sorriu para ele. Via-se claramente o quanto estava assustado, segurando-se para não chorar.

A voz de Miguel soou, então, na grande sala, como um ribombo de um trovão.

— Leve essa criança daqui. — ordenou, enfurecido. — Quero lhe falar a sós.

Juliana achou por bem atender o pedido do marido. Levou o garotinho até a cozinha e o deixou com a cozinheira. Quando voltou à sala, Miguel encontrava-se atarracado na poltrona de couro.

Juliana, então, com muito tato, perguntou:

— Você quer falar agora a respeito do menino?

Ele mordeu os lábios com tanta força que os feriu.

— De quem é aquela criança, Miguel? — insistiu Juliana, tendo o cuidado com as palavras.

— E-ele... — gaguejou Miguel, enfim. — Ele é meu filho.

O assombro escureceu a face rosada de Juliana.

— Filho? — alarmou-se. — Você tem um filho e não me disse nada?!

A resposta de Miguel foi rápida e precisa:

— Essa criança foi um descuido. Nasceu contra a minha vontade. Isso eu posso lhe assegurar. Fiz de tudo para impedir que nascesse, disso você pode estar certa. Mas... a ordinária da mãe dele, mentiu para mim, disse que havia abortado a criança com o dinheiro que lhe dei, o que não foi pouco e eu, estúpido, acreditei. Mas tudo não passou de uma grande mentira...

"Queila é uma prostituta com quem me envolvi algum tempo atrás. A pilantra soube me enganar certinho. Meu coração por pouco não parou quando ela, há pouco, me disse que aquele menino era meu filho.

"Senti-me pior ainda quando ela o deixou comigo dizendo que estava partindo para a Europa e não tinha com quem deixá-lo. Eu lhe respondi: "Leve-o com você! Eu não quis que ele nascesse, se você permitiu, ele agora é de total responsabilidade sua, portanto leve-o com você." A idiota, chorando feito uma tonta, respondeu-me: "Agora, não posso. Venho buscá-lo depois que me acertar na Europa. Você é o pai do menino, tem tanta responsabilidade sobre ele quanto eu."

"Eu não tenho responsabilidade alguma sobre essa criança indesejada!", revidei.

"Tem sim!", retrucou ela, mostrando as *asinhas*. "E você vai cuidar dele muito bem, como todo pai deve cuidar de um filho!".

Miguel suspirou, enfurecido. Havia ódio e desespero em sua voz quando disse:

— Eu não perdi a cabeça com aquela mulher, por pouco. Meu desejo era estrangular a ela e a criança. Onde já se viu exigir de mim algo desse tipo?!

— Ela está certa, Miguel.

— Ora, Juliana, por acaso você não ouviu uma palavra sequer do que eu disse?

— Não, Miguel, foi você quem não ouviu uma palavra sequer do que ela disse!

— Não entendo, eu juro, que não entendo porque as mulheres defendem tanto as mulheres. Vocês me cansam, sabia?

— Miguel, esse menino é seu filho.

— Ele não é meu filho. Ele é um erro, um equívoco, um lapso do destino. Uma mentira!

— Ele é um ser humano e merece todo respeito.

— Sabe qual é o seu problema, Juliana? É que você é boa demais. Seu coração é grande demais, puro demais, *besta* demais!

Após breve pausa, Miguel, irritado comentou mais para consigo mesmo do que para com a jovem a sua frente:

— Deve haver um lugar onde eu possa deixar esse *infortúnio*. Um orfanato, uma creche, algum lugar do gênero.

Juliana, então, na sua delicadeza de sempre, disse:

— Eu cuidarei do menino.

— Você?!

— Sim. Não se martirize mais com isso, eu cuido dele.

— Você tem certeza? Acho melhor, não! Enquanto não encontro um lugar para deixar esse moleque indesejado, contrato uma babá e os alojo num apartamento tipo estúdio, alugado.

Juliana fechou os olhos e respirou fundo, para se conter diante do choque que levou com aquelas palavras. Quando mais calma, disse:
— Cuidarei do menino desde que ele fique morando nessa casa.
— Aqui? Nem sonhando.
— Num dos quartos para os empregados. Se alguém perguntar quem é, direi que é um dos filhos dos empregados.
— Não vai dar. Sinto muito. Não posso viver num lugar onde eu possa cruzar com essa criança. Toda vez que a vir, passarei mal.
— Você não o verá. Ele viverá somente na parte dos fundos da casa. Não permitirei que entre aqui. A casa é grande, dificilmente se encontrarão.
Miguel amarrou o cenho por alguns segundos, por fim disse:
— Se é assim, está bem. Tem certeza de que é isso mesmo que quer fazer?
— Tenho.
— Vê lá. Caso se arrependa, é só me dizer.
Juliana sentiu seu peito se inflamar de emoção.
— Quem pode se arrepender de cuidar de uma criança tão linda quanto aquela?
Miguel fugiu dos olhos dela, mergulhou as mãos nos cabelos num jeito desesperador e explodiu:
— Aquela idiota pensou que iria estragar a minha vida, mas ninguém estraga a vida de Miguel Pabliano. Ninguém!
Seus olhos faiscaram novamente de ódio pelo que a prostituta havia feito com ele e pela existência do menino, o filho renegado.
Quando Juliana se viu novamente com a criança, abraçou-a carinhosamente e disse:
— Eu vou cuidar de você, meu querido. Cuidarei como se fosse o meu próprio filho.
A criança pareceu sorrir para ela, deixando Juliana ainda mais emotiva.
Diante de toda confusão ela havia se esquecido de perguntar o nome do garoto.
— É Benício. — respondeu quando ela lhe perguntou.
— Benício, sou Juliana. Daqui por diante serei como uma mãe para você.

— *Cadê* a mamãe? — perguntou o menino, lacrimoso.

— Sua mãe precisou viajar, meu querido. Mas em breve ela volta para buscar você. De agora em diante farei tudo o que ela fazia por você. Pode contar comigo para o que der e vier.

Um novo sorriso se insinuou na face do menino. Então, subitamente, ele abraçou a jovem, apertado e chorou, baixinho.

E mais uma vez a vida de Juliana da Silva mudou da noite para o dia. Era a terceira mudança radical que acontecia em sua vida. Uma surpresa do destino que ela decidiu encarar, ao invés de se fechar na revolta e no ódio como faz muita gente.

Desde então, Juliana cuidou do pequeno Benício como uma mãe cuida de seu filho. Miguel nunca mais perguntou do menino, para ele era como se o pequenino não existisse, como se o tivesse apagado da memória.

Sabendo o quanto Miguel se aborrecia com a existência da criança, Juliana pouco falava dele. Encontrá-lo pela casa era quase impossível, pois Miguel pouco parava por lá. Quando voltava para casa já era madrugada e, como sempre, estava embriagado, seguia para o seu quarto e dormia um sono só. A essa hora também o pequenino estava em seu quarto no fundo da casa, dormindo como um anjo.

Não era somente para se esconder de sua infelicidade que Juliana cuidava, com profunda dedicação, do pequeno Benício. Era porque ela realmente o amava. Apaixonara-se por ele perdidamente desde que o viu. Da mesma forma que uma mãe se apaixona pelo filho ao primeiro olhar. Da mesma forma que ela se apaixonara pelo pai da criança: Miguel Pabliano.

Algumas semanas depois, Juliana mandou uma carta para seus pais, por meio de um empregado da fazenda Mato Serrão que fora tratar de assuntos relacionados a fazenda com Aristides Pabliano. Na carta, ela dizia que estava bem, feliz e realizada. Mentia, como sempre. Que eles vivessem a doce ilusão de que ela era feliz ao lado de Miguel e que sua vida de casada era perfeita. Preocupá-los era a última coisa que ela queria fazer na vida.

Semanas depois, Miguel Pabliano, num momento raro de bondade comprou um presente para a esposa. Certo de que um presente caro a faria esquecer, até mesmo perdoar-lhe por tudo que fez e fazia com ela, a fizesse perceber que valia a pena todo o sacrifício ao seu lado.

Neste dia, para a surpresa de Juliana, Miguel chegou mais cedo em casa.

— Juliana. Eu trouxe para você — disse ele estendendo para ela uma pequena caixa —, é um presente.

— Não precisava, Miguel.

— Precisava sim, você merece.

Ela tomou a caixinha de sua mão e desembrulhou-a com cuidado. Tratava-se de um lindo colar de ouro cravejado de brilhantes e pedrarias. Juliana jamais havia visto algo do gênero. Era uma joia que deixaria qualquer mulher maravilhada.

— Você não gostou?

— Gostei sim, é muito bonita.

— Então experimente.

— Outra hora.

— Agora! Deixe-me ajudá-la.

Com tato, ele prendeu o colar em volta do pescoço dela.

— Venha ver como ficou, de frente ao espelho.

Se ele não a tivesse puxado pela mão, ela não teria ido. Diante do espelho, Juliana prestou mais atenção no reflexo de Miguel do que na própria joia.

— Não ficou linda? — perguntou ele, ansioso pelo "sim".

Ela não respondeu.

Decepcionado, Miguel lamentou:

— Eu não entendo você, Juliana, as mulheres fariam qualquer coisa por uma joia dessas... Sabe quanto custa uma? Uma fortuna! Uma quantia de dinheiro que você jamais viu em toda a sua vida.

Juliana tirou o colar, voltou-se para ele e disse:

— Já que as mulheres... as mulheres que você conhece, certamente... fariam qualquer coisa para obter um colar desses, presenteie uma delas. Será mais proveitoso para elas do que para mim.

— Você está me ofendendo.

— Estou sendo sincera.

— O ditado está realmente certo: "Nunca se deve dar pérolas aos porcos".

E, sem mais, Miguel deixou a saleta, pisando duro e batendo a porta assim que passou por ela.

Juliana voltou o olhar cheio de lágrimas para a joia que para ela não tinha valor algum, não passava de uma peça, um objeto, e objetos não lhe eram valiosos.

Semanas depois, Aristides Pabliano chegou de surpresa à casa do filho e encontrou Juliana e Benício andando pela passarela entre o jardim e a frente da casa. Ao vê-lo, a jovem se assustou.

— Senhor Aristides?!

Ela foi imediatamente recebê-lo ao portão.

— O senhor por aqui! A essa hora? Que surpresa!

— Como vai, Juliana? De quem é essa criança?

— De... uma das empregadas. — mentiu Juliana, prontamente.

O homem estudou por um momento o semblante do garoto e, depois, fez uma observação:

— E você permite que uma empregada traga o filho para cá durante o expediente?

Juliana não soube o que responder.

— S-sim.

— Não devia. Não fica bem. Lugar de trabalho é lugar de trabalho. Onde está meu filho?

— E-eu não sei...

Aristides consultou o relógio e disse:

— A uma hora dessas, deve estar, certamente, no clube. Que pouca vergonha um homem da idade dele no...

Aristides cortou a frase ao meio. Coçou a nuca e perguntou olhando com certa inibição para a nora:

— Ele, pelo menos, é bom para você, não?

Juliana engoliu em seco mais uma vez.

— S-sim... é...
— Pelo menos isso. Vim aqui pedir-lhe um favor.
— Pode dizer, seu Aristides.
— Quero muito ter um neto. Os que minha filha tiver não carregarão o meu sobrenome, se bem que o marido dela pouco se importa que os filhos tenham o sobrenome dele. Acho que ele prefere até que tenham somente o meu, interesseiro como é... O que importa para mim é que meu filho me dê um neto, quero muito ter um, e o mais rápido possível. Ajude-me, por favor, a realizar esse meu sonho, Juliana, por favor. Não quero morrer sem ter um herdeiro.
— Eu vou tentar, seu Aristides. Prometo que vou tentar.
— Você é uma moça muito boa. Meu filho teve sorte em se casar com você. Quanto à você, no entanto, não posso dizer o mesmo com relação a ele. Espero de coração que meu filho não seja para você a grande decepção que é para mim.
Juliana tornou a engolir em seco.
— Eu já vou indo. Não se esqueça do que lhe pedi.
Juliana assentiu com os olhos.
Assim que teve oportunidade, Juliana falou a respeito da visita de seu Aristides com Miguel e sobre o seu pedido. Antes ela não tivesse dito nada, arrependeu-se, amargamente, pois Miguel ficou furioso. Nunca o vira daquele jeito. Parecia que ia ter um *treco* tamanha a irritação.

Dias depois, logo pela manhã, Aristides Pabliano apareceu novamente na casa, pegando Juliana, mais uma vez, de surpresa.
— Vim, porque Miguel me ligou — explicou o homem, um tanto ansioso —, disse que tem uma ótima notícia para me dar, é aquilo que estou pensando?
A voz de Miguel soou do alto da escada.
— Não, papai, não é o que senhor está pensando.
Juliana fez menção de tirar a criança da sala, mas Miguel a proibiu:
— Fiquem.
Voltando os olhos para o menino, Aristides Pabliano comentou:
— Essa criança, outra vez aqui?

111

Juliana olhou para Miguel, aturdida. Miguel aproximou-se do pai e disse, com todas as letras:

— Não era um neto que o senhor tanto queria? Pois bem, ali está ele.

Aristides enviesou o cenho.

— O que? Esse menino é seu filho?!

— Infelizmente, é.

— Como pode ser seu filho se vocês se casaram há apenas um ano.

— Ele não nasceu do ventre de Juliana. Nasceu do ventre de uma outra mulher, com quem passei uma noite.

— O que?

— Isso mesmo que o senhor ouviu.

— É melhor eu me sentar, estou passando mal.

Juliana levou o menino até a cozinha, deixou-o lá, sob os olhos de Mércis e voltou para a sala com um copo da água para servir ao sogro. O homem umedeceu a boca, voltou-se para o filho e perguntou:

— Miguel explique-me direito essa história.

— Não há o que explicar. É tudo muito simples.

— Quem é a mãe dessa criança?!

— Uma dessas mulheres elegantes que fazem do sexo o seu ganha pão.

O homem levou a mão ao peito, branqueou. Trêmulo, disse:

— Aquela criança é filho seu com uma prostituta?!

— Todas as mulheres são no fundo uma prostituta, papai.

A resposta de Miguel chocou tanto o pai quanto a Juliana.

— Que vergonha... — murmurou o homem, arquejando e transpirando de tensão. Você é mesmo uma decepção na minha vida, Miguel. Nunca pensei que um filho poderia dar tanto desgosto a um pai.

— E eu nunca pensei que um pai poderia ser tão chato, implicante e exigente com um filho. Entenda-me, de uma vez por todas: "eu não sou você!" Vou repetir em letras maiúsculas: "EU NÃO SOU VOCÊ!". Cada um é um. Não espere de mim aquilo que espera de si mesmo porque eu não sou você. Sou eu, apenas eu, nada mais. Não fui, não sou nem nunca serei a sua imagem e semelhança porque eu sou apenas eu próprio.

— Eu nunca quis que você se saísse a minha imagem e semelhança, Miguel. Nunca. A única coisa que espero, que todo pai espera de um filho é que ele saia no mínimo à imagem e semelhança do Senhor Deus. Seja íntegro, honesto, trabalhador, amoroso, responsável...

Miguel deu de ombros. O clima entre os dois pesou ainda mais. Baixando a *crista,* em tom de lamento, Miguel fez nova observação:

— Essa criança foi um descuido. Nasceu contra a minha vontade. Isso eu posso lhe assegurar. Fiz de tudo para impedir que nascesse, disso o senhor pode estar certo. Mas...

— Você é mesmo uma desfeita do destino tanto quanto essa criança é para mim e para você!

O comentário do pai atiçou a ira de Miguel, outra vez.

— Agora o senhor vai ter de engoli-la, meu caro.

Mergulhando as mãos entre os cabelos brancos, Aristides Pabliano comentou:

— Que fiz eu, Deus, para receber tudo isso em troca? Que fiz eu?

Miguel foi até o grande espelho que havia na sala, ajeitou o cabelo, a roupa e seguiu para a porta. Ao ver o filho deixando a sala, o pai perguntou:

— Aonde você vai?

— Tenho os meus compromissos.

— Belos compromissos, hein?

— Belos sim, bem melhores que o seu que é ficar sentado atrás de uma mesa fazendo reuniões, dirimindo problemas, matando-se para ganhar um dinheiro que nunca vai usar. Quanto tempo você acha que vai levar para estar a sete palmos abaixo da terra, hein? Se eu fosse você tratava logo de aproveitar a vida, aproveitá-la com mulheres, a única coisa que realmente importa nessa vida.

— Saiba que o trabalho para mim é, acima de tudo, um prazer.

— Prazer?

— Sim, prazer. Eu sempre amei trabalhar. Além do mais, do meu trabalho dependem milhares de famílias. Sem o meu trabalho, dúzias de empregados da minha empresa ficariam desempregados, o que afetaria negativamente a vida de seus familiares. Do meu trabalho vivem também muitas entidades assistenciais que são ajudadas pelas doações que faço. Por minha generosidade, por minha caridade.

— Eu também sou generoso e carinhoso, pergunte a qualquer mulher que passa a noite comigo e ouça o que elas têm a dizer a meu respeito. Desconsidere apenas o apelido que me deram. Chamam-me de sabão.

Miguel rompeu-se numa gargalhada e encerrou o encontro dizendo "fui!".

Restou apenas o silêncio em companhia de Juliana e Aristides Pabliano. Minutos depois, o silêncio foi rompido pela jovem.

— O senhor é um homem bom, seu Aristides. — comentou Juliana, com sinceridade.

— Se sou tão bom por que tive um filho tão irresponsável, mulherengo e *bon vivant*?

— Eu não posso lhe dar essa resposta, só sei que o senhor não deve, em hipótese alguma, desviar-se do seu caminho, o caminho do bem, por causa da decepção com seu filho.

— Às vezes tenho vontade de parar com tudo. Fechar minha empresa, abandonar tudo, fugir, sumir.

O conselho de Juliana foi perspicaz mais uma vez:

— Pense nas muitas pessoas que dependem do sucesso de sua empresa. Da prosperidade delas como o senhor mesmo disse há pouco.

— Eu não sou uma pessoa perfeita. Tenho muitos defeitos.

— Ninguém é perfeito, meu senhor. Estamos todos tentando nos aperfeiçoar. A vida existe, na verdade, para que isso aconteça. A melhora que fazemos em nós é um passo ainda que mínimo em direção a nossa felicidade.

Ele olhou bem para ela e disse:

— Eu jamais vou aceitar essa criança como sendo meu neto.

— Mas o senhor me disse que queria tanto ter um neto.

— Um que fosse decente, não fruto de uma aventura noturna.

— A criança não tem culpa por ter nascido nas condições que nasceu. É uma criança inocente e linda, quando o senhor tiver mais contato com ela, apaixonar-se-á por ela como eu me apaixonei.

— Não vou conseguir fazer isso jamais, Juliana. Para mim ela será sempre uma vergonha, uma grande vergonha. Por isso prefiro esquecer que ela existe e esconder de todos a sua existência. Isso me poupará de uma tremenda vergonha, mais uma dentre tantas que Miguel já me fez passar.

O homem levantou-se e, antes de deixar a sala, reforçou seu pedido:

— Ainda quero um filho seu e de Miguel, por favor. Um filho que seja meu neto de verdade.

— O senhor não me vê mais como antes, não é mesmo, meu senhor? Pois bem, talvez possa ver o pequeno Benício, daqui a algum tempo, com outros olhos.

Sem mais, Aristides Pabliano partiu. Juliana ficou olhando para a porta por onde ele havia passado, ainda chocada e inconformada com suas palavras. Depois foi até a cozinha e abraçou Benício, cobriu-o de beijinhos e disse ao pé do seu ouvido:

— Eu o amo, meu querido. Amo muito.

O menino retribuiu o abraço e os beijos.

Naquele mesmo dia, à tarde, Graciela passou na casa do irmão. Assim que encontrou Juliana, perguntou:

— Estive com o papai há pouco, o pobre coitado está arrasado, tão mal que não conseguiu voltar para o escritório para completar seu dia de trabalho. É verdade mesmo o que ele me disse? Que Miguel teve um filho com uma prostituta?

Juliana anuiu com a cabeça e perguntou:

— Você quer conhecê-lo?

A pergunta chocou Graciela.

— Não, Juliana, é óbvio que não. Onde Miguel estava com a cabeça para permitir que uma coisa dessas acontecesse? Onde? Que vergonha, que desgraça para a nossa família. Ninguém pode saber da existência dessa criança, ninguém. Seria uma desmoralização para nós na sociedade.

Ela tomou ar antes de perguntar:

— Miguel não chegou a dar seu sobrenome para o menino, chegou?

— Não, mas deveria, não?

— É lógico que não. Esta criança não pode ter nenhum vínculo com a nossa família, nenhum.

Recolocando o chapéu sobre a cabeça, Graciela despediu-se da cunhada e partiu. Foi direto dali para o clube, queria muito falar com o irmão e sabia que ele deveria estar lá àquela hora. Assim que ficou a sós com ele, num local onde não podiam ser ouvidos por outras pessoas, Graciela contou sobre o choque que o pai teve com a descoberta da existência do neto, filho dele com uma prostituta.

— Eu também estou chocada, Miguel. Chocada! — confessou Graciela. — Dessa vez você foi longe demais. Como se não bastasse ter se casado com uma caipira, ter feito aquela afronta à Maria Tereza Mendes e Souza e sua família, fazê-los passar por aquela humilhação durante a recepção na casa do papai, ter feito o mesmo com o papai, agora você nos apronta uma dessas. Sinceramente, você foi longe demais.

— Eu não sabia da existência dessa criança, Graciela. Quando soube fiquei tão chocado quanto você. O que quer que eu faça com ela, que a devolva para o útero de onde ela nunca deveria ter saído? A mãe dela voltará para buscá-la, não se preocupe. Deixou-a sob a minha responsabilidade até que se acerte na Europa para onde se mudou. Por isso relaxe, logo logo ela vai embora e nunca mais saberemos dela.

— Espero mesmo que não. E você que não seja besta de dar seu sobrenome a essa criança, se fizer isso fará dela sua herdeira, você sabe. Seria o fim da picada, um filho de uma prostituta herdar tudo o que papai construiu ao longo dos tempos.

— Duvido muito que o garoto herde alguma coisa, minha irmã. Pretendo torrar tudo antes de morrer.

— Disso não tenho dúvidas.

Naquela noite, Miguel voltou para sua casa tarde novamente, havia se encharcado de bebida, dessa vez para esquecer os últimos acontecimentos que envolveram sua vida. Assustou-se quando encontrou Juliana sentada no sofá da sala com o menino deitado com a cabeça sobre o seu colo.

— Esperando por mim, de novo? O que quer dessa vez? — questionou Miguel, com desagrado.

— Não estava esperando por você. — respondeu Juliana, friamente.

— N-não?!

— Não.

— O que essa criança está fazendo aqui dentro de casa? Já falei que não a quero aqui dentro.
— Ela está febril. Achei melhor trazê-la para cá, é mais arejado.
A resposta desarmou o dono da casa. Assim que ele fez menção de seguir para o seu quarto, Juliana o chamou:
— Miguel?!
Ele parou e, aguardou de costas, pelas palavras dela.
— Você se importa com o menino, não se importa?
Ele voltou a cabeça por sobre o ombro e falou de prontidão:
— Não.
Ele moveu-se, mas a voz dela o fez travar o passo novamente.
— O que há em seu peito, Miguel? No seu, no de seu pai e no de sua irmã. Um coração de pedra? É isso?
Ele riu e, num tom irônico, respondeu:
— Um coração de pedra.
Juliana foi sincera ao responder:
— Acho que nem isso.
Miguel calou-se, subiu a escada e foi para o quarto se deitar. Juliana ficou na sala, confortando o menino em seu colo, sorrindo diante do encanto de seu rostinho encantador.
Nas semanas que se passaram Juliana se dedicou ao pequeno Benício com a devoção de uma mãe. A criança parecia adorá-la, tanto quanto ela o adorava. Era o carinho e a dedicação que ela devotava ao menino que o fazia crescer lindo e viçoso, cheio de vida. Por mais que tentasse, Juliana não conseguia compreender por que Miguel, Aristides e Graciela Pabliano rejeitavam tanto o menino.

Semanas depois, no interior do Paraná, Silvana da Silva Rosa, continuava vivendo sua história de amor e paixão com o colar que havia ganhado da irmã. Um colar que não tirava do pescoço para nada, nem sequer para tomar banho. A obsessão da moça pelo objeto acabou tirando seu marido do sério.
— Eu vou arrebentar esse colar, mulher! — explodiu Cirineu, certo dia.

Silvana, fuzilando o marido com os olhos, bramiu:
— Arrebente e você nunca mais vai me ver nessa casa!
— Você *tá* cega, mulher?! Não vê mais nada além desse colar! Nem seus filhos mais você enxerga direito. Prefere a companhia desse colar à de seus filhos.
Ela amarrou o cenho. Cirineu também, depois relaxou e disse:
— O Honório encontrou comigo agorinha há pouco e me disse que sua irmã chegou.
Os olhos de Silvana brilharam.
— Juliana?! Aqui?! Meu Deus, que notícia boa!
Silvana se viu perdida sem saber ao certo o que fazer primeiro.
— Preciso tomar um banho, um banho é isso, primeiro um banho.
— Benedita vai colher umas flores para sua tia. Depois de mim, você vem tomar seu banho.
"Aparecido! Colha algumas verduras na horta para sua tia.
"Prepare a charrete, Cirineu."
— Sua irmã deve estar cansada da viagem, Silvana. — observou Cirineu, com bom senso. — Espere ela vir procurá-la.
— Que cansada, que nada. — retorquiu Silvana, fechando-se no banheiro.
Assim que ela e os filhos ficaram prontos, os três ajeitaram-se na charrete, juntamente com o buquê e com a cesta de verduras e legumes. Estavam prestes a partir para a fazenda Mato Serrão quando Cirineu perguntou:
— Você não vai passar na casa da sua mãe para levá-la consigo?
— Não. Se minha mãe for comigo, Juliana não vai me dar a atenção que eu tanto quero.
— Mas Silvana, sua irmã deve estar morta de saudade de sua mãe.
— Vá cuidar do pasto, dar milho às galinhas, servir *lavage* aos porcos, Cirineu, que você ganha mais!
— Você *num* quer que eu vá com você?
— Para que?! — indignou-se Silvana. — Minha irmã é agora uma mulher muito rica, que interesse vai ter num caipira, analfabeto e pé rapado como você?!
— Sua irmã sempre me tratou muito bem, Silvana. Em muitas ocasiões bem melhor do que você!

— Deveria ter se casado com ela, então, não comigo. Vá... Vá... Vá... Cirineu... Vai caçar rã com estilingue, vai!

Cirineu foi perspicaz mais uma vez:

— Você nunca foi de dar trela para Juliana, o que deu em você agora para papariçá-la? Só porque ela ficou rica e lhe deu um colar é que você agora está interessada nela, é isso?

Silvana deixou o marido falando com as moscas. Partiu, exigindo do cavalo o máximo de rapidez.

— Juliana, querida! — exclamou Silvana assim que entrou na varanda da casa da sede da fazenda Mato Serrão.

— Silvana, como soube que eu havia chegado? Era para ser uma surpresa.

— Um passarinho me contou.

Voltando-se para os filhos, Silvana ordenou:

— Aparecido, Benedita cumprimentem sua tia.

Juliana beijou e abraçou os sobrinhos, demonstrando profundo afeto.

— Nossa como eles cresceram! — exclamou. — Como estão lindos!

Silvana deu um peteleco na cabeça dos filhos e ordenou, autoritária:

— Vamos lá, peçam a bênção para a sua tia e beijem a mão dela.

A voz de Silvana soou como a de um general de exército. Um general exigente e impiedoso. Juliana se opôs à determinação no mesmo instante:

— Que é isso, Silvana? Não é preciso tudo isso.

— É preciso, sim! Vamos lá.

Os filhos, sem outra escolha, acataram a ordem da mãe.

— É assim que se faz. — elogiou Silvana. — Sua tia merece muito mais.

Silvana segurou um sorriso nos lábios para Juliana, um sorriso forçado e artificial, que desmoronou da sua face assim que ela se lembrou dos presentes que havia levado para a irmã.

— *Cadê* os presentes de sua tia?!

As crianças voltaram até a charrete para apanhar as verduras e as flores.

— É coisa simples, mas é de coração. — falou Silvana sentindo-se a pessoa mais íntima de Juliana.
— Não precisava. — agradeceu Juliana, com candura.
— Precisava, sim.
Benedita entregou para a tia o ramalhete de flores colhidas do jardim em frente à sua casa e, Aparecido entregou o cesto cheio de alface, cenoura e outros legumes colhidos na horta cultivada por Cirineu para presentear a tia.
— Que fartura! — agradeceu Juliana. — Agora quero outro beijo de cada um.
No minuto seguinte as duas crianças avistaram Benício.
Silvana, assim que avistou o menino, fez cara de interrogação.
— De quem é aquele menino?
Ao perceber que a irmã falava de Benício, Juliana explicou:
— É filho da criada que veio comigo.
Silvana achegou-se a Juliana e, baixando a voz, perguntou:
— Você permitiu que a criada trouxesse o filho com ela?! O que deu em você, Juliana?
Juliana preferiu ignorar a irmã, voltou-se para Benício e disse:
— Benício quero lhe apresentar os meus sobrinhos Benedita e Aparecido. Vocês poderão brincar juntos.
O menino sorriu. Benedita e Aparecido também.
Voltando-se para Silvana, prestando atenção ao colar de pérolas em torno do seu pescoço, Juliana comentou:
— Pelo visto, você gostou muito do colar que lhe dei.
Silvana derreteu-se em sorrisos.
— Gostei muito, querida. Muito mesmo. Quando tiver qualquer coisa que não goste pode me dar que eu uso.
Silvana fez novamente cara de paisagem, Juliana riu para dentro, nunca vira um sorriso tão amarelo e artificial como o que a irmã lhe dirigia agora.
— E a mamãe? — perguntou Juliana a seguir.
— Ainda não sabe que você chegou. Eu quis muito passar por lá para avisá-la da sua chegada, mas a Benedita e o Aparecido queriam tanto vê-la que não me deixaram. Amanhã você a vê, né?

Silvana mentiu com tanta naturalidade que ela própria se convenceu de que aquela era a verdade. Espichando os olhos sobre os pertences da irmã, Silvana perguntou como quem não quer nada:
— *Cadê* seu marido?
— Ele não veio.
— Não!? Muito trabalho, é?
— Sim. — mentiu Juliana —, muito trabalho.
Juliana queria intimamente que aquele fosse o verdadeiro motivo por Miguel não tê-la acompanhado à fazenda.
Silvana permaneceu em pé, com os olhos sondando a bagagem da irmã, cada vez mais ansiosa para saber se ela havia lhes trazido algum presente. Se não um presente, podia ser dinheiro mesmo, umas boas notinhas verdinhas alegrariam muito. A ela e aos filhos. Silvana despertou dos seus pensamentos, ao chamado de Juliana:
— Silvana.
— Sim, querida.
O tom de Silvana com a irmã nunca fora tão carinhoso. Juliana estendeu uma caixa para ela e disse:
— É para você.
— Para mim?!
— Sim.
As mãos de Silvana tremiam quando ela apanhou o porta-joias das mãos de Juliana. Seu queixo também tremia, seus olhos encheram-se de água, a emoção tomou conta da sua pessoa. Silvana deixou escapar um gritinho agudo quando abriu o porta-joias. Ali estavam todas as joias que Miguel havia presenteado Juliana e ela nunca usara, tampouco lhes havia dado importância.
— Deus meu, quanta joia! — surpreendeu-se Silvana, boquiaberta.
— Gostou?
— É para eu escolher uma?! Posso mesmo?
— Não.
— Não. Como não?!
— Você não precisa escolher uma, tudo o que está aí é seu.
— Meu?!
— Sim. Seu!
Silvana mal podia acreditar no que via e ouvia. Ela pôs o porta-joias sobre a mesa que havia ali perto e mergulhou as mãos por entre

as correntes e pulseiras de ouro e prata, pelos brincos, broches e gargantilhas de brilhantes e pérolas.

— Você é melhor irmã do mundo. – dizia, repetidas vezes, enquanto seu rosto era riscado de lágrimas e mais lágrimas de alegria e contentamento.

— Que nada, Silvana.

— É a melhor irmã do mundo, sim!

Num gesto rápido, Silvana começou a beijar Juliana enquanto repetia em intervalos cada vez menores:

— Obrigada, muito obrigada. Eu adoro *você*. Eu amo *você!*

Juliana tentava recolher o braço, mas Silvana não permitia. Continuava a beijá-lo até a extensão do ombro. Silvana só parou quando se voltou para os filhos e ordenou com sua voz autoritária de general:

— Aparecido, Benedita! Venham cá e beijem sua tia adorada. Veja só o que ela me deu!

— Mamãe! – exclamaram os filhos, em uníssono, ao verem o porta-joias.

— Beijem sua tia, vamos! – ordenou Silvana, incentivando os dois com o olhar.

— Nós já a beijamos, mamãe. – lembrou Benedita.

A mãe foi incisiva, novamente:

— Beijem-na outra vez! Estou mandando!

— Não é preciso, Silvana. – retorquiu Juliana, sem graça.

— É preciso, sim!

Enquanto os filhos não beijaram as mãos da tia por diversas vezes, como Silvana queria, ela não sossegou.

Antes de partirem, Silvana reiterou seus agradecimentos e cobriu a irmã mais uma vez de elogios.

— Obrigada por ter compartilhado comigo um pouco da sua felicidade. – disse ela, com voz embargada.

Para Silvana, felicidade era a riqueza em que Juliana vivia agora.

— Você, sim, é feliz, minha irmã. – complementou, acreditando muito no que dizia. – Você, sim, é feliz!

— Você também é feliz, Silvana.

— Como você?! Nunca serei.

O elogio fez Juliana sentir um nó na garganta. Uma vontade louca de contar a sua triste realidade.

— Amanhã — adiantou-se Silvana —, passaremos aqui com a carroça para levá-la para ver a mamãe e o papai.
— Não é preciso.
— Faço questão.

Juliana acabou aceitando a sugestão e Silvana partiu contente por poder fazer aquela gentileza para a irmã, no dia seguinte.

Era por volta das dez e meia da manhã quando Juliana chegou à casa da mãe, chamando por ela:
— Mamãe!
— Filha! — exclamou Vicentina, avermelhando-se de alegria. — Que surpresa agradável.

As duas se abraçaram forte e demoradamente.
— Papai! — berrou Silvana. — Venha ver quem está aqui.

O pai veio, todo sorrisos.
— Olá, papai, como vai? — cumprimentou Juliana, voltando os olhos cheios d'água para ele.
— Melhor, agora, filha, com você aqui. — respondeu Valeriano da Silva, com sinceridade.

Assim que teve oportunidade, Vicentina perguntou à filha mais nova:
— E, então, filha, como vão as coisas, o casamento? Está feliz?

Silvana, antecipou a resposta:
— Que pergunta, mamãe?! É lógico que ela está feliz! Que mulher não se sentiria feliz casada com um homem como Miguel? Se fosse eu que tivesse casado com ele, eu seria a mulher mais feliz do mundo!

Vicentina estranhou quando Juliana desviou os olhos do seus.
— Está tudo bem, querida? — perguntou.
— Lógico que sim, mamãe. — mentiu Juliana, tentando dar um tom natural a voz. — Por que não estaria?

Para fugir do assunto, Juliana aproveitou para fazer o convite que havia planejado fazer a todos:
— Quero todos vocês almoçando comigo, amanhã, na fazenda Mato Serrão. E quando digo todos, todos mesmo. Inclusive Cirineu, Silvana.

— Eu é que não vou levar aquele traste comigo.
— Ele não é um traste, Silvana. Seu marido vale ouro.
— Não me faça rir, maninha.
— Eu insisto que o leve ao almoço.
— Se a presença do Cirineu vai deixar minha irmãzinha querida, feliz, eu o levo.

Juliana se mostrou contente, Silvana também, agradar a irmã era o que ela mais queria. Passou a ser, desde que Juliana lhe dera o colar de presente, seu objetivo maior de vida.

A seguir, Silvana mostrou a mãe o porta-joias que havia ganhado de Juliana, do qual não se desgrudara mais, desde que o recebera no dia anterior.

Silvana chegou ao almoço usando todas as pulseiras e colares que havia ganhado de Juliana. Sobre a lapela do vestido, estavam presos todos os broches que havia no porta-joias. Nos dedos estavam todos os anéis. Os que não couberam, ela usou sabão para que eles escorregassem e servissem.

Só não pusera todos os brincos por não ter mais furos na orelha. Sua joia favorita se perdia no meio dos demais colares e correntes de ouro e prata.

— Silvana — repreendeu Juliana —, as joias não são para serem usadas ao mesmo tempo, é uma ou outra de cada vez.
— E eu vou deixar as minhas jóias lá em casa, sozinhas, onde qualquer um pode roubá-las? Nunquinha, *fia!*
— Encontre um lugar para guardá-las. Um esconderijo que só você conheça.
— Um esconderijo?
— Sim, fica mais bonito e mais elegante usar uma joia de cada vez.
— É mesmo?
— É. Você por acaso já viu alguma mulher na cidade grande usando todos os seus colares, brincos, anéis e pulseiras ao mesmo tempo?
— Não.
— Então...

— Elas não usam porque elas não têm muitas joias para usar, como eu tenho agora. Graças a você, querida.
— Repito o que disse. — insistiu Juliana. — É mais elegante usar uma joia de cada vez do que todas ao mesmo tempo.
— Como você sabe? Você nunca viveu na cidade grande antes? Não passa de uma caipira como eu.
— A irmã de Miguel me explicou.
— É mesmo?! Aí a coisa é diferente!
A seguir, Juliana apresentou Benício a mãe, ao pai e ao cunhado.
— Que menino lindo! — comentou Vicentina.
— É filho da empregada. — adiantou-se Silvana, cochichando ao pé do ouvido da mãe. — Só a Juliana mesmo para trazer o filho de uma empregada, com ela.
Juliana tentou se explicar:
— Ela é tão boa para mim e a criança é tão graciosa...
— Eu também o achei um menino adorável! — anuiu Vicentina.
Silvana entortou a boca num risinho debochado e disse:
— Puxa saco!
Juliana e Vicentina entreolharam-se, era melhor ficarem quietas, mudar de assunto, baixar a poeira ao invés de atiçá-la, como Silvana sempre gostava de fazer.
O almoço foi servido quase uma hora depois de todos chegarem. Foi um almoço gostoso, com galinha assada, batatas, arroz, feijão, mandioca cozida, o melhor que se pode ter de uma comida interiorana.
Depois todos se fartaram de sobremesa, pedaços de melancia e doce de laranja em calda. Cirineu Rosa e Valeriano da Silva cochilaram um pouco sentados na cadeira da varanda que contornava a casa. Depois, para despertar, quiseram um cafezinho feito na hora, bem docinho.
— *Fiazinha* — falou Valeriano, depois de saborear o café —, importa se eu e o Cirineu der umas voltas pela fazenda do seu marido? Há certos lugares aqui que nunca tivemos a oportunidade de conhecer.
— Que nada, papai. Vão sim.
— Vá mesmo, Cirineu. — aconselhou Silvana no seu tom mais irônico. — Veja tudo com os olhos e lamba com a testa.
O marido preferiu não se manifestar.

Assim que os dois se foram, as duas mulheres foram descascar milho para fazerem pamonha e cural. Enquanto isso, as crianças brincavam ao redor da casa. Minutos depois, Benedita, voltava para a varanda, acompanhada do irmão.

— Tá com a língua de fora, por que, Benedita? — perguntou Silvana no seu tom ríspido de sempre.

— Cansei de tanto procurar o Benício.

Girando o pescoço ao redor sem localizar Benício, Juliana se exaltou:

— *Cadê* o Benício, Benedita?

— Nós estávamos brincando de pique-esconde-esconde, titia. Mas ele se escondeu tão bem que não consigo encontrá-lo. Já falei que desisto, mas ele não aparece. Nem o Aparecido sabe aonde ele se escondeu.

Juliana no mesmo instante largou o que fazia e saiu da casa chamando pelo menino.

— Benício?! — gritava, desesperando-se.

Silvana e Valentina foram atrás dela.

— Por que está tão preocupada, minha irmã? — questionou Silvana.

— Trata-se do filho da empregada.

— Trata-se de um ser humano, Silvana.

— Eu sei. Só não quero ver minha irmãzinha aborrecida por causa de uma criança, uma criança qualquer.

Cada uma das mulheres seguiu numa direção chamando pelo menino. Juliana era o quadro do próprio desespero. Chorava convulsivamente, enquanto gritava o nome da criança que tratava como um filho.

O martírio não durou muito tempo. Logo avistou o pequeno Benício acenando para ela. No minuto seguinte, o menino correu e a abraçou com força, enquanto lágrimas escorriam por sua face angelical.

— Oh, meu querido. Está tudo bem com você? Que bom. Você não deveria ter ido para longe da casa.

O menino se agarrou ainda mais a ela.

— Mamãe, Silvana, Benedita, Aparecido, eu o encontrei! — anunciou Silvana tomando o rumo de volta para a casa. Assim que todos se uniram novamente, Silvana voltou-se para os filhos e os repreendeu:

— Vocês dois deveriam ter dito para o Benício que ele não fosse longe. Para lugares de onde não soubesse voltar.

— Desculpe mamãe. — responderam Benedito e Aparecida, em uníssono.

Assim que Juliana secou as lágrimas no dorso da mão, Silvana achegou-se a ela e perguntou, amaciando a voz:

— Minha irmãzinha está mais calminha agora, está?

Juliana, olhos vermelhos, fez que sim com a cabeça. Silvana, fingida, sorriu para ela. Mas ficou com a pulga atrás da orelha, intrigada para saber por que a irmã adorava tanto aquela criança, uma simples criatura filha de uma empregada.

Juliana temeu que a irmã e a mãe desconfiassem da verdade em torno de Benício, receou que não tivesse coragem de expor a verdade caso fosse questionada a respeito. Por sorte nenhuma delas tocou mais no assunto.

Faltava apenas um dia para Juliana voltar para Curitiba quando Silvana a procurou para lhe fazer um pedido muito sério.

— Quero lhe pedir um favor, minha irmãzinha querida. Só um, você sabe que eu nunca lhe pedi nada e...

— Diga, Silvana, o que é?

— Só você pode me ajudar.

Silvana fez mais alguns floreios e disse:

— Quero me separar do Cirineu.

Juliana fez ar de espanto. Silvana intensificou o drama:

— Eu não sou feliz com ele, Jú!

Era a primeira vez que Silvana chamava a irmã de "Jú".

— É, sim! — atestou Juliana.

— Não sou não, Jú! Eu quero ser feliz como você é com o Miguel.

— Silvana, você não sabe o que é infelicidade.

Ainda que as palavras soassem estranhas aos ouvidos de Silvana, ela prosseguiu:

— Eu jamais serei feliz, ficando casada com o Cirineu.

— Ruim com ele, pior sem ele. — lembrou Juliana, o dito que sempre ouvira da mãe, o qual a fazia se manter casada com Miguel mesmo após tantas decepções vividas ao seu lado.

127

Dramatizando ainda mais o tom, os gestos e as expressões, Silvana prosseguiu:

— Leve-me para a sua casa em Curitiba, irmãzinha querida. Posso trabalhar para você, com o salário que você e o Miguel me pagarem, eu logo poderei me sustentar por conta própria. Miguel é rico e bastante conhecido na sociedade, pode muito bem me apresentar para um de seus amigos, ricos e influentes, quem sabe um não se interessa por mim e assim eu mudo de vida e sou feliz como você é feliz com o seu marido.

— Dinheiro, luxo, riqueza não é tudo na vida, Silvana. Há milhares de mulheres e homens bem de vida, querendo, desesperadamente, compreender, por que o dinheiro e os bens materiais que possuem, os quais sonharam tanto e acreditaram que, quando os possuíssem, conseguiriam toda a felicidade que todo mundo tanto almeja, não lhes deram a felicidade tão almejada.

Silvana fez um muxoxo e foi sincera ao dizer:

— Não entendi uma palavra do que você disse.

— Não entendeu porque não quer entender.

— Por favor, maninha querida me ajuda a realizar esse sonho. É muito importante para mim. Por favor, eu lhe imploro.

— Infelizmente eu não posso ajudá-la. Se a ajudasse, estaria ajudando, indiretamente, a destruir a sua vida.

Silvana fez um novo muxoxo. Continuou sem entender uma só palavra da irmã.

Estavam todos em frente a casa-sede da fazenda Mato Serrão para se despedirem de Juliana e de Benício no dia em que voltaram para Curitiba. Para evitar muito choro e saudade, Juliana partiu, prometendo a todos, voltar o mais rápido possível para visitá-los.

Silvana por estar ainda fula da vida por Juliana não ter aceitado seu pedido, acordara de bico virado. Quando os filhos tentaram conversar com ela, ela tapou os ouvidos num gesto desesperador e gritou:

— Não conversem comigo!

— Mamãe!

— Já disse para não conversar comigo. Estou irritada. Muito irritada.

— Ela está o que? — perguntou o irmão, baixinho ao pé do ouvida da irmã.

— Irritada. — respondeu Benedita com extremo cuidado para não ser ouvida pela mãe.

Os dois acharam melhor deixar a mãe a sós. Assim que deixaram o quarto, Silvana repetiu o hábito que adquiriu nos últimos tempos, ficou alisando o colar, gargantilha e correntes em torno do seu pescoço como se fosse um cãozinho de estimação. Seus olhos então viraram uma cascata de lágrimas, lágrimas de tristeza e de ódio, também. Tristeza por se ver presa a um casamento que não lhe dava tudo aquilo que ela acreditava merecer na vida e precisava para ser feliz. Ódio por Juliana não ter aceitado o seu pedido.

Quinta parte

Quando Miguel reencontrou a esposa, achou por bem ser gentil com ela:

— Como foi a viagem?

— Foi boa. — respondeu Juliana com muita vontade. — É sempre bom rever quem nos ama, quem realmente nos ama.

Juliana estava ansiosa para rever o marido, chegou a achar, na sua doce inocência, que ele havia mudado enquanto ela estivera fora, que voltara a ser aquele Miguel por quem ela se apaixonara à primeira vista.

Mas não, Miguel continuava o mesmo de sempre, insensível e boêmio, dormindo até tarde, voltando para a casa somente de madrugada. Deu a impressão à Juliana de que ele nem sequer sentira a sua falta, seria mesmo verdade?

— V-você não quer ver o menino? — perguntou ela achando que ele gostaria de rever o filho.

A pergunta tirou um riso sarcástico e debochado do marido. Ele nem sequer respondeu, partiu, assoviando uma canção, para sua boa vida desregrada de sempre.

Semanas depois...

— Dona Juliana. — disse Marlete, com discrição assim que entrou no recinto.

Juliana olhou para ela e ela disse:

— Há uma moça aí na porta, querendo falar com a senhora. Ela não se identificou, disse apenas que é uma parente sua.

Juliana franziu o cenho, perguntando-se: que parente poderia ser se nenhuma tinha o seu endereço? Ao chegar à porta teve uma grande surpresa.
– Silvana, você por aqui?!
– Sim, Juliana.
As duas se abraçaram. Juliana olhou para a calçada e quando não viu a caminhonete de Cirineu, perguntou:
– *Cadê* o Cirineu?
– Eu vim só para Curitiba.
– Só?
– Sim. E vim para ficar.
– Ficar?
– Sim. Ficar morando aqui com você.
– E quanto ao Cirineu, e seus filhos?
– Cirineu que se vire. Quanto a Benedita e o Aparecido, eles hão de se acostumar só com a presença do pai.
– Você teve a coragem de abandonar sua família?
– Você também a abandonaria se estivesse no meu lugar.
– Você não sabe o que está falando.
– É errado uma mulher querer uma vida mais luxuosa, numa cidade linda como Curitiba? Querer um marido que a encha de presentes, que lhe mande flores, que lhe ofereça só do bom e do melhor?
– As coisas nem sempre são o que parecem ser, Silvana.
Silvana puxou a irmã para frente do espelho pendurado num dos cantos da sala e disse:
– Olhe para você, minha irmã, sua vida é perfeita, completa e farta. Você vive numa casa luxuosa, cercada de prataria, tem joias até para dar de presente, dinheiro de sobra no bolso e no banco... Eu quero essa vida para mim, Juliana.
– Silvana a vida não se faz só de luxo, pratarias, joias e dinheiro.
– É fácil falar quando se tem tudo o que todos tanto querem. Você não me diria o mesmo se estivesse no meu lugar.
– Você fez muito mal em abandonar a sua família. Um dia você há de perceber isso.
Silvana desdenhou a observação da irmã fazendo um gesto de enfado com as mãos.

— Você vai me ajudar ou não vai? — perguntou, mirando fundo os olhos de Juliana.

Juliana se viu aturdida e sem resposta a princípio. Por fim, acabou concordando. Silvana a encheu de beijos, parecia um cão lambendo, feliz, seu dono.

Logicamente que para evitar confusão, Juliana tratou logo de pedir as criadas que nada dissessem sobre a verdadeira origem de Benício. Que confirmassem que ele era filho de uma delas, ao menos por hora.

Juliana se preocupou a princípio que Silvana estranhasse o comportamento do marido, mas depois relaxou ao perceber que sua ausência durante a tarde e à noite seria explicável por causa do trabalho que exigia muito da sua pessoa. Quando ele voltasse embriagado para a casa, Silvana não o veria, pois já estaria dormindo há muito tempo. Acostumada a dormir com as galinhas, não passaria das oito horas da noite, acordada. O que de fato aconteceu.

Todavia, ficar mentindo para os outros começou a cansar Juliana, deprimi-la consideravelmente. De repente, ela se viu ansiosa para dar fim a tudo aquilo. Que se lascassem os conselhos da mãe. Ela estava exausta de viver uma vida que não lhe trazia nenhuma alegria, tampouco o amor que tanto sonhou encontrar. O amor que toda mulher quer ter de um homem. A melhor atitude a se tomar era dar fim a tudo aquilo e voltar para o sítio onde nascera e crescera e fora sempre muito feliz.

Juliana estava parada rente à janela, com o olhar distante, a mente presa em algum lugar do passado. Silvana, ao vê-la, aproximou-se e disse:

— Está um fim de tarde bonito, não?

Juliana, tratou logo de enxugar os olhos lacrimejantes. Tentou fingir naturalidade, mas Silvana notou sua intenção.

— O que foi, irmãzinha? — perguntou, enviesando os olhos.

— Nada. — mentiu Juliana, mas sem grande sucesso.

— Não. Houve alguma coisa. Você estava chorando? Algo a deixou aborrecida. O que foi?

— Aborrecida? Não...
Silvana pegou a mão da irmã e olhou gravemente para ela.
— Diga-me o que é Juliana. Somos irmãs, pode contar comigo.
— Já disse que não foi nada. — insistiu ela com ar desconcertado e forçando um sorriso para mostrar que estava tudo bem.
Foi um sorriso tão artificial, que Silvana não se deu por vencida.
— Pode se abrir comigo, mana, vamos...
— E-eu... eu.... — Juliana se atrapalhou com as palavras.
— Fale... Confie em mim, minha querida. Ninguém a adora mais do que eu. Exceto mamãe e Miguel, obviamente.
— E papai...
— Não tanto quanto eu. Agora diga-me, o que anda aborrecendo você.
Juliana, trêmula, acabou se abrindo com a irmã.
— Estou indo embora daqui, Silvana.
— Embora? Como assim?! Embora? Para onde?
— De volta para o lugar de onde eu nunca deveria ter saído.
— Lagoa Serena? Perdeu o juízo? E Miguel?
— Olhe para mim Silvana, direto nos meus olhos e me veja além das aparências.
Silvana olhou assustada para a irmã.
— Será que você não vê que não sou feliz?
— Você só está dizendo isso para me consolar.
— Miguel não é nada do que você pensa, Silvana. Nada!
— Como, nada?! Essa casa... Tudo que há nela é muito real.
— Pode até ser, mas meu casamento com Miguel não é.
Juliana puxou a irmã até o sofá e a fez sentar-se de frente para ela.
— Eu vou lhe contar tudo. — disse, mirando fundo nos olhos da irmã. — Tudo o que se passou e se passa entre mim e Miguel.
Silvana, durante toda a narrativa de Juliana, olhava-a desconfiada, duvidando que falasse a verdade. Quando terminou a narrativa, Juliana afirmou:
— Falo sério, Silvana. Tudo o que lhe contei a respeito da minha vida com Miguel é a mais pura verdade. Miguel é exatamente como descrevi. Um vagabundo, bebum e mulherengo.

O silêncio pairou no recinto por alguns minutos. Então, um risinho escapou pelo canto dos lábios de Silvana. Subitamente escapou outro e mais outro e cada um foi soando mais alto até virar uma gargalhada aos solavancos, alta e espalhafatosa.

Juliana olhava para a irmã, perplexa por vê-la rindo daquela forma exagerada. Silvana se contorcia de tanto rir, parecia uma galinha enorme a cacarejar, estabanadamente.

Para Juliana, Silvana havia perdido o juízo.

— O que houve, Silvana? Por que está rindo assim?

— Por que estou rindo, gargalhando, a ponto de mijar nas calças?! Ora, Juliana, porque eu sempre pensei que sua vida fosse perfeita. Um conto de fadas. Será que nunca percebeu a inveja nos meus olhos? Eu sempre senti muita inveja de você por ter se casado com um *bacana*, rico, gentil e bonito. Tudo o que eu sonhei num homem para mim.

"Eu não acredito que vivi todo esse tempo me contorcendo de inveja da vida que você levava, por nada! Nadica de nada!"

Outra estrondosa gargalhada obrigou Silvana a fazer uma pausa. Vermelha de tanto rir, de felicidade e também de alívio, ela prosseguiu, com prazer:

— Você... Você é uma infeliz como eu, acho que até mais do que eu. Você, Juliana, é uma farsa!

A gargalhada agora havia se tornado histérica. Silvana saltou da poltrona, abriu os braços e gritou:

— Hoje é o dia mais feliz da minha vida. Obrigada Senhor!

Movendo-se pela sala, passando os dedos pelos móveis, paredes, bibelôs, enfeites, acrescentou:

— Isso tudo... Tudo isso... é uma farsa!

Para Silvana, ela havia finalmente conseguido superar a irmã em alguma coisa. Numa competição que ela própria criou em sua mente.

— Espere até que a mamãe saiba de tudo isso. Só quero ver a cara dela. Quero muito. Vai derreter-se feito gelo ao sol. E eu vou achar é pouco. Muito pouco.

O riso continuou por mais quase dez minutos. Então, de repente Silvana voltou-se para Juliana, tirou o riso do rosto e, num tom sério, falou:

— Você não pode ir embora, Juliana!

A observação assustou Juliana. Silvana repetiu, com ênfase:
— Você não pode, não pode e não pode!
— Por que não posso, Silvana?
— Por que você ama seu marido.
— Você também ama o seu, que eu sei, e mesmo assim o abandonou para vir para cá.
— Há uma grande diferença entre o Cirineu e o Miguel, querida, o meu é pobre e o seu é podre de rico.
— Quantas vezes eu vou ter de repetir que riqueza não é tudo na vida, Silvana?!
— É tudo, sim!
— Pois um dia você verá que não!
— Pois um dia você verá que é!
Juliana bufou e reafirmou suas palavras:
— Eu vou me embora amanhã de manhã.
— Calma maninha, não se precipite. Não ponha a carroça adiante dos bois.
Silvana fez uma pausa, refletiu e disse:
— Não é à toa que algo me dizia para vir vê-la. Agora, sei a razão. Era para eu parar de me martirizar de inveja de você e ajudá-la a se libertar desse fardo árduo que carrega.
Silvana teve nova transformação, sentou-se novamente no sofá, de frente para a irmã e disse no seu tom autoritário de sempre:
— Você não vai embora, mesmo!
— Vou e não será você quem vai me impedir.
— Mas não vai, mesmo! Não serei louca de permitir que você abandone um marido rico como Miguel que lhe cobre de luxo e riqueza. Não mesmo! Um marido que, além de tudo isso, você ama!
— Eu quero amor, Silvana. Amor de verdade. Aquele amor que toda mulher espera encontrar num relacionamento. Quero ser amada. Amada de verdade. Será que você consegue me entender? Só que Miguel não pode me dar esse amor, entende? Então, de que adianta amá-lo?
— Amor, amor, amor... De que serve o amor, Juliana? Para nada! Amor não paga a suas contas no final do mês, não põe alimentos na sua mesa, não garante um telhado sobre a sua cabeça.

— Ainda que o amor não sirva para nada, segundo você, eu, ainda assim, quero ser amada. Entende?

— Como você é boba! Não é à toa que eu sempre a achei estúpida desde que era menininha, aquela menininha irritante e sem graça. Desculpe a franqueza, uma coisa é certa: você vai se arrepender amargamente um dia, se largar tudo isso aqui em troca desse amor ridículo que você procura.

— Miguel não me merece, Silvana. Entende? Depois de muito refletir cheguei a essa conclusão.

O que Silvana disse a seguir surpreendeu e, ao mesmo tempo, chocou Juliana.

— E ele merece você?! Uma caboclona, caipira, do cafundó do Judas?! Não! Não merece. Por isso se dê por satisfeita de ele ter se casado com você, ter lhe dado a chance de viver nesse luxo, nessa fartura. Você deveria é agradecer ao Miguel por tudo que ele lhe oferece. Deveria ajoelhar-se aos pés dele, beijá-los.

— Você não sabe o que diz.

— Sabe por que o Miguel a trata como trata? Porque além de você ser essa caboclona, caipira, você se arruma muito mal. As joias que eram para embelezá-la, deu todas para mim. Não pense que eu as devolverei por isso. Não mesmo. Deu, *tá* dado. Os vestidos que você usa, são os mesmos que usamos no sítio, não se parecem em nada com os das mulheres que vi transitando pelas ruas de Curitiba. Você precisa se arrumar como elas, porque é com esse tipo de mulher que Miguel está acostumado.

— Você acha mesmo?

— Tenho absoluta certeza. Vamos lá, minha irmã. Não desista de Miguel antes de fazer essa mudança, uma mudança que pode conquistá-lo para sempre.

— Será que devo tentar?

— É lógico que sim. E vamos fazer isso a partir de agora. Não temos mais tempo algum a perder. Ligue para a irmã de Miguel.

— Para que?

— Para saber onde comprar vestidos bonitos e elegantes.

Silvana precisou arrastar Juliana até o console onde ficava o telefone, pôs o aparelho na sua mão e a fez discar o número de livre e espontânea *pressão*. Graciela se espantou ao ouvir a voz da cunhada do outro lado da linha, era a primeira vez que ela ligava. Espantou-se mais ainda com seu pedido. Ainda mais, quando ela lhe pediu para ir junto às compras, algo também sugerido por Silvana.

Graciela, num momento raro de humildade, acabou aceitando o pedido e levou a cunhada as melhores butiques da capital paranaense. Naquele fim de tarde, Juliana voltou para casa cheia de pacotes e sacolas contendo os mais belos e caros vestidos que o dinheiro podia comprar.

Silvana a fez experimentar um a um para ver como ficava dentro deles. Foi um momento entre as duas irmãs muito divertido, envolto de uma intimidade que nunca tinha existido entre elas, anteriormente.

No dia seguinte, Juliana foi cortar o cabelo no salão de beleza que Graciela e mais as moças da alta sociedade costumavam frequentar. O corte sugerido pelo cabeleireiro caiu-lhe muito bem, realçou suas feições delicadas e bonitas e, especialmente, seus olhos castanho-escuros.

À tarde, Juliana recebeu na sua própria casa a manicura que fazia as unhas dos pés e da mãos de Graciela.

Silvana, a certa hora lhe perguntou se ela conhecia alguém que ensinasse à irmã e a ela própria a fazer uma maquiagem decente, da moda.

A moça sugeriu um amigo. Mas alertou que seu preço não era barato. Juliana estava prestes a desistir, quando Silvana respondeu por ela que aquilo não seria problema. Assim que a moça se foi, Juliana protestou:

— Silvana, todos esses gastos, Miguel não vai gostar...
— Vai, sim, Juliana. Depois de ver como você ficou, vai sim.

No dia seguinte, à tarde, o rapaz da maquiagem apareceu. Silvana ficou por quase cinco minutos olhando para ele, de cima a baixo, descaradamente, tentando compreender se ele era homem ou mulher. Para ela, ele era uma mulher em corpo de homem, algo que ela nunca havia visto em toda vida. O rapaz não deixou se intimidar por seu olhar preconceituoso e abobado. Meia hora depois os dois conversavam como velhos amigos.

— Eu gosto de uma pintura leve, não gosto de nada exagerado. — observou Juliana com sinceridade.

— Está bem. — respondeu o maquiador, entusiasmado.

— Eu já sou diferente. — observou Silvana. — Gosto de uma pintura forte, que destaque o meu rosto.

Foi outro momento divertido entre as duas irmãs.

Quando restaram somente as duas no aposento, ambas se admiraram no espelho.Acharam-se lindas...

— Você ficou muito bonita. — elogiou Juliana a irmã.

— Você também.

— Será que não estamos exagerando?

— Não, que nada. Essa mulher que você vê no espelho, minha irmã, é você Juliana, sendo mais mulher! Se é que isso que eu disse faz algum sentido.

As duas riram, descontaídas, juntas, pela primeira vez em toda vida. Para brincar com a irmã, Juliana sugeriu:

— Agora só falta a gente pendurar todas as joias como você fazia para que fiquemos perfeitas.

— Pare de zombar de mim, Juliana.

Juliana tornou a rir, Silvana também, achando bom aprender a rir de si mesma.

— Acho que essa é a primeira vez em que a gente fica assim, juntas, rindo...

— Acho que é sim... Para tudo existe uma primeira vez, não? Não é isso que a mamãe sempre nos diz? Por falar na mãe se ela nos visse juntas agora, acho que ela não acreditaria. Pensaria ter abusado da bolachinha de pinga.

Novas risadas.

De repente nunca fora tão bom para ambas estarem uma na companhia da outra.

A próxima medida tomada por Silvana em relação a irmã foi proibi-la de limpar a casa.

— A partir de agora você vai se comportar como uma dama da sociedade, está me ouvindo?

— Mas eu sou tão simples, Silvana...

— Você quer ou não quer ter Miguel aqui, na palma da sua mão?

— Quero apenas que ele me ame.

— Amar e estar na palma da sua mão é a mesma coisa, boba.

Juliana resolveu matar uma súbita curiosidade em relação a irmã.

— Diga-me, Silvana, você seria capaz de fazer o mesmo que está me pedindo para fazer por causa de um homem por quem fosse apaixonada?

— Se fosse um homem como Miguel, sim, seria. Um traste como Cirineu, nunca! Nem morta!

Juliana se perguntou, intimamente se a irmã dizia a verdade, se estava sendo sincera consigo mesma.

Juliana aceitou todas as sugestões de Silvana, exceto a de manter distância do pequeno Benício.

— Do menino eu não me distancio de modo algum, por nada dessa vida. Eu o amo, ele me ama...

— Está bem, mas procure evitar falar nele ou que seu marido a veja ao seu lado. Ele não gosta do menino, vê-la se dedicando a ele pode quebrar o encanto em relação a sua pessoa, o que vai dificultar que você consiga ter Miguel na palma da sua mão. O que é extremamente importante, pois tendo-o na sua mão, você poderá exigir dele um tratamento melhor para o garoto.

Juliana teve de dar razão mais uma vez à irmã.

Quando Miguel passou por Juliana, a nova Juliana, trajando um vestido bonito, que acentuava muito bem suas curvas, com seu novo corte de cabelo que realçava suas feições, ele se assustou.

— Juliana. — disse, olhando para ela com estranheza.

Ela voltou-se para ele com ar de quem diz: "Diga".

— Você ficou muito bem com esse vestido e esse corte de cabelo.

— Que bom que você gostou.

— Você já deveria ter feito isso há muito tempo.

— É que tudo isso fica tão caro e...

— Não se preocupe com o dinheiro, eu já lhe disse para não se preocupar.

— Está bem. — e voltando o olhar para a revista que estava aberta sobre o seu colo ela acrescentou: — Até mais, Miguel.

— Até mais, Juliana. — respondeu ele, ainda com os olhos fixos nela.

Silvana estava atrás da porta entreaberta, que levava à copa, pôde ouvir o pequeno diálogo entre os dois. Um sorriso de contentamento cobriu-lhe a face diante do elogio que a irmã recebeu do marido. Assim que avistou o carro de Miguel deixando a casa, foi até a sala e congratulou a irmã.

— Eu lhe disse, não disse que ele ia vê-la com novos olhos, se mudasse o seu visual?

— Eu não quero que ele me ame, que goste de mim, pelo meu visual, Silvana, quero que ele me ame pelo que sou interiormente...

— Ai, ai, ai... Quanta bobagem. Se não der para ser do jeito que você quer, que seja de outro.

— Olha só quem fala.

— As noites de amor entre vocês dois vão mudar radicalmente a partir de agora.

— Que noites de amor, Silvana? Só houve duas.

— Se elas não existem, agora vão existir constantemente, você vai ver.

Naquela tarde, Henrique apareceu de surpresa na casa de Miguel e Juliana. Foi Silvana quem o recebeu à porta.

— Olá, sou Henrique Pabliano, primo de Miguel e sua esposa. Ela, digo, Juliana, está?

— Sim, queira entrar.

Quando os olhos dele avistaram Juliana, seus lábios se curvaram num sorriso de surpresa.

— Juliana, você... Você está linda!

— Obrigada, Henrique.

Juliana, a seguir, apresentou Silvana. O rapaz, como sempre, a cumprimentou com elegância. Silvana palpitou, nunca um homem havia sido tão cortês com ela.

— Desculpe-me por vir assim sem avisar — continuou Henrique, um tanto sem graça —, é que estava com saudade de você, Juliana.

Silvana, sem pudor algum, intrometeu-se na conversa.
— Juliana também estava com muita saudade de você, Henrique. Ainda há pouco ela estava falando a seu respeito.
Tanto Henrique quanto Juliana olharam para a moça com grande espanto. Silvana não se deixou intimidar, continuou afiada:
— Juliana me falou muito bem de você, meu caro.
— É... é mesmo?
— Sim. Disse-me que adora quando você a convida para sair por Curitiba.
— É...
— Por que vocês não vão dar um passeio como nos velhos tempos, hein? É, agora! Vão...
Antes que Juliana protestasse e Henrique ficasse ainda mais sem graça, Silvana enlaçou os dois e os dirigiu para fora da casa.
— Aproveitem bem o passeio, viu.
Assim que Henrique se distanciou, Juliana cochichou no ouvido da irmã:
— Miguel não gosta que eu saia com Henrique... Teme que as pessoas falem de nós dois, por aí... O que não ficaria bem para ele.
— Bem? Sei... Ele não gosta porque tem ciúme de você, sua boba! E é ciúme que eu quero que ele sinta de você, muito, doravante. Agora vá e se divirta!
Antes que Juliana pudesse voltar atrás, Silvana bateu a porta na sua cara. Quando só, comentou consigo:
— Se não for eu, essa boba está perdida.
Em seguida começou a se admirar em frente ao espelho da sala. Jogando o cabelo de um lado para o outro, fazendo caras e bocas e depois posições sexy no sofá.

Para a surpresa de todas as empregadas, Miguel voltou cedo para casa àquele dia. Entrou procurando por Juliana e quando não a encontrou foi atrás de Silvana para saber seu paradeiro.
— Onde está Juliana, Silvana?
— Saiu com o senhor Henrique.

— Henrique?! Aqui?! Onde foram?
— Não sei dizer, Miguel. Não comentaram.

Miguel fechou o cenho. Estranho sentimento manifestou-se em seu interior naquele momento, provocando-lhe um súbito frio na espinha e súbita transpiração nas mãos. Ficou perambulando pelos aposentos da casa como se fosse uma pessoa presa num labirinto, desesperada para encontrar a saída do lugar.

Quando cansou, deixou a casa pisando duro, e partiu de carro, rangendo os pneus. Sua atitude fez Silvana se sentir satisfeita, outra vez.

Assim que Juliana voltou para a casa, depois do agradável passeio pelo parque Barigui na companhia de Henrique, a irmã conversou com ela em particular.

— O plano está dando certo... Miguel voltou cedo para casa por causa da sua mudança e quando não a encontrou ficou uma arara, especialmente quando soube que você havia saído com Henrique.

— Como lhe disse, ele não gosta que eu saia com Henrique...

— Eu sei, você já me disse, mas ele ficou uma arara foi por ciúme de você não por medo de que os outros o chamem de corno pelas ruas.

— Miguel, com ciúme de mim?! Que nada! Ele não se importa com nada a não ser consigo mesmo. Com o próprio umbigo.

— Ele se importa com aquilo que o alegra e o faz feliz e você é uma das alegorias que o fazem feliz. Talvez ele ainda não saiba disso. De agora em diante você vai sair mais na companhia de Henrique. Quero ver até onde Miguel vai suportar calado o ciúme que sente de você e não admite nem para si mesmo.

Juliana fez ar de dúvida. Contestava, intimamente, a afirmação da irmã. Silvana, torcendo o nariz, comentou:

— Está duvidando de mim, é? Pois verá, com os próprios olhos que essa terra há de comer que falo a verdade, minha querida. Só a verdade!

Na manhã do dia seguinte, por volta do meio-dia, Juliana ao cruzar com o marido, perguntou-lhe:

— Silvana me disse que você passou aqui em casa ontem à tardezinha. Queria me ver?

— Ver... você?! Pra que? — respondeu ele no seu tom mais pedante.
— Só passei aqui porque havia esquecido algo, só isso.
 — Ah, foi por isso, então. Pensei que...
 — Pois pensou errado. — adiantou-se Miguel, secamente.
 — Sei que havia me pedido para não sair mais com Henrique, mas é que fazia tanto tempo que não nos víamos que pensei que não haveria mal se déssemos um passeio...
 — Eu, por acaso, pedi para você me dar satisfação de alguma coisa? Não, não é mesmo?! Então...
 Sem mais delongas, Miguel, pisando duro, partiu.
 Silvana que como sempre estava com os ouvidos colados à porta ouviu o curto dialogo entre os dois. Por isso, assim que se juntou à irmã, disse, seriamente:
 — Juliana. Há uma outra coisinha que você precisa mudar urgentemente. Esse seu jeitinho todo delicadinho de se dirigir ao Miguel. Daqui para frente você vai tratá-lo de forma curta e grossa.
 — Como você trata todo mundo?
 — Exato! Se não souber como fazer, é só me imitar!
 Estaria Silvana certa na sua nova sugestão? Era tentar para comprovar.
 Miguel seguiu o trajeto todo até o clube, com a imagem da nova Juliana estampada na sua mente. Por mais que tentasse não conseguia apagá-la. Sua mudança a havia deixado ainda mais encantadora, estupidamente encantadora.
 Naquela tarde, por insistência de Silvana, Juliana ligou para Henrique e o convidou para dar um novo passeio pela cidade. Foi outro momento agradabilíssimo. Os dois foram desta vez ao Passeio Público.
 Logo começaram a se espalhar pela cidade os boatos sobre a transformação de Juliana, sua beleza marcante e que ela vinha traindo Miguel com seu primo, Henrique Pabliano.
 Quando o buxixo chegou aos ouvidos de Miguel ele fingiu não se importar, mas no íntimo aquilo o incomodou de forma assustadora para si próprio.
 No encontro seguinte de Juliana com o marido, ela teve a oportunidade de testar o seu lado "Silvana" com a irmã havia lhe pedido.
 Ela estava na sala, lendo uma revista quando Miguel chegou. Ela simplesmente passou a ideia de que o havia visto, mas pouco se

importara com a sua chegada. Sua indiferença o incomodou drasticamente. De repente, ele parecia uma barata tonta, andando pelo cômodo, procurando por algo para desencadear uma conversa.

— Soube que saiu ontem novamente com Henrique... — disse ele, enfim. — Foi bom?

— Hum hum... — respondeu ela sem muita vontade. — Henrique é sempre uma ótima companhia para passeios... Hoje vamos a Rua das Flores.

As palavras de Juliana mexeram com Miguel. Ele estava prestes a lhe perguntar alguma coisa, quando Juliana fechou a revista, levantou-se e deixou o aposento sem dizer sequer "até mais". Miguel estranhou profundamente sua reação, Juliana nunca antes o tratara daquele modo. Algo nela havia mudado, por quê?

Aquele dia, à tarde, Miguel resolveu ir até a Rua das Flores para observar, de longe, Juliana na companhia de Henrique. Ver a jovem esposa, linda como ficara depois que passou a se vestir com mais elegância, ao lado de outro homem, ainda que esse homem fosse Henrique, seu primo, conversando alegremente com ele, como se nada mais existisse no mundo além dos dois, foi perturbador para Miguel, a ponto de deixá-lo com dor de cabeça. Tão incomoda tornou-se a dor que ele se viu obrigado a suspender sua noite na boemia e voltar para a casa.

Juliana se surpreendeu ao encontrar Miguel na casa quando chegou do passeio. O ego ferido do homem fez questão de explicar a moça o motivo por ele estar ali àquela hora: uma terrível enxaqueca.

— Quer um remédio? — perguntou ela, mas sem amaciar a voz.

Silvana a havia proibido de falar macio com o marido sob qualquer circunstância.

— Não. — respondeu ele, ligeiramente seco. — Quero apenas ficar aqui, de olhos fechados e relaxar.

Enquanto relaxava, Juliana ficou admirando o semblante sereno do marido por um longo minuto. Desligou-se tanto que quando deu por si, Miguel já havia aberto os olhos e olhava para ela, quase sem piscar.

A pergunta que há muito ele vinha querendo fazer a esposa, saltou-lhe à boca, finalmente, como que por vontade própria.

— Você gosta do Henrique, não gosta?

Juliana, um tanto sem graça, respondeu:
— Ele é uma ótima pessoa.
— Melhor do que eu, não?
Juliana corou.
— Pode dizer, eu sei. — insistiu Miguel, sem tirar os olhos da moça.
Juliana achou melhor desconversar.
— Quer que eu ponha aquele disco de música instrumental para tocar baixinho para você relaxar?
Ela se referia a um dos LPs de Ray Conniff.
A sugestão alegrou Miguel, consideravelmente:
— Pode ser.
Assim que a música envolveu o ambiente, Miguel voltou a fechar os olhos.
Dentro dele travava-se um duelo: tirar ou não Juliana para dançar. Ceder ou não ao desejo de amá-la e beijá-la até se cansarem?
O desejo acabou falando mais alto dentro dele. A noite terminou com os dois fazendo amor, naquela noite, pela terceira vez.
No dia seguinte, assim que Silvana soube do acontecido por intermédio de Juliana, ela afirmou:
— Esse é só o começo, minha irmã. Só o começo. Logo, loguinho Miguel vai dormir com você todas as noites. Será capaz de implorar por isso.

Na tarde desse dia, Miguel foi procurar Henrique no seu escritório.
— Miguel, você aqui?! Que surpresa!
Um meio sorriso se insinuou na face de Miguel. Num tom irônico comentou:
— Antigamente você costumava me procurar assim que chegava de suas viagens a negócio. Agora, procura a minha esposa. Interessante, não?
— Você há de convir comigo que ela é bem mais atraente do que você, não? Sempre me senti melhor na companhia de uma alma feminina do que na de uma masculina.
— Eu também.
— É impressão minha ou você está com ciúme dela?

— Ciúme, eu?!

— Você mesmo. Finalmente entrou na sua vida uma mulher capaz de fazê-lo se assentar.

— Está para nascer a mulher que vai me fazer assentar, meu caro.

— Essa mulher já nasceu e tem nome: Juliana.

Miguel desmascarou sua fingida tranquilidade e disse, seriamente:

— Chega de blá blá blá... Já lhe disse que não quero vocês andando por aí, não porque eu tenha ciúme de Juliana, para mim ela faz o que bem quiser da vida dela. Só não quero ganhar fama de corno na cidade.

— Ah, é por isso, então?! – ironizou Henrique. – Me engana que eu gosto! Miguel, Miguel, Miguel... você tem uma joia dentro de sua casa. Não espere perdê-la para descobrir o seu real valor. Ouça o meu conselho.

— Se conselho fosse bom, não seria dado de graça.

— Vou dá-lo mesmo assim. Tenho grande carinho por você e você sabe disso. Vai chegar um momento em que você vai se cansar da vida que leva, vai querer uma casa e uma mulher fazendo-lhe companhia. Espero que a mulher que esteja ao seu lado seja Juliana porque ela é uma companhia formidável. Uma mulher feito poucas. Por isso valorize e preserve o amor que ela dedica a você, já, agora! Não deixe esse amor morrer. Porque o amor é como uma rosa, se não regada, morre.

Miguel achou melhor partir antes que pulasse sobre Henrique e o esmurrasse como sentiu vontade de fazer quando o viu na Rua das Flores ao lado de Juliana, conversando descontraidamente com ela. O ciúme que sentiu naquele instante ainda lhe ardia até a alma.

Naquela tarde, para total surpresa de Juliana foi Miguel quem apareceu na casa, convidando-a para dar um passeio pela cidade. À noite, os dois jantaram num elegante restaurante regado a muito vinho e um romantismo entre os dois que nunca existiu antes.

Ao voltar para casa, quando o sono bateu, Miguel acabou indo para o quarto da esposa onde se entregaram às carícias e delícias do amor.

Juliana estava surpresa com a mudança repentina do marido. Tudo levava a crer que Silvana havia realmente acertado quando afirmou que Miguel alteraria seu comportamento depois que ela mudasse o dela e o seu visual.

Tudo que Miguel fazia agora pela esposa, deixava Juliana transbordando de felicidade.

Antes de partir para o Clube, onde praticava assiduamente tênis, ele ia até a esposa, dava-lhe um beijo na face e dizia:

— Voltarei mais cedo para a casa, hoje. Lá pelas nove, se puder esperar para jantar comigo, vou gostar muito da sua companhia.

— Espero, sim. — respondia ela. E à tarde ela preparava os pratos deliciosos que aprendeu a fazer com a mãe. Silvana ficava o tempo todo ao seu lado, matraqueando.

À noite, às nove, como Miguel prometia, lá estava ele de volta a casa para jantar. Até seu prato preferido, *fricasse* de frango, Juliana aprendeu a fazer com Mércis, para agradá-lo.

Em muitos dias eles saíam para jantar fora, nos melhores restaurantes de Curitiba. Depois tinham noites de amor inesquecíveis, de puro glamour.

Muitas vezes Miguel voltava para casa levando consigo um buquê de flores ou um presente para a esposa. Era um mimo desnecessário na opinião de Juliana, pois não havia presente maior para ela do que ter o marido ao seu lado, amando-a como ela tanto sonhou.

Um dia, pela manhã, enquanto penteava os fartos cabelos, ao parar diante da janela do seu quarto, Miguel avistou novamente Juliana brincando com Benício no jardim da casa. O modo como ela tratava o menino surpreendia Miguel. Nunca vira tanto carinho e dedicação de uma pessoa para outra, a não ser de uma mãe para um filho.

A dedicação da jovem para com o menino que ele renegava tocou novamente seu coração. Era incrível para ele perceber que a jovem parecia ter o dom de fazê-lo admirá-la por tudo que fazia.

— Eu disse, não disse, que ele mudaria? — afirmou Silvana, orgulhosa de si, diante das transformações do cunhado.

— É, você disse! — afirmou Juliana, sorrindo, feliz da vida.

— E você estava prestes a jogar tudo isso aqui para o alto.

— Não foi por isso aqui que eu fiquei, que decidi acatar suas ordens, Silvana, foi por causa do amor de Miguel. Pela esperança de fazê-lo me amar da mesma forma que eu o amo.

— *Tá, tá, tá* bom... Se é assim que você encara as coisas, está bem.

Juliana sorriu, a irmã também. Num tom mais sério, Juliana comentou a seguir:

— Temos falado muito de mim nas últimas semanas e pouquíssimo de você, Silvana. Responda-me, com sinceridade: você não está com saudade dos seus filhos e de Cirineu?

A resposta de Silvana foi imediata, agressiva e direta:

— Dos meus filhos até que estou, daquele traste, nem um pingo. Se ele se evaporar amanhã como água se evapora na fervura, não vou sentir a menor falta.

Juliana se perguntou se realmente a irmã pensava aquilo do marido ou se tudo não passava da boca para fora. Algo lhe dizia que era tudo da boca para fora.

Nas semanas que se seguiram, Miguel, após o clube, voltava para a casa e vivia ao lado da esposa como ela tanto queria.

Juntos, Juliana era invadida por uma felicidade jamais sentida.

— Seria possível? — perguntou-se Miguel, surpreso com seus pensamentos aprisionados em Juliana. — Que ele finalmente estava amando, deixando se entregar para o amor?...

Mas o pensamento fixo em Juliana, a necessidade de estar ao seu lado, quando longe, a saudade lhe apunhalando a alma, começaram a deixar Miguel muito preocupado.

O medo crescente e pavoroso, de subitamente ser rejeitado por ela, tal como ele fazia com as mulheres com quem se envolvia, começou a martirizar seu coração. E se ela, subitamente, não o quisesse mais, como ele ficaria?

Era difícil para ele, mudar de posição, ocupar o lugar das jovens que assim que se apaixonavam por ele, nunca mais as procurava.

Só havia um modo, a seu ver, de evitar o sofrimento que tanto temia: afastar-se de Juliana o quanto antes, retomando a sua vida noturna cercado de bebida; podia ter todas as mulheres e, ao mesmo tempo, não ser de nenhuma.

    Assim, Miguel fez. Por medo de sofrer novamente, distanciou-se de Juliana.

    Na primeira noite em que ele retomou sua vida noturna, Juliana adormeceu enquanto aguardava por sua chegada. O que teria acontecido? Nunca mais ele voltara para a casa tarde da noite. Ao encontrá-lo no dia seguinte, a jovem notou de imediato que ele estava arredio com ela. Pouco conversou, logo partiu para o clube. O que teria acontecido?

    Ao perguntar para a irmã a respeito, Silvana explicou:

    — Ele está se afastando de você, minha querida, porque teme se tornar dependente de você. Do seu carinho, do seu afeto, da sua companhia e, de repente, você não o querer mais, ou, simplesmente, de uma hora para outra, morrer.

    — Você acha?

    — Tenho a certeza. Por isso, tenha paciência com ele.

    — Mais ainda?

    — Sim. — encorajou Silvana, querendo, verdadeiramente, que a irmã e o marido se acertassem para sempre.

    Nas semanas seguintes, Miguel seguiu lutando contra o amor que sentia e crescia por Juliana.

    Houve uma noite em que ele, em meio a boemia, percebeu que só tinha um pensamento: Juliana. Queria estar com ela naquele instante não importando as consequências futuras. Por isso, deixou o lugar, sem se despedir de ninguém e voltou para a casa para ficar na companhia da mulher.

    Todavia, Juliana já estava dormindo há tempos quando ele chegou. Para que aguardá-lo se ele há semanas não aparecia mais para ficar com ela, dormir ao seu lado?

    Diante da porta do quarto dela, fechada a chave, uma súbita vontade de bater à porta e pedir a esposa para dormir junto, sacudiu sua alma. Foi preciso tomar um banho frio para relaxar e pegar no sono aquela noite.

O ressurgimento do velho Miguel foi cansando Juliana. Ao saber que depois de tudo que havia feito para conquistar o marido ele havia voltado a se deitar com mulheres que nunca fariam um décimo do que ela fez e estava sempre disposta a fazer por ele, a decepção e o desencanto com Miguel foi total e inevitável.

Numa tarde de junho, Juliana despertou de um cochilo, sentindo-se diferente. O coração batia no peito como se a alma quisesse sair do corpo e tomar ar puro, correr, lépida, pelo verde da natureza.

Seu guia espiritual procurou, no mesmo instante, enviar-lhe uma vibração positiva e, quando pôde, a envolveu em seus braços, querendo muito acalmá-la.

Mas a mente de Juliana continuou a mil.

O sonho de ser feliz ao lado de Miguel, que já vinha desmoronando noite após noite como ondas, que ao invés de findarem na praia recuam para o mar, a deixavam cada vez mais desiludida.

Juliana via Miguel, agora, além do amor, além da paixão... Miguel já não era mais o seu príncipe encantado, era aquele que não cumpriu nada do que lhe prometera, diante do modesto altar da humilde igrejinha do vilarejo de Lagoa Serena no interior do Paraná, diante do Senhor.

Suas promessas, hoje, eram dívidas, as quais ele não parecia ter intenção alguma de pagá-las, não por má vontade, mas porque foram feitas da boca *pra* fora.

Algo então tornou-se evidente para Juliana: Se havia algum erro naquele casamento, era ela quem estava errada, não Miguel. Ela alimentou ilusões a seu respeito. Esperou atitudes e comportamento que ele nunca esteve, e nunca estaria apto a lhe oferecer. Desejou uma vida a dois, para a qual Miguel não nascera. Em resumo, ela era o estorvo da relação, não ele. E só havia uma solução para os dois...

Assim que o marido chegou, naquela noite, Juliana falou a sós com ele:

— Acabou Miguel. — disse ela, sendo o mais objetiva possível.

Miguel se fez de desentendido. Juliana foi enfática mais uma vez:

– O nosso casamento, ou melhor, toda essa farsa acabou!
– C-como assim, acabou? Onde você está querendo chegar?
– Você sabe muito bem aonde estou querendo chegar. Estou indo embora daqui, para sempre, quero me separar de você.
– Eu não lhe darei o divórcio.
– De qualquer modo estarei indo embora daqui. E não se atreva a me impedir porque eu ponho a boca no mundo. Conto a todos a verdade sobre o nosso casamento.
– Está soltando as asinhas é, Juliana? Mulher é tudo igual mesmo, se fazem de boazinhas enquanto lhes é conveniente, quando não, viram um demônio.

As palavras de Miguel, dessa vez, feriram Juliana. Diante de sua determinação, ele tentou contornar a situação.

– Você vai largar tudo isso de bom que eu lhe proporciono para voltar a viver naquele cafundó do Judas? Não posso acreditar!
– Vou.
– Pense bem antes de partir, Juliana, uma vez decidido, não a aceitarei mais de volta.
– Estou decidida.
– E você dizia que me amava.
– E o amava.
– Se me ama de verdade, fique!
– Todo esse tempo em que fiquei aqui foi por amor. Caso não houvesse amor não o teria suportado.
– Se insistir em partir, entrarei na justiça e pode estar certa de que não receberá um centavo algum de mim.
– Fique com tudo. Não quero nada do que é seu. De você, não quero nada além de distância e o menino. Quero levá-lo comigo. Ele é apegado a mim tanto quanto eu sou apegada a ele.
– Você quer levar o garoto com você?!
– Sim.
– Tem certeza?
– Absoluta.
– Pois leve-o consigo. Estará me prestando um grande favor tirando aquela criança indesejada do meu caminho.

— Não pode ser que seu coração seja de pedra. Não posso acreditar que viva à sombra do egoísmo, voltado somente para o seu umbigo.

— Você se espanta comigo da mesma forma que me espanto com você, Juliana.

O diálogo encerrou-se ali. Quando Silvana soube da decisão da irmã, foi contra terminantemente:

— Você não pode!

— Posso. Posso sim, Silvana... Miguel nunca vai mudar. Tenho de encarar essa realidade por mais dolorosa que seja. Seja qual for o motivo que o leve a ser do jeito que é: medo de amar ou por ele ser de natureza volúvel, ele nunca vai mudar.

"Você e Deus sabem o quanto eu me esforcei para salvar o meu casamento. Mudei meu visual, meu comportamento, fiz de tudo e de nada adiantou. Agora, para mim, chega! Não aguento mais!"

Dessa vez, Silvana sabia que a irmã estava certa e por isso não teve mais argumentos para prendê-la à casa.

Antes de partir, porém, Juliana ligou para Henrique e pediu-lhe para ir vê-la, queria muito lhe falar. Assim que ele chegou, ela o pôs a par da sua decisão.

— Você aguentou Miguel até que por demais, Juliana. — confidenciou Henrique. — A meu ver você foi uma heroína. Vou sentir saudade sua, dos nossos passeios por Curitiba... Quero muito que você seja feliz.

— Obrigada, Henrique. Muito obrigada. Decidi também levar Benício comigo. Gosto dele, ele gosta de mim, que vida esse menino vai ter ficando aqui, com Miguel, que não dá a mínima para ele?

— Você tem razão, ele ficará bem melhor na sua companhia. Sentir-se-á amado e protegido. Só você mesmo para se preocupar e cuidar do garoto.

O moço foi até Juliana, abraçou-a e ao pé de seu ouvido disse:

— Seja muito feliz, Juliana. Muito...

— Você também Henrique.

Quando ele afastou o rosto, e os olhos dos dois se encontraram, ele disse:

— Você ainda o ama, não? Mesmo depois de tudo que lhe fez, você ainda o ama.

— De que vale um amor não correspondido a altura, Henrique? Um amor que só nos faz sofrer? Ainda que minha união com Miguel tenha sido um desastre, foi bom que tenha acontecido, pois me ensinou muito sobre o amor, sobre a paixão, sobre os homens, sobre a vida, sobre mim mesma.

— Deve ser por isso que dizem que não existe amor errado.

— Deve ser...

Um novo abraço encerrou a despedida dos dois.

Henrique partiu da casa sem conseguir tirar Juliana da cabeça, pensando na estupidez que Miguel estava fazendo ao perdê-la. Se ela o amasse, ele seria capaz de fazer dela a mulher mais feliz do planeta. Que pena, que pena que fora por Miguel que ela se apaixonou.

No dia seguinte, Juliana partiu de Curitiba jurando a si mesma não voltar a ver Miguel nunca mais, que não mencionaria sequer o seu nome ou lembraria o tempo que havia perdido ao seu lado.

Ela não sabia que na verdade ninguém perde tempo ao lado de ninguém, todo o tempo que se passa com alguém é um grande aprendizado na vida.

Silvana, com o consentimento de Miguel, continuou trabalhando na casa como ela tanto queria.

Sexta parte

Juliana e Benício foram recebidos por Valeriano e Vicentina com grande alegria e uma boa dose de compreensão. Depois de Juliana contar à mãe, detalhadamente, o que a levou a abandonar o marido, ela comentou:
— Miguel tem um coração de pedra, mamãe.
A resposta de Vicentina foi muito sábia:
— Nenhum ser humano tem um coração de pedra, minha filha.
— Como não?
— O coração que você pensa ser de pedra não passa de uma carcaça que o dono dele construiu ao seu redor para protegê-lo de tudo aquilo que ele acredita que possa feri-lo. Por trás dessa carcaça há ainda um coração cheio de amor para dar e também necessitando receber. Tolo quem pensa que um ser humano é menos dependente do amor do que o outro. Deus nos fez todos iguais, com as mesmas necessidades. Necessidades físicas, da alma e do coração.
— A senhora acredita mesmo que por trás de toda aquela aparência displicente, aventureira e pétrea de Miguel, há um homem com um coração de verdade? Um coração que ama, que sangra, que vibra?
— Sim, filha. Um homem como um coração louco para amar e ser amado. Dizem que a Terra é feita de homens em guerra e outros loucos para amar, mas a verdade é que todos os homens querem amar e serem amados, porque quando são amados, aprendem a amar, amando tornam-se melhores, mais sadios e mais felizes. E essa felicidade destrói qualquer necessidade de guerra.
Juliana ficou a refletir sobre as palavras da mãe. Depois, comentou, com um sorriso triste nos lábios:

— É bom estar de volta, mamãe. É tão bom ter um lugar para voltarmos quando os nossos sonhos desmoronam.
— Seja bem-vinda, filha. Você e Benício.
— Eu gosto tanto desse menino, mamãe. É como se fosse realmente meu filho.
— Que bom que ele a encontrou, Juliana. Com você ele está amparado. Sem você, só nas mãos de Miguel, nem quero pensar no que aconteceria a pobre criança. Foi a Divina Providência, que a pôs no caminho dela.
— A senhora tem razão.
— Agora me conte sobre Silvana. Quer dizer que a danada quis continuar por lá?! Silvana é fogo, sempre foi...
Juliana e a mãe riram.

Nas semanas que se seguiram, Juliana voltou a ser a Juliana dos velhos tempos em que morava no sítio. Benício amou ter se mudado para lá, pois podia brincar ao ar livre, em meio ao sol, ao mato...

Miguel, por sua vez, continuava entregue a sua vida noturna, dormindo cada noite com uma mulher que lhe despertasse o interesse e, fugindo delas quando bem lhe conviesse. Todavia, o prazer já não era mais o mesmo. Algo havia mudado, se perdido ao longo do tempo, algo que ele não sabia compreender o que era.

Levou tempo para que ele admitisse para si mesmo que toda noite, quando chegava em casa da farra costumeira, esperava encontrar a esposa no mesmo lugar do dia anterior, aguardando por ele.

Nos meses seguintes, Miguel Pabliano passou a viver com a sensação de estar pegando fogo por dentro. Chamas que só Juliana poderia apagar.
— O que há de errado com você, Miguel? — perguntou o pai, quando o filho miraculosamente foi visitá-lo em seu escritório. — Você está amarelo.
— Eu não sei. Parece que morri e esqueceram de me enterrar.
— O que houve?

— Ora, papai, já disse que não sei. Sinto vontade, às vezes, de me rasgar. Sinto como se tivesse perdido o meu rumo. Dado um passo em falso.

— É ela, não é? É Juliana...

Miguel demorou a responder, tanto para o pai quanto para si mesmo.

— Receio que sim.

Admitir tal fato fora uma conquista para ele.

— O senhor não deveria ter nunca comprado aquela fazenda.

— Agora sou eu o culpado pelas suas burradas? — defendeu-se Aristides Pabliano.

O filho fechou o cenho, o pai também. Cinco minutos depois, Miguel desabafava:

— Sinto falta dela, papai. Nunca senti tanta falta de alguém como sinto dela.

A revelação surpreendeu Aristides Pabliano.

— Você sente falta dela, Miguel, porque a ama.

— Não, papai. O amor não cabe em meu coração porque o amor é sórdido.

— O que houve para deixá-lo tão descrente no amor, Miguel? Quem foi que magoou tanto o seu coração?

Miguel quis muito responder a pergunta, pergunta que há muito tempo ele próprio se fazia: "onde e quando ele havia se ferido no amor a ponto de ter medo de amar novamente? Ele compreenderia que seu medo de amar vinha de uma outra vida se acreditasse em reencarnação, mas como mal acreditava em Deus, crer em reencarnação seria querer demais...

Essa era a primeira vez em que pai e filho conversavam tão pacifica e sinceramente, ao menos por parte de Miguel.

Quem diria, pensou Aristides Pabliano, que uma moça simples, filha de um humilde sitiante do interior do Paraná, poderia provocar aquela transformação no filho? Justo nele que não se curvava a nada nem a ninguém. Sentira-se sempre onipotente.

As palavras de Aristides, a seguir, foram as mais apropriadas para a situação:

— Se você sente tanta falta dela assim, Miguel, vá atrás dela. Convença-a a voltar para você.
— O senhor quer que eu implore a uma mulher que volte para mim? Nunca!
— Se não houver outro jeito.
O filho ficou inexpressivo, levantou-se, fez um aceno para o pai e partiu.
Aristides Pabliano coçou a testa, pensativo e murmurou:
— Ele não vai resistir, vai acabar indo atrás dela, inventará alguma desculpa para explicar o porquê de ter ido. Encontrará também a desculpa para trazê-la de volta... Talvez consiga até declarar o seu amor a ela. Não, não seria capaz, aquilo seria considerado por ele uma fraqueza, uma humilhação, feriria o seu ego. Para Miguel, na sua ignorância, era preferível ter seu coração machucado ao ego ferido.
Aristides lembrou-se a seguir da época em que tinha a mesma idade do filho. Era tão diferente dele, com valores completamente avessos aos seus.
— Por quê? — perguntava-se ele, mais uma vez. — Por que muitos filhos nascem tão diferentes dos pais? Com habilidades e valores, uma natureza completamente avessa a dos pais? Por quê?
Quantos e quantos pais não queriam a resposta para aquela pergunta?
Mas a resposta a estas questões até que é bem simples: os filhos nascem diferentes dos pais, porque cada um é um, cada um com uma história, cada um, uma expressão do seu avanço espiritual adquirido na escala da evolução.
Miguel deixou o edifício onde ficava o escritório do pai com a cabeça revirando de pensamentos. Olhava para tudo e para todos por onde passava com novos olhos. Reparava nas mãos das pessoas, a maioria usando aliança nos dedos, revelando sua união com outra pessoa, formando um casal, vivendo junto, sob um mesmo teto, dividindo a mesma cama, tendo filhos, construindo um futuro em cima de um presente, familiar.
Era certo dizer, porque era evidente em todas as raças que todos, no íntimo, buscam a união estável. Ele nunca quis aquilo para ele, só queria a liberdade e a boemia como companhia, no entanto, agora,

depois de conviver com Juliana por todo aquele tempo, ele pensava diferente. Ela havia despertado nele a vontade de se casar, ter filhos, dividir uma mesma cama, beijar, compartilhar ideias, carinhos, não somente sexo.

Nos dias que se seguiram a sugestão de seu pai ecoou na sua mente ininterruptamente: "Se você sente tanta falta dela assim, Miguel, vá atrás dela. Convença-a a voltar para você.", mas o ego e o orgulho ferido de Miguel o impediam de ir atrás da mulher que tanto mexia com o seu coração.

Ele procurava esquecer, em meio a vida devassa que levava, tendo cada dia uma mulher para satisfazer seus prazeres carnais, prazeres que pareciam cada vez mais difíceis de serem saciados.

Nas semanas que se seguiram Miguel abandonou tudo. Não tinha mais fôlego nem energia para nada. Seu desânimo o fez procurar um médico, algo que sempre evitou. O diagnóstico foi: depressão.

Enquanto isso, Silvana continuava trabalhando na casa de Miguel, espantada, assim como as demais domésticas, com o estado deplorável do patrão. Estaria ele assim por causa da ausência de Juliana?, perguntavam-se. Só Silvana tinha a resposta certa.

Semanas depois, Miguel, cansado de sofrer, decidiu ir passar um tempo na fazenda Mato Serrão. Foi com o próprio carro com o qual jurou jamais andar por estradas de terra. (Muitas vias para chegar às fazendas ainda eram de terra, nessa época.) Seu consciente queria acreditar que a viagem à fazenda fôra para relaxar, mas seu inconsciente sabia que escolhera ir para lá para poder ficar mais perto de Juliana. Assim que chegou ao lugar, tomou um banho, arrumou-se com esmero e foi para o sítio da família da Silva.

Ao mesmo tempo em que a alegria de reencontrá-la, após meses de separação, explodia em seu peito, o medo vibrava em algum canto do seu ser.

Juliana colhia flores pelos arredores da humilde casa onde vivia com os pais quando Miguel, a cavalo, chegou ao sítio. Desmontou do animal e quando se viu refletido nas pupilas da jovem, falou:

— Olá, Juliana.

— Miguel?! V-você, aqui?!

Um sorriso bonito se insinuou na face de ambos.

— Que bom que veio! — murmurou Juliana, ainda se recuperando da surpresa. — Que bom... Benício ficará muito feliz por sua vinda.

A resposta de Miguel foi rápida e ríspida:

— Eu não vim por causa dele, Juliana. Jamais iria a algum lugar por causa daquela criança.

— O que o traz aqui, então?

— V-você.

— E-eu?!

— Sim, você.

Neste instante o nó na garganta de Miguel se apertou. As palavras ficaram aprisionadas. Foi preciso muito esforço para expressar seus sentimentos:

— Eu vim buscá-la, Juliana.

— Buscar-me?

— Sim. Aquela casa não é a mesma sem você. Você faz falta por lá.

— Contrate uma nova criada que durma no trabalho, como eu fazia.

— Você não era uma criada.

— Eu me sentia como uma.

Ele tentou falar, mas engasgou.

— Eu sinto sua falta. Eu gosto de você... Quero reatar o nosso casamento. Quando a levei daqui era só para exercer o propósito de agradar meu pai e lhe propiciar uma vida que você, aparentemente, gostaria muito de conhecer. Agora é diferente, vim aqui buscá-la porque descobri que gosto de você, que nós dois podemos dar certo juntos. Sempre tive muito medo de amar, toda vez que me percebia gostando de uma mulher eu fugia dela. Tentei fazer isso com você, mas não consegui. O meu sentimento por você é maior, é diferente, é mais forte, me dá coragem para enfrentar os receios que o amor plantou em meu coração.

— É tarde demais, Miguel.

— Tarde demais? C-como tarde demais?

— Eu o amei, não discordo, mas tudo o que fez, me desapontou tanto, me machucou tanto que destruiu o amor que eu tinha por você.
— Eu seria capaz de acolher o menino dentro de casa, se você aceitar o meu pedido.
— Pensei que houvesse voltado para ver seu filho, por ter percebido a importância dele em sua vida.
— Eu não o amo. Nunca o amei. Você sabe o que ele significa na minha vida. Quanto a isso eu não mudei de opinião.
— É uma pena.
O clima entre os dois pesou.
— Quer dizer, então, que você não vem comigo de volta para Curitiba?
— Não.
O semblante de Miguel escureceu. Os olhos avermelharam-se de ódio. Subitamente, ele começou a falar, como se cuspisse as palavras.
— Fui uma besta mesmo em ter vindo aqui falar com você, dizer o que disse... Quer saber de uma coisa?! Eu não preciso de você para nada, nada mesmo! Não preciso é de ninguém. Nunca precisei, não é agora que vou precisar.
Juliana se manteve quieta. Todavia, olhando profundamente para Miguel.
— É só isso o que tem para me dizer? — questionou ela, secamente.
— Você nasceu mesmo é para viver nessa pobreza...
— Terminou? Pelo visto sim. Agora dê-me licença que eu tenho o que fazer.
— Eu também.
Assim que ele deu as costas para ela, Juliana falou:
— Adeus, Miguel. Seja feliz.
Ele montou o cavalo e respondeu, com arrogância:
— Serei muito feliz, pode ficar tranquila.
Sem mais, fez o animal dar meia volta e partiu.
Juliana ficou ali, parada, olhando a altiva figura do ex-marido se afastando. Interiormente ela dizia para si mesma: "Você fez a coisa certa, Juliana. Se voltasse para ele, assim que ele enjoasse da vida a dois, ele voltaria para a vida noturna, como fez da outra vez."

Quando Juliana voltou para dentro da casa, sua mãe lhe perguntou:
– O que Miguel queria, filha?
– Falar comigo.

A seguir, Juliana resumiu a conversa. Ao término, Vicentina olhou bem para a filha e perguntou:
– Filha, será que não está se precipitando? Você gosta dele, ainda o ama, não?
– Sim, mamãe. Mas de que vale esse amor, se só me trouxe decepção e infelicidade? A única coisa boa, que aconteceu desse nosso envolvimento, foi Benício, eu o amo, a senhora sabe... Não gosto nem de pensar no que teria acontecido ao menino se eu não estivesse naquela casa quando ele foi deixado lá pela mãe.
– Filha, quem sabe Miguel não muda o seu jeito de ser? Quem sabe ele já não está mudado?
– Será que as pessoas são realmente capazes de mudar, mamãe? A senhora mesma diz que pau que nasce torto, morre torto.
– Sua avó, mãe de seu pai, é quem dizia isso, filha. É um ditado muito popular, mas não creio que seja cem por cento verdadeiro, afinal, eu mesma, seu pai, e muitos outros conhecidos meus mudaram ao longo da vida.
– Meses atrás, Miguel parecia ter mudado cem por cento. Aí, então, um dia, de uma hora para outra, voltou a ser quem sempre foi. Por isso que eu não acredito mais nele. Não lhe dou nenhum voto de confiança porque sei que sua mudança vai durar pouco, muito pouco.

Juliana caminhou até uma das janelas do cômodo, por onde avistou o pequeno Benício ajudando seu pai nos afazeres do curral. Ficou ligeiramente absorta, envolta na sensação de paz que o pequenino lhe transmitia.

A frase dita há pouco voltou a ecoar em sua mente: "A única coisa boa que aconteceu desse nosso envolvimento foi Benício, eu o amo a senhora sabe..." De fato, Benício havia sido para ela o melhor acontecimento de toda a sua triste e decepcionante união com Miguel Pabliano.

Naquela noite, Juliana dormiu pensando em Miguel, na paixão avassaladora que sentiu assim que o viu pela primeira vez. Depois rememorou tudo o que ele *aprontou* com ela, tudo que a decepcionou tão profundamente. Seu mau caráter, seu egoísmo, sua vida desregrada, sua irresponsabilidade com tudo e com todos.

Não conseguia mais confiar nele, por mais que ele lhe parecesse ser sincero, não confiava mais. O casamento deles não tinha mais volta. Estava acabado e enterrado.

No dia seguinte, à tarde, Juliana estava novamente no lugar em que viu Miguel pela primeira vez, onde sentiu o frêmito de emoção ecoar por seu interior assim que bateu os olhos nele.

Às margens do rio, a jovem desmontou do cavalo, agachou-se, mergulhou as mãos na água e depois as passou pelo rosto, como que para se refrescar.

Sem se dar conta, ela recitou um poema que lera certa vez num livro:

"*Leva o seu sorriso...*
Leva o seu olhar...
Leva o seu jeito de me respirar...
Leva tudo, leva, leva e vá embora...
Vê se leva de vez, isso tudo, do agora...
Que eu sobrevivo, que a gente sobrevive....
Ao dia que a noite nunca vem
Então vai, não nega, aqui é só mais um corpo que cai...
Então vá agora, sem demora, meu bem, que tá tudo bem...
Já fui atrás de tanta coisa, por amor...
Perdi a cabeça... me perdi na dor
Então vá, sem volta
Apague da memória a nossa música, o nosso poema, o nosso jeito de brincar
O nosso elo, o nosso berro, o nosso jeito de amar
Que você sobrevive, que eu sobrevivo... Que a gente sobrevive!"

Quem dera seus sentimentos por Miguel pudessem ser levados pelo vento como um barquinho de papel que se solta num riacho entre as pedras, ou uma pipa que se desprende do fio guia!

Ela pegou uma pedra que havia ali, olhou fundo para ela e disse:
— Essa pedra é você, Miguel Pabliano. V-o-c-ê!

Ela levantou-se e com força arremessou a pedra dentro do rio, certa de que ela havia levado consigo o amor que sentia por aquele homem que um dia tomou seu coração de paixão.

— Fique para sempre no fundo deste rio aquele que roubou o meu coração, a minha respiração e o meu sono, até mesmo o direito de eu sonhar com outras coisas. — completou Juliana, decidida.

Quando voltava para casa, ela encontrou Tobias Marques, o moço da sua idade que sempre gostou dela, mas por quem ela nunca se interessou. Tobias fez questão de acompanhá-la até sua casa, procurando, como sempre, ser gentil.

Desde que Juliana voltara para a casa dos pais, separada, reacendera no coração do moço a esperança de fazer dela sua esposa.

Miguel voltou para Curitiba fulo da vida, com um ódio crescente de Juliana por ela não ter aceitado a sua proposta, tê-lo de certa forma humilhado e esnobado.

Assim que encontrou Silvana, reclamou, abertamente, de sua irmã:
— Juliana está soltando as asinhas, Silvana... Já não é mais aquela moça pura e inocente de antes... Se ela pensa que pode fazer de mim o que quiser....
— Como? — fingiu-se de surda e desentendida, Silvana.
— Nada não. — respondeu Miguel, secamente.

Nas semanas que se seguiram, Miguel retomou sua vida costumeira. Enquanto que Juliana, no sítio, dedicava-se de corpo e alma ao pequeno Benício.
— Eu amo tanto a senhora, mamãe. — confessava o menino, mais uma vez, abraçando a jovem com ternura.

Juliana, apertando a criança ainda mais forte, pensou mais uma vez na bênção que foi para o menino, ela estar na casa de Miguel quando ele foi deixado lá, por sua mãe, sob os cuidados de um pai que o rejeitava profundamente.

Dias depois, outra forte crise de depressão obrigou Miguel a se recolher em sua casa novamente.

Alegava cansaço e indisposição, jamais admitiria que estava deprimido porque Juliana se recusou a voltar para ele. Orgulhoso como era, assumir tal fato era-lhe sinal de fraqueza. Iria ferir ainda mais o seu ego e sua vaidade.

Diante do sumiço do primo das altas rodas, Henrique foi visitá-lo em sua casa.

— Quem o vê quem o viu, hein, Miguel? — disse ele, surpreso com seu estado.

— Se veio aqui para me irritar, Henrique, por favor, vá embora! — esbravejou Miguel de mau humor.

— Vim para ver como está.

— Estou bem, muito bem. Agora que já me viu pode ir. *Se manda!*

— Desde quando isso é estar bem, Miguel?! Você está péssimo. Qualquer um pode ver, até mesmo um periquito.

Miguel fechou ainda mais o cenho.

— Soube que esteve na fazenda do seu pai, suponho que esteve com ela, não?

— Com quem?

— Com Juliana.

— Juliana, quem é mesmo Juliana? Já não me lembro mais quem é ela.

— Larga de ser bobo, Miguel! Sei que está assim por causa dela. É a saudade dela que o está perturbando, devastando tão drasticamente o seu coração.

— Vai encher a paciência de outro, Henrique!

— Por que não lhe declara todo o seu amor, tudo o que vai fundo na sua alma? Quem sabe assim ela volta para você.

— Por que acha que fui à fazenda? Fui exatamente por isso! De nada adiantou! Ela não me quer mais, acabou.

— Bom, também depois de tudo o que você aprontou com ela, não era de se esperar outra reação, não é mesmo?
— Não preciso de sermão, Henrique.
— Você não acha que desistiu cedo demais? Eu, se fosse você, tentava mais uma vez.
— Não adianta dar pérolas aos porcos, meu caro. Mas não se preocupe mais comigo, porque nem eu estou mais preocupado, dentre muito em breve estarei cem por cento recuperado, inteiro, voltarei a ser quem sempre fui, cercado de mulheres loucas para me satisfazer, loucas para se casar comigo. Por que eu haveria de perder minhas noites de sono por causa de uma mulher interiorana? Só se eu estivesse louco.
— Quer dizer que tem perdido suas noites de sono?
Os olhos de Miguel arregalaram-se ao perceber que havia falado o que não devia.
— Henrique — insistiu ele —, por favor, vá embora!
— Eu vou. Se precisar de mim não hesite em me procurar. E você vai precisar.
Miguel fez novamente ar de deboche. Assim que o primo se foi, ele deixou novamente seu corpo se esparramar no sofá.
"Quem ela pensa que é? Aquela caipira, matuta..."
Aquela noite, logo após o banho, Miguel quis muito regressar a sua vida noturna, mas ao deitar-se, para relaxar um pouco, acabou dormindo sem perceber. Assim, o programa com os amigos da boemia, regado de cachaça e mulheres teve de ser adiado mais uma vez. Ele teve de se contentar, aquela noite, pelo menos, com o mundo dos sonhos para lhe fazer companhia e todos eles foram com Juliana da Silva.

Graciela, assim que soube por Henrique que o irmão não estava bem foi até sua casa na companhia do marido fazer-lhe uma visita e ter uma conversa muito séria com ele.
— Miguel, você chorando por causa de uma caipirona? Ah, faça-me o favor, hein. Se Juliana fosse a última mulher da face da Terra, tudo bem, era até compreensível o seu desespero, mas... Curitiba está

cheia de mulheres lindas e o que é melhor: ricas e educadas! Você não precisa se desesperar, meu caro, não mesmo.

Para suavizar o clima, Maximiliano falou:

— Eu e sua irmã estamos pensando em ter um filho. Não é ótimo, Miguel?

Graciela, enfezada, respondeu:

— Se quer ter um filho, Maximiliano, engravide-se! Quantas vezes eu vou ter de lhe dizer que ter um filho na minha idade é um estrago para o meu corpo?

— Você já está praticamente com 37 anos, Graciela! — retrucou o marido.

— Quieto, Maximiliano!

— Vocês querem me deixar em paz, por favor? — berrou Miguel incomodado com a discussão do casal.

Assim que o casal se foi, Silvana foi até a sala falar com Miguel.

— Posso fazer alguma coisa por você, Miguel? — prontificou-se.

— Pode. Deixe-me em paz!

Miguel tentou relaxar no minuto seguinte, mas por mais que tentasse não conseguia se desprender do curto e marcante diálogo que tivera com Juliana, no dia em que fora lhe pedir para voltar: *"Eu o amei, não discordo, mas tudo o que você fez me desapontou tanto, me machucou tanto, que destruiu o amor que eu tinha por você."*

— Quem ela pensa que é para me tratar assim? — indagou-se ele, novamente, espumando de ódio. — Está para nascer ainda a mulher que vai esnobar Miguel Pabliano. Vou dar a volta por cima, ah, se vou... sequer vou mais lembrar que ela existe, que um dia nossos caminhos se cruzaram. Ah, se vou...

Sétima parte

Meses depois, chegou uma carta de Juliana para Silvana que a abriu ansiosa por saber seu conteúdo. Não admitiria jamais que andava com saudade da família. A carta dizia:

Querida Silvana,
Espero que esteja bem de saúde e feliz por continuar morando em Curitiba. Realizando-se nessa sua nova fase de vida. Todos aqui estão bem na medida do possível, mamãe, papai, eu, Benício e seus filhos. Somente Cirineu é que não está bem, na verdade, nada bem. Por isso lhe escrevo, achei que gostaria de saber sobre o que se passa com ele.

Já faz algum tempo que Cirineu vem tendo uma febre estranha, daquelas que vêm e somem repentinamente. Aconselhei-o a procurar um médico e após muita insistência da minha parte, ele acabou indo consultar um. O médico torceu o nariz diante dessa misteriosa febre e pediu que fizesse alguns exames. Por fim foi constatado uma espécie de câncer. É algo grave, bem grave e requer uma cirurgia urgente, se não for feita a tempo, o pobre coitado acabará morrendo.

Há muitos pacientes na fila, esperando vagar um quarto no hospital da cidade mais próxima daqui para serem operados. Se a vez dele não chegar rápido, será tarde demais.

Por isso decidimos pedir ajuda financeira a todos que conhecemos na região para poder pagar a quantia que o médico e o hospital cobram para fazer a bendita cirurgia em particular.

Temos rezado muito, afinal, só Deus para nos ajudar diante de situações adversas como essa. Peço-lhe encarecidamente que ore por Cirineu também, formando assim uma corrente de oração. Contamos com você.

No mais, tudo vai bem, na medida do possível, comigo, mamãe, papai, Benício e seus filhos. Aparecido e Benedita mandam-lhe lembranças.

Com carinho,
Juliana.

— O que foi? — perguntou Marlete diante do bico que se formou no rosto de Silvana.

Silvana não respondeu. Afastou a cadeira com tanta força e descuido que rangeu no assoalho.

— Que ódio! — ralhou. — Que ódio!
— Ódio? Ódio de quem? O que houve?
— Meu ex-marido.
— O que tem ele?
— Aquele inútil agora resolveu ficar doente. Só para perturbar todo mundo.
— Não diga uma coisa dessas Silvana, ninguém adoece porque quer.
— Pois ele ficou doente de propósito, só para perturbar todos. Tenho vontade de dar-lhe uns cascudos.
— Silvana!?

A moça fez bico.

— Tome. — disse Marlete estendendo-lhe um copo com água e açúcar. — Beba, vai lhe acalmar os nervos.

Silvana voltou a se sentar por forte insistência da colega de trabalho. Apoiou os cotovelos na mesa e o rosto sobre as mãos e desabafou:

— Tenho vontade de torcer o pescoço do Cirineu, assim como se torce o pescoço de uma galinha.
— Você não sente nada mais por seu ex-marido?
— E eu lá sou mulher de sentir algo por um inútil como aquele?
— Ele é o pai dos seus filhos.
— Nem que fosse meu próprio pai!
— Seu coração deve ser de pedra.

— Ainda bem que é de pedra.

— Eu, se estivesse no seu lugar, escreveria pelo menos uma carta para ele. Uma carta com palavras de conforto, desejando tudo de bom durante essa fase, desejando-lhe melhoras.

— Melhoras para aquele inútil?!

— Aquele inútil, Silvana, além de ser pai dos seus filhos é um ser humano, nosso irmão.

— Prefiro ter o diabo como irmão *do que* aquele *pamonha*.

— Se algo acontecer com ele, seus filhos vão sofrer muito.

Silvana respirou fundo e disse:

— Cirineu não podia ter feito uma coisa dessas com meus filhos, não podia.

— Quer fazer o favor de tomar mais um pouco da água com açúcar?

— Quem você pensa que é, Marlete, minha mãe, é? Xô pra lá!

Enquanto isso, na casa humilde do sítio onde Cirineu vivia com os filhos, Benedita e Aparecido...

— Papai, beba um pouco de leite. — insistia a filha.

— Não quero, *fia*. Não tenho vontade.

— Ele *tá* queimando de febre. — comentou Aparecido passando a mão na testa do pai.

— É melhor você ir chamar tia Juliana. — sugeriu Benedita.

— Vou agorinha mesmo, mana.

— Não vá aborrecer sua tia, Aparecido. A febre vem, a febre passa.

Sem dar ouvidos ao pai, Aparecido montou o cavalo que estava acostumado a montar e partiu em direção ao sítio do avô materno.

Benedita pegou a mão do pai e a ficou acariciando.

— Vá embora febre danada, deixe o meu pai em paz. — dizia ela, com muita esperança.

As palavras da filha emocionaram o pobre homem adoentado.

— *Fia, ocê* não existe.

— O senhor vai ficar bom, papai.

— Eu preciso ficar bom, *fia*, para trabalhar. Sem trabalho, como é que vou pôr comida na mesa *pr'oces?*

— Não se preocupe com isso agora, papai.

Minutos depois, avistava-se a charrete conduzida por Juliana, levantando poeirão, vindo na direção da casa de Cirineu. Juliana estacionou o veículo bem próximo da morada e correu até a varanda onde se encontrava o cunhado.

— *Ocê num* precisava ter vindo, Juliana. *Ocê* tem seus afazeres, num quero atrapalhar ninguém.

— Não é incômodo algum, Cirineu.

— É, sim. Você tem seus afazeres, tem seu *fio*.

— Deixa eu tirar a febre.

Segundos depois, ela confirmava o que já supunha. A febre estava altíssima.

— É melhor levá-lo à cidade para o doutor Teófilo dar uma olhada em você.

— Não precisa.

— Precisa, sim. Aparecido, me ajuda a levar seu pai para a charrete.

Uma hora depois, no consultório médico, Juliana insistia para que o médico desse uma olhada no cunhado.

— Minha senhora. — respondia a secretária pela décima quinta vez. — A agenda do doutor está lotada.

— Mas é um caso de urgência.

— A senhora vai ter de esperar.

Foi bem nesse momento que Cirineu perdeu os sentidos e o médico se viu obrigado a interromper o que fazia para examiná-lo.

— É melhor interná-lo. — aconselhou.

Como não havia hospital na cidadezinha, o jeito era levá-lo para a cidade mais próxima onde havia um hospital. Para isso, Juliana foi pedir ajuda a Herculano Soares, um grande amigo de seu pai, que tinha carro, na esperança de que ele levasse Cirineu até a cidade vizinha com seu veículo.

O homem, muito solícito, atendeu ao pedido na mesma hora. Por estar com muitos afazeres, escalou um de seus funcionários para guiar o carro e ficar à disposição de Juliana para tudo que a moça precisasse.

Com a ajuda do barbeiro e do funcionário de seu Herculano, Cirineu foi levado até o veículo que partiu sem delongas. Juliana, Benedita e Aparecido foram junto.

Chegando lá, Cirineu já havia recobrado a consciência. Voltou-se para a cunhada e lhe disse em tom de súplica:
— Juliana, leve os meus *fio pra* casa, não quero eles aqui nesse lugar cheio de *doente*...
— Eu vou levá-los, Cirineu, mas amanhã pela manhã, volto. O seu Herculano Soares deixou o carro a nossa disposição.
— Agradeça *ele* por mim.
Juliana sorrindo, tentou novamente animar o cunhado:
— Você vai sair dessa, Cirineu. Acredite, você vai sair dessa.
— Se eu *batê as bota*, cunhada, cuide dos meus *fio*, por favor. Que Deus *lhe* abençoe.
— Fique tranquilo. Mas procure relaxar agora e trazer à lembrança somente as coisas boas que viveu desde criança. Ouvi certa vez alguém dizer que não há nada melhor do que lembrar as coisas boas que viveu, numa hora dessas.
— Vou tentar.
Assim, Juliana se ajeitou na carroça com os sobrinhos e partiu. Benedita, rompendo-se em lágrimas, perguntou:
— O papai vai morrer, não vai?
Juliana abraçou a menina e disse:
— Calma, querida. Vamos rezar para que ele se recupere, que sua doença abominável desapareça.
Juliana achou melhor levar os sobrinhos para dormir na casa dela com os pais. Chegando lá, explicou para os pais o que havia feito.
— Se tivéssemos dinheiro, o pobre do Cirineu não teria de esperar na fila pela cirurgia... Esse plano de saúde do governo é uma vergonha. Quanta gente não morre por causa dele. — desabafou Juliana.
A jovem dormiu aquela noite pensando em ir atrás de Miguel para lhe pedir ajuda financeira. Deveria?

Naquela noite, a sós, no quarto do hospital, o conselho que Juliana havia dado, antes de partir, ecoava pela mente de Cirineu:
"...procure relaxar agora e trazer à lembrança somente as coisas boas que viveu desde criança. Ouvi certa vez alguém dizer que não há

171

nada melhor do que lembrar as coisas boas que viveu, numa hora dessas."

Ele então puxou pela memória e logo, os momentos bons apareceram em sua mente como a tela de um cinema, exibindo o filme de sua vida. O dia em que ele se casou com Silvana era um dos momentos bons que viveu. O nascimento da filha, depois do filho foram outros grandes momentos.

Cirineu lembrou-se também do seu tempo de criança ao lado da mãe e do pai, da época em que era adolescente, das brincadeiras com os irmãos, primos...

Como Juliana havia previsto, as lembranças dos grandes momentos de sua vida logo o fizeram relaxar e dormir mais sereno e tranquilo.

Nos dias que se seguiram, Juliana, como havia prometido, visitou o cunhado no hospital cada dia trazendo uma pessoa consigo. Um dia era sua mãe, noutro seu pai, noutro um parente de Cirineu. Os filhos iam junto quase todas as vezes.

Os médicos chegaram ao mesmo diagnóstico que o médico de Lagoa Serena havia chegado. O caso de Cirineu era grave, necessitava de uma cirurgia urgente. Apesar de todos os esforços, Juliana não conseguiu angariar a quantia que era necessária para pagar a operação sem ser feita pelo plano do governo. Ainda que ela suplicasse aos médicos e ao hospital que baixassem o preço, explicasse que o caso do cunhado era de vida ou morte, nenhum deles cedeu.

Juliana chegou a ficar revoltada com todos, afinal, como podiam deixar de salvar a vida de uma pessoa só porque ela não tinha condições de pagar pela cirurgia e a internação no hospital?

Juliana revoltou-se também com a displicência com que o governo cuidava dos planos de assistência médica. Era calamitoso. Restou a ela e a família rezar por uma intervenção divina. Assim, parentes e amigos se uniram em uma corrente de oração.

Dias depois, Cirineu cochilava sobre o leito do quarto do hospital. Foi então que uma voz atravessou seus sonhos.

– Cirineu.

Levou algum tempo para que o homem acamado, gravemente adoentado, percebesse que alguém estava ali ao pé da sua cama, chamando por ele. Com dificuldade, abriu os olhos e o que viu, acreditou não passar de uma alucinação.

– Deve ser mesmo o meu fim, pois agora estou vendo coisas... – murmurou.

– Não sou fantasma não, seu estrupício, sou eu mesma!
– Silvana?
– Sim.

Silvana aproximou-se dele e perguntou:
– O que deu em você, homem?
– Acho que foi saudade... Saudade *d'ocê* mulher.

As palavras do doente tiraram lágrimas dos olhos de Silvana, que sempre quisera se passar por uma mulher imbatível.

– Saudade. – murmurou ela, entre lágrimas.
– Saudade mata gente, mulher, sabia?
– Sim. Eu já ouvi alguém dizer isso certa vez.

Ficou evidente para Silvana, o esforço que Cirineu fazia para não deixar transparecer os danos que a doença havia lhe causado.

Para relaxar a tensão, ela perguntou:
– E as crianças, como estão passando? Vim direto para o hospital, por isso ainda não tive a oportunidade de vê-las.
– Estão bem. Aparecido cada dia mais forte, cada dia mais homem. Benedita cada dia mais bonita, quase uma mocinha.

Silvana fez ar de contentamento. Cirineu, caindo em si, perguntou:
– O que você está fazendo nesse fim de mundo, mulher?
– Vim ver *ocê*, homem.
– Veio me ver?! *Ocê?!*
– Sim.
– Ficou biruta, mulher?
– Devo ter ficado. – riu ela.
– Como soube que eu estava internado aqui?
– Juliana me escreveu contando.

Cirineu, reflexivo, perguntou:
– É verdade mesmo que você veio para me ver?

— Ora, *diacho,* é lógico que sim, homem. Eu lá sou mulher de mentir?

Um sorriso conseguiu equilibrar o rosto pálido e febril de Cirineu. Ele pegou a mão da esposa, apertou e disse:

— Que bom que você veio, mulher. Que bom...

Silvana, enxugando as lágrimas do marido com um lenço, disse:

— Vou levar você para outra cidade homem, onde possa receber um tratamento adequado.

— Endoidou, mulher? Nós não temos dinheiro nem para pagar os remédios. A última safra não deu nada. Mal deu para pagar o financiamento das sementes.

— Psiu, eu tenho dinheiro...

— Você?! Como?! O trabalho em Curitiba paga tão bem assim, é?

— Não. Eu vendi as joias que a Juliana me deu.

— As joias, mulher, mas você gostava tanto delas.

Silvana deu de ombro.

— Não foi você mesmo que me disse que joia não tem alma? Você estava certo, Cirineu. Descobri a duras penas que as joias podem deixar uma mulher bonita, mas não podem jamais dar a elas o calor humano, a companhia e o amor de um grande amor que é o que todas procuram.

— Pare de falar assim, mulher, você está me fazendo chorar. E eu sou homem e, homem não chora, você sabe.

— Chora, sim, Cirineu. Chora, sim! — Silvana apertou a mão do acamado e ordenou, readquirindo seu tom autoritário: — Pode chorar homem, pode chorar que faz bem.

Cirineu tentou se segurar, mordeu os lábios, enviesou o cenho, mas o pranto há tempos contido não conseguiu ser mais retesado, veio para fora, subitamente, com tudo. Como uma represa que se rompe. Todavia, não era um choro agonizante e, sim, lágrimas que uma criança derrama, tomada por uma grande emoção.

Silvana chorou com ele. Foi assim por pelo menos cinco minutos.

— Eu vou morrer, mulher. — desabafou Cirineu, atabalhoadamente. — Não quero morrer, não agora. Quero ver meus *fio* crescer, conhecer meus netos.

— Você não vai morrer, homem de Deus.

— Vou, sim. Você não deveria ter vendido as suas joias. Não vai adiantar nada o dinheiro que você vai usar para cirurgia.

— Vai adiantar, sim.

— Não vai, mulher.

Silvana se apertou de súbito contra o marido e choveu beijos em seu rosto.

— Você não pode morrer, homem, não pode... Quero ter você de volta nos meus braços. Mostrar que eu ainda o amo... amo você mais do que tudo...

As palavras de fé, esperança e otimismo da esposa dissiparam o laivo de angústia que cobria a face do doente.

— Você não vai morrer, Cirineu, não vai! — repetiu Silvana, esperançosa. — Eu prometo. Seus filhos querem ter você ao lado deles. Filho nenhum gosta de ficar sem seu pai e sua mãe. Você precisa se ajudar, homem.

Silvana enxugou as lágrimas no dorso dos dedos. Cirineu pegou a mão dela e a puxou até ficar sobre os seus lábios que se dispuseram a beijá-la com intensidade e carinho.

O pranto passou, a calma prevaleceu.

O reencontro de Silvana com os filhos foi tomado de emoção. Com os pais e com a irmã, não foi diferente.

A seguir, ela contou a todos o que tinha feito pelo marido. Que já acertara com os médicos o valor que pediram para sua operação e internação. A cirurgia fora marcada para o dia seguinte. O mais espantoso para todos foi saber que ela pagou a cirurgia com o dinheiro que conseguiu com a venda das joias de que tanto gostava.

Assim que Vicentina ficou a sós com Silvana na casa do sítio...

— Silvana? — chamou Vicentina.

A filha se manteve alheia ao chamado da mãe.

— Filha. — tornou Vicentina.

A palavra "filha" despertou Silvana do transe. Vicentina fez, então, um elogio merecido à moça:

— O seu gesto foi um dos mais bonitos que já vi, Silvana. Sinto orgulho de você, filha.

— É um absurdo, mas descobri que aquele estrupício do Cirineu vale mais para mim do que aquele tufo de joias, mãe, pode?!

— Joia a gente pode ganhar, perder, comprar de novo, mas quem a gente ama, não.

— É... eu sei. E sei agora também que amo aquele inútil do Cirineu mais do que tudo que eu sempre dei tanta importância, tudo que perde o valor quando não se tem quem a gente ama ao nosso lado.

Os segundos se desenrolaram silenciosos até Vicentina perguntar:

— Quando tudo terminar, você vai voltar para Curitiba?

A resposta de Silvana foi rápida e segura:

— Não, mãe. Voltei para cá para ficar.

A mãe sorriu por estar contente com a notícia. Viver distante da filha, ainda que fosse uma chata, era-lhe desolador.

Voltando a concentrar os olhos na mãe, Silvana falou com aquela voz ditada pelo coração:

— Não quero que ele morra, mãe. Não mesmo.

— Então, junte-se a nós nas orações pela recuperação dele, filha.

Silvana assentiu com os olhos. Depois, enrubescendo contritamente, comentou:

— Nós nunca falamos assim, tão pacificamente... Tão de mãe para filha, de filha para mãe...

— Há sempre uma primeira vez, Silvana.

A moça com quase 30 anos baixou os olhos lacrimosos e desabafou:

— Tantas vezes eu quis me abrir com a senhora, mas algo dentro de mim me fazia mudar de ideia assim que meus lábios se moviam. Tantas vezes eu quis desabafar com alguém e percebi que esse alguém podia ser a senhora e, no entanto, mantive-me fechada. Sempre quis saber o porquê. Por que tinha de ser assim? Por que nunca conseguia me abrir com a senhora, ter uma aproximação?

A mãe tentou explicar:

— Porque você ainda não estava madura o suficiente para isso, filha. Mas graças a Deus o tempo traz mudanças, trouxe para você, hoje você não só está se abrindo comigo, mas para consigo mesma.

Silvana nada comentou, pendeu a cabeça para baixo e se silenciou. A mãe pousou a mão no seu ombro e quando conseguiu fazê-la olhar na sua direção, seu rosto estava todo riscado de lágrimas. O rosto de ambas estava riscado de lágrimas. A mãe então a convidou para um abraço e ela a abraçou calorosa e transbordante de amor.

— Oh, mamãe...

Silvana tentou continuar, mas sua voz se perdeu no choro repentino.

— Chore, filha, pode chorar, o choro é como uma chuva que cai sobre nós quando deixamos transformar o nosso interior, especialmente o nosso coração, num deserto árido e solitário. Por isso chore. Chore à vontade.

Foi nesse dia, após muitos anos de recolhimento que Silvana se permitiu ver a mãe como uma amiga. Uma grande amiga para contar sempre durante todos os momentos da vida. Os bons e os ruins.

Na tarde do dia seguinte, a família da Silva toda estava no hospital, aguardando o término da cirurgia de Cirineu. Assim que Silvana soube que o marido havia deixado a sala de cirurgia, o que ela mais queria ouvir, era que a operação havia sido um sucesso. E foram essas mesmas palavras, com a graça de Deus, que o médico usou para descrever o procedimento.

Silvana suspirou de alívio. Pegou o terço de dentro da bolsa, beijou o crucifixo e agradeceu a Deus pelo sucesso da operação. Benedita e Aparecido, então, juntaram-se à mãe e a abraçaram.

No dia seguinte, os médicos permitiram que Silvana visitasse o marido no quarto. Por ser um hospital muito simples, não havia UTI. O paciente ficava no próprio quarto recebendo os cuidados pós-operatórios.

Silvana caminhou até o local, com a mão direita o tempo todo pressionando a boca, só tirou e procurou sorrir quando avistou Cirineu estirado sobre o leito com uma aparência mais serena.

Valera a pena!, disse Silvana para si mesma, vender todas aquelas joias de que tanto gostava para salvar o marido que tanto amava.

Silvana pegou novamente o terço de dentro de sua bolsa, beijou o crucifixo e agradeceu a Deus pela recuperação do marido.

Quatro semanas depois, Cirineu estava de volta a sua casa no sítio. Só de voltar para o lar, sua recuperação melhorou cem porcento.

– Pensei que nunca mais veria esse lugar. – confessou ele à esposa.

– Aposto que pensou que nunca mais me veria também. – arriscou Silvana, endereçando um olhar maroto para ele.

– Pensei mesmo. – respondeu Cirineu com sinceridade.

A expressão de Silvana, tornou-se, de repente, de franca sensualidade. O marido então achegou-se a ela e a beijou por longos momentos, ambos estavam famintos pelo sabor dos lábios um do outro.

Cirineu sorriu, quando se desligou dela. Sua risada infantil deliciou Silvana. De repente ela se via procurando por palavras que não existiam dentro dela. Aquelas palavras de amor com que ela sempre sonhou ouvir, mas nunca conseguiu dizer. Quando pensou em dizer um simples "Eu te amo." foi interrompida por uma emoção súbita que a fez chorar, chorar de alegria e vitória.

Cirineu tornou a abraçá-la, confortando sua cabeça em seu ombro, acariciando-lhe os cabelos. No momento seguinte, jaziam na cama, estreitamente abraçados, com os lábios unidos, transbordantes de paixão. O amor vencera outra vez. Todas as barreiras impostas pelo materialismo foram ao chão novamente e em nome do amor. Do verdadeiro amor. Porque só o amor é a joia mais preciosa da vida cujo valor é inestimável e insubstituível.

Curitiba, muitos meses depois...Miguel estava só, mais uma vez, sentado na poltrona grande da sala de estar de sua casa que mais parecia um mausoléu sem vida, um espelho do seu ânimo. Estava a admirar o vento da rua ondulando as cortinas. Queria muito que o silêncio fosse interrompido por gritos de alegria ou simplesmente palavras de amor.

Ao voltar os olhos para o espelho, assustou-se, nunca em toda a sua vida tinha visto expressão de maior tristeza num rosto de alguém.

A visão o fez reagir, sair para o jardim da casa para tomar ar, um ar que de repente lhe faltava.

Ficou andando para lá e para cá por entre os canteiros de flores, enquanto a agitação na sua cabeça aumentava... Deveria ou não ele ir novamente atrás de Juliana e pedir-lhe que voltasse? Essa era a pergunta que estava tirando o seu sossego.

A saudade da moça e o desejo de tê-la novamente em seus braços já estava saindo do seu controle. Ele tinha de tomar uma atitude, rápido. Antes que enlouquecesse. Por isso, no dia seguinte, logo ao raiar do dia, Miguel partiu de carro para a fazenda de seu pai no interior do Paraná. A seu lado seguiu a esperança de que convenceria, desta vez, Juliana a voltar com ele, para Curitiba, e serem finalmente e definitivamente um casal feliz.

Juliana estava sentada num banco de madeira próximo a humilde casa onde vivia com seus pais, lendo um romance, quando Miguel chegou ao sítio. Ela estava tão concentrada na leitura que nem notou sua aproximação.

– Juliana. – chamou ele, não muito alto, para não assustá-la.

O rosto da moça, alarmado, virou-se para ele, num raio.

Um sorriso bonito escapou dos lábios de Miguel quando seus olhos se encontraram com os dela.

– Olá, Juliana. – falou ele com a maior calma do mundo.

Ela deu um sorriso triste. Um sorriso profundamente trêmulo. O sorriso dele ficou mais largo. O dela ainda mais triste.

Miguel, com uma voz embargada, falou:

– Voltei mais uma vez para lhe pedir, humildemente, que volte para mim. Sei que fiquei irritadiço com você da última vez em que estive aqui, pedindo para voltar, que jurei para mim e para você nunca mais procurá-la, mas o que sinto por você é mais forte, é mais forte do que eu mesmo, eu...

Juliana o interrompeu com um gesto de mão.

– Pensei... – suspirou ela, levando a mão ao peito –, que você tivesse voltado para apanhar o menino. Estou tão acostumada a ele que nem sei o que sentiria se ele fosse levado de mim...

– Não, Juliana, o garoto pode ficar com você, para sempre, acredite-me. Vim mesmo procurá-la pelo motivo que disse há pouco.

Quero reatar o nosso casamento, desta vez, de forma correta, como todo casamento deve ser.

— É tarde demais, Miguel. Meses atrás o Tobias, que conheço desde a infância e que sempre gostou muito de mim, me procurou e me pediu em casamento. Eu aceitei. Vamos nos casar dentro em breve.

A revelação foi rechaçada pelo consciente e inconsciente de Miguel. Ele tornou a repetir o que acabara de dizer como se Juliana não tivesse dito uma só palavra. Ela novamente o interrompeu, com sua delicadeza habitual:

— Eu não confio mais em você, Miguel. Ainda que eu não estivesse de casamento marcado com Tobias, eu jamais voltaria para você. Para que? Para você ficar bonzinho e comportado ao meu lado por um, dois meses até enjoar da vida a dois e voltar para a sua vida noturna, cercada de bebida e mulheres?

Miguel tentou se defender:

— Uma vez Henrique me disse que eu agia assim por medo de amar. Chegou até a dizer que isso era porque eu havia tido uma desilusão amorosa numa vida passada. Se tive ou não, o fato é que agora estou bem consciente de que eu realmente fugia de você, toda vez que me via dependente de você, por medo de sofrer, caso me abandonasse.

— Para evitar um sofrimento, você causou outro.

— É... irônico, não?

Houve uma pausa, breve, até que Juliana falasse em tom de desabafo:

— Eu agora quero ser feliz, Miguel. Feliz com um homem que esteja realmente a fim de ter uma vida a dois de maneira íntegra e correta.

— Mas eu estou disposto...

— Disposto, agora, né? Amanhã sabe lá Deus... Não posso mais aceitar uma vida ao lado de alguém tão inconstante. Não mereço. Eu sinto muito.

Miguel suspirou, entristecido perguntou:

— Quer dizer então que não tem volta mesmo?

— Não.

— Certa vez um amigo me disse: "Quando você encontrar uma mulher capaz de fazê-lo cometer sacrifícios, abandonar sua vida de solteirão inveterado, fazer com que você se cuide bem para manter a pessoa amada a seu lado, você saberá realmente o que é o amor, você estará realmente apaixonado."

— E...

— Acontece que estou disposto a tudo isso por você, Juliana.

— Infelizmente, Miguel, é tarde demais...

— Eu te possibilitei uma vida bem melhor, dez vezes melhor, que aquela que tinha nesse fim do mundo. Será que isso não significou nada para você?

— Nada disso me interessa, nunca me interessou. Casei-me com você por amor. Simplesmente porque me vi amando você. Jamais para mudar de vida, abandonar a vida que eu levava aqui no sítio, a qual, sinceramente, nunca me incomodou.

Ele assentiu com a cabeça e disse:

— Se eu não tivesse nascido assim, descrente no amor, tudo teria sido diferente... Não sei o porquê, mas eu sempre olhei com desconfiança para as histórias de amor que me contavam. Todas elas sempre soavam falsas aos meus ouvidos. Depois que vi muita gente dizendo "Eu te amo! Não posso mais viver sem você!" e anos mais tarde abandonando a pessoa por outra, minha descrença no amor aumentou. Fez com que eu encarasse o amor como uma mentira. Não pusesse fé alguma nele.

— Se não põe fé no amor por que me quer de volta?

— Porque você me fez ter esperanças de que a nossa história poderia ser diferente que as demais. Ainda acredito que possa ser, apesar de ainda temer me ferir com esse amor, ainda mais do que já me sinto ferido.

— Curioso, não? Para você não se ferir no amor você já está se ferindo...

Miguel baixou os olhos, sem graça. Minutos depois, perguntou:

— Essa é a sua última palavra?

— É. — reafirmou Juliana, categórica. — Esqueça-se de mim, Miguel. Você nasceu para ser o que é, um boêmio, como você mesmo diz. Por isso nunca poderá ser quem eu tanto quero para amar e me amar.

Miguel respirou fundo, passou a mão pela testa para enxugar o suor e, cabisbaixo, partiu. Juliana ficou ali, observando sua retirada.

Quando não pôde mais vê-lo, voltou os pensamentos para Tobias e disse em voz alta para si mesma:

— Se eu tivesse me casado com você, como você sempre quis, eu não teria passado por nada do que passei nas mãos de...

Juliana não conseguiu dizer o nome de Miguel. A simples menção a seu nome doía-lhe fundo na alma.

Somente muitos anos depois é que Juliana foi compreender que nada em sua vida estivera errado, que suas escolhas a levaram aonde ela tinha de chegar para poder conhecer melhor a si mesma e até mesmo para ajudar o seu semelhante.

Foi graças ao seu envolvimento com Miguel que Silvana descobriu o que era mais importante em sua vida. Que pôde se aproximar da mãe, da irmã e até mesmo do marido. Foi graças ao seu envolvimento com Miguel que ela pôde ajudar Cirineu quando ele mais precisou. E ajudou até o próprio Miguel a se conhecer melhor e resgatar o que deveria ser resgatado nesta nova reencarnação.

Assim que Miguel chegou à sede da fazenda, foi tomar algo para relaxar a tensão. Valmira, a cozinheira, percebeu de imediato que o filho do patrão não estava bem, no entanto, absteve-se de fazer qualquer comentário.

Em meio aos goles da laranjada que a mulher lhe preparou, Miguel perguntou a ela:

— Você conhece bem a Juliana, não conhece?

— Sim, senhor. Desde pequenina. Foi sempre uma menina encantadora. O que tem ela, meu senhor?

— Ela vai se casar outra vez, você bem sabe. Você acha que ela será feliz ao lado desse moço que ela escolheu para ser seu novo marido?

A mulher refletiu antes de responder:

— O Tobias sempre gostou muito da Juliana, meu senhor. Sempre, sempre, sempre... Mas nenhum outro moço despertou tanto o interesse dela quanto o senhor. Ah, senhor Miguel, Juliana amou o senhor desde o primeiro momento em que o viu. Foi o que se chama de amor à primeira vista.

A mulher suspirou, comovida. Depois, num tom triste, comentou:

— Eu não sei exatamente o que aconteceu entre o senhor e Juliana, mas sei que a mulher é frágil como as pétalas de uma flor: caem com facilidade quando tocadas de forma bruta.

A mulher soltou um risinho gracioso e completou:

— Nós somos mesmo um bicho estranho, meu senhor. Só sabemos que gostamos muito de uma pessoa quando a perdemos, é ou não é? Feliz daquele que não precisa perder para descobrir o valor que essa pessoa tem na sua vida. É ou não é?

Miguel concordou.

— Quando é tarde, meu senhor, para remediar uma paixão, remediado está. Aconselho o senhor a seguir em frente, procure uma outra moça para se casar novamente e ser feliz. Saiba, meu senhor, que não é só a mulher que precisa de um homem. Um homem também precisa muito de uma mulher.

Miguel fez ar de quem não tem outra escolha. No dia seguinte, logo pela manhã, voltou para Curitiba, imerso em reflexões que iam e vinham na sua mente como se fossem as ondas do mar.

Ao lembrar que voltaria para a casa e se veria cercado por aquelas paredes e toda aquela solidão que agora havia por lá, ele decidiu seguir direto para um dos bordéis que costumava frequentar para se divertir com mulheres dispostas a fazer o que ele bem quisesse por dinheiro.

No entanto, assim que estacionou o carro, uma força estranha o fez mudar de ideia. No mesmo instante ele recolocou a chave no contato do carro e deu partida.

Pelo caminho ouviu novamente as palavras de Valmira ecoarem por sua cabeça:

"Quando é tarde, meu senhor, para remediar uma paixão, remediado está. Aconselho o senhor a seguir em frente, procure uma outra moça para se casar novamente e ser feliz. Saiba, meu senhor, que não é só a mulher que precisa de um homem. Um homem também precisa muito de uma mulher." Talvez aquele fosse mesmo um bom conselho a ser seguido.

De repente, Miguel se viu decidido a se casar novamente e até mesmo a ter filhos com sua nova esposa. Só precisava agora encontrar uma mulher para isso. E isso não seria difícil. Havia pelo menos uma delas em cada quarteirão louca para se casar com ele.

Maria Tereza Mendes e Souza com quem quase namorou por insistência do pai seria uma boa pedida. Eliza Albuquerque também seria uma ótima opção, a coitada foi capaz de romper com o noivo por causa dele, como muitas chegaram a fazer. Havia também Lucélia, Ana Maria, Claudia, Aline, Fabiana, Maria José, Luiza, Marilene, Eulália, Tetê, Julia, Marluci, Mércia, Rebeca, Carla, Marta, Cleuza, Inês, Hortência, Izadora, Izabela, Maria da Graça, Rita, Rosana, Cristina, Cristiane, e muitas mais...

Havia tantas que seria difícil escolher uma dentre todas. Era preciso definir um critério de escolha. Começaria levando em primeiro lugar o fator beleza. Aquela que tivesse o rosto e o corpo mais gracioso, venceria.

A de temperamento mais compatível com o seu, seria também um fator determinante para a escolha.

A que fosse de família nobre, pertencente a alta sociedade, com bens, muitos bens e uma farta herança para receber quando um membro de sua família viesse a faltar teria outro ponto a seu favor.

Com esses requisitos completos ficaria bem mais fácil encontrar a esposa ideal para ele se casar, concluiu Miguel.

Para ajudá-lo na triagem, ele decidiu pedir ajuda a Graciela.

Assim que se viu de frente para a irmã, na casa dela, a sós, Miguel explicou ao que vinha:

— Eu fiz uma lista com todas as moças de Curitiba que me interessam. Todas com quem passei pelo menos uma noite ou dei uns beijos a meia luz. Vou escolher a ideal para me casar, levando em conta os requisitos; beleza; rosto e corpo bonito e atraente, a que seja de família nobre, pertencente a alta sociedade, com bens, muitos bens e uma farta herança para receber quando um membro de sua família vier a faltar e também aquela que tiver o temperamento mais compatível com o meu. Que não seja fadada a ter chiliques por qualquer coisa.

— Querido irmão... As pessoas, sejam mulheres ou homens, jamais são o que são durante o namoro porque o casal só se encontra esporadicamente. É só convivendo sob o mesmo teto que se conhece realmente o temperamento de uma pessoa. Portanto, este requisito está fora da triagem, ok?

— Ok!
— *Cadê* a lista?
— Está aqui. Você conhece a maioria delas. Se não a fundo, superficialmente.
— Sei, deixa-me ver. A primeira da lista é Maria Tereza Mendes e Souza.
— Ela mesma! É bonita, rica e sempre foi a fim de mim...
— Foi a fim de você, irmãzinho. Agora ela já está casada, muito bem casada por sinal e já espera o primeiro filho.

Miguel deu de ombros:
— A próxima.
— Eliza Albuquerque. — leu Graciela. — Todos sabem e você, também, que ela prefere ver o demônio em carne e osso a vê-lo. Ela o odeia.
— O meu charme é capaz de converter esse ódio em amor rapidinho.
— É capaz de converter em sangue, se você insistir muito. Esqueça-se dela, ela está casada e com dois filhos.

Miguel fechou o cenho e repetiu:
— A próxima!

Graciela foi lendo nome por nome e comentando:
— Lucélia Alcântara, casada. Ana Maria Giobbi, casada. Claudia Delduque, já casou se divorciou e se casou de novo. Aline Fragoná, casada. Fabiana De Grassi mudou-se para a Alemanha depois do relacionamento relâmpago que você teve com ela. Maria Jose Rozan, o pai dela jurou que se você se aproximar dela ou ela de você, ele passa fogo nos dois e, todos sabem que ele passa mesmo. Se não ele, alguém contratado por ele. Se eu fosse você, passava longe quando encontrar com um dos dois pela rua.

"Luiza Farah casou-se com um turco e vive agora na Turquia. Marilene Lacerda, dengosa, melindrosa e seu temperamento é o cão. Vocês se matariam na primeira semana de casados. Eulália Gonzáles, a pobre coitada ficou abalada após ter convivido com você naqueles poucos meses em que ela pensou que você estava realmente a fim de algo sério com ela. A pobrezinha vive internada numa clínica para doentes mentais.

"Tetê, Julia e Marluci Novaes viraram alcoólatras. Mércia Valenciano vive agora com uma mulher, diz que é uma prima, mas as más línguas comentam que as duas na verdade têm um caso. Pelo menos, parecem muito felizes. Rebeca Sartori, não sei como pode pôr seu nome nessa lista, a moça por pouco não o deixou capado, não se recorda?"

— É verdade...

— Carla Amarante também se casou, Marta Baaria, Cleuza Takako, Inês Boa Ventura, Hortência Pimentel, Izadora de Freitas, todas casadas. Izabela Renard, Maria da Graça Silveira, Rita Sciana, Rosana Soares, Cristina Abdala e Cristiane Marquezan, todas casadas.

Meu querido irmão, você nunca ouviu a expressão: "a fila anda".

Os olhos de Graciela brilharam ao desfecho da frase. Depois, ela prosseguiu com muito tato, escolhendo cada palavra:

— Responda-me uma coisa, Miguel. Com sinceridade. Desde quando casamento é um comércio? Um concurso de miss ou debutante? Não se escolhe com quem a gente quer se casar dessa forma, por esses meios, é o coração que escolhe e escolhe naturalmente, sem forçá-lo, quando ele bem quiser.

A expressão facial de Miguel oscilava agora entre o sorriso e uma careta. Sem querer, ele deixou escapar um riso meio constrangido.

— Por quem seu coração fala mais alto, Miguel? Por qual mulher seu coração bate mais forte? Sinta e assim saberá com qual mulher você deve se casar.

Diante da expressão que sombreou o rosto do irmão, Graciela falou:

— É por ela, não é? Ainda é por Juliana que seu coração fala mais alto, não? Foi desde o começo... Desde a primeira vez em que você a viu que você se encantou por ela, não foi? Você viu nela muito mais do que a mulher que podia lhe permitir continuar levando a sua vida de *playboy*, você viu nela, a mulher certa para se casar. Você apenas não se deu conta do fato.

Miguel não teve outra escolha, senão concordar. Aquilo de fato, percebia ele, agora, era a mais pura verdade.

— Não acredito que vou dizer-lhe o que vou dizer-lhe, mas, enfim... seja o que Deus quiser. Que nenhuma amiga minha da alta sociedade saiba que eu lhe dei este conselho.

Graciela tomou ar antes de aconselhar:

— Se você realmente ama a caipira, então, meu irmão, vá atrás dela e revele seus sentimentos por ela.

— Já fui, duas vezes, agora é tarde demais... Ela vai se casar com outro...

— Então, só lhe resta seguir em frente...

— Eu sei, por isso que quero me casar, se ela vai se casar com outro, caso com outra e resolvo o problema.

— Não queria estar na sua pele.

O irmão voltou-se e, sem esconder a apreensão, endereçou a Graciela um rápido olhar de esguelha. Em seguida, comentou, com seriedade:

— Se eu pudesse voltar no tempo, deixar de fazer o que fiz...

— Se pudéssemos reparar os nossos erros, meu irmão, a vida seria perfeita.

Enquanto isso, Silvana tinha uma conversava muito séria com Juliana.

— Você não deveria ter dispensado o Miguel, outra vez. Se ele veio até aqui, novamente, para lhe pedir que volte para ele, é sinal, mais do que suficiente, de que ele mudou. Que está realmente disposto a levar o relacionamento de vocês a sério, minha irmã.

— Miguel nunca vai mudar, Silvana. Nunca! Entenda isso de uma vez por todas.

— Ele já mudou, Juliana. Já deu muitas provas de que mudou.

— Ainda assim, não consigo mais confiar nele. Ele me feriu muito. Só me fez sofrer. Eu me entreguei para ele, acreditando que o amor que ele dizia sentir por mim era verdadeiro...

"Por que? Eu me pergunto. Por que surge alguém na sua vida que desperta sentimentos bonitos num dia e no outro os transforma em mágoa e ressentimento? Frustra todas as nossas melhores intenções de vida?"

— Perdoe a Miguel, Juliana. Ninguém é perfeito. Todos nós cometemos erros. Eu errei tantas vezes na vida, Miguel errou... Você também errou. Aposto que considera seu envolvimento com Miguel, um erro.

— Ainda que eu lhe perdoe, Silvana, eu e Miguel pertencemos a mundos muito diferentes. Isso não vai mudar entre nós. Eu não nasci para viver na sociedade e ele não nasceu para viver no meio do mato, no tipo de vida que gosto tanto.

— Ainda assim você não pode se casar com Tobias.

— Por quê?!

— Porque você não o ama.

— Mas Tobias me ama, ama muito. É um homem bom, de bom caráter, capaz de me fazer feliz.

— Mas você não o ama.

— Chega, Silvana! Vou me casar com Tobias e não se fala mais nisso.

— Ainda há tempo de você mudar de ideia. De voltar atrás.

— Não voltarei atrás. Não permitirei mais que Miguel estrague a minha vida.

— Não seja boba, Juliana. Deixa de ser teimosa. A teimosa e boba aqui era eu, não você! Não se esqueça disso!

Mais tarde, Vicentina conversou com Juliana, a sós:

— Filha, o que uma mãe mais quer na vida é ver seus filhos felizes. Eu sinceramente não sei se você conseguirá ser feliz casando-se com Tobias.

A filha interrompeu a mãe, delicadamente:

— Serei feliz sim, mamãe. A senhora verá! Tobias é um homem e tanto, sempre gostou de mim. Ainda que eu não o ame na mesma proporção em que ele me ama, a nossa convivência me fará amá-lo um dia com a mesma intensidade.

Juliana parecia querer acreditar muito no que dizia.

A mãe decidiu dar-lhe um voto de confiança.

Nos meses futuros Miguel tentou encontrar uma moça para se casar, mas ao perceber que todas que escolhia lembravam um quê de Juliana, acabou desistindo do seu propósito.

E o tempo seguiu seu curso...

Oitava parte

Cinco anos após o início da narrativa de nossa história...

Mércis bateu na porta do quarto do patrão, bem devagarzinho. Temia que ele ficasse bravo com ela por ter sido importunado. Mas não tivera outra escolha senão fazer aquilo.

– Senhor Miguel. – chamou ela num tom inseguro.
– Sim? – respondeu ele indo abrir a porta. – O que é?
– Desculpe por importuná-lo, mas há uma moça querendo muito lhe falar. Eu disse a ela que o senhor estava ocupado, mas ela insistiu para que eu o chamasse. Desculpe-me, não sei se fiz bem.
– Vou atendê-la.

Assim que chegou à escada, Miguel avistou uma mulher elegantemente vestida, admirando um dos quadros da grande sala, estava de costas para ele, por isso ele não pôde reconhecê-la de imediato.

– Pois não? – disse, olhando com grande interesse para ela.

Miguel parou no meio da escada quando a visita voltou-se na sua direção.

– Queila?!

O nome saltou de seus lábios como que por vontade própria.

– Olá, Miguel, como vai?

Ele não respondeu, terminou de descer a escada e foi até ela, lançando-lhe um olhar desconfiado.

– O que faz aqui? – perguntou, secamente.

Ela observou bem seu rosto e disse, com certa ironia:

– Você não me parece nada bem. O que houve? Onde foi parar aquele rosto presunçoso, cheio de arrogância no olhar? Aquele ar de eu sou eu e o resto é o resto? Onde, Miguel?

Ele, fuzilando-a com o olhar, repetiu a pergunta:
— O que faz aqui?!
— Pensei que ia ficar contente em me ver. — brincou ela, no seu tom mais ácido.
— O que faz aqui? — repetiu ele, enfurecido.
— Como assim, o que faço aqui?! Vim buscar meu menino.
— Menino?!

Por incrível que pudesse parecer, Miguel realmente não sabia a quem ela se referia. Diante do seu ar de interrogação, Queila soltou um risinho irônico e explicou:
— Meu filho, Miguel. Seu filho. Nosso filho!

Só então Miguel Pabliano compreendeu a quem ela se referia. Queila prosseguiu:
— O menino, ao qual você nunca deu a mínima. Pois bem, vou tirá-lo da sua vida para todo o sempre. Tirar esse peso, essa pedra no seu sapato porque sei que encara a criança, o próprio filho como um estorvo. Ah, se sei.

Girando o pescoço ao redor, perguntou, com certa impaciência:
— Onde está ele? Pode chamá-lo, vou levá-lo comigo...
— Para onde?
— Para a Europa. Que pergunta... Por sinal, por que pergunta? Não se importa com ele, que eu sei.

Miguel se viu tomado de pensamentos e sentimentos confusos.
— Miguel?! — tornou ela, impaciente, elevando a voz. — O menino! Vamos, chame o menino. Quanto mais cedo eu me vir longe da sua fuça, melhor para mim. Se antes, quando tinha um rosto bonito e saudável já sentia repugnância pela sua pessoa, agora, com essa cara amassada, doentia e pálida... sem comentários.
— O garoto não está aqui. — respondeu ele, por fim.
— Não?! Como não?! Onde ele está, então?
— O que importa?
— Importa e muito. Eu vim da Europa somente para buscá-lo. Eu fui para lá a fim de poder dar a mim e a ele um futuro melhor. Vamos, Miguel, onde está Benício?
— Ele não mora mais na cidade.
— Não?! Onde ele mora, então?

Miguel nunca se viu tão desesperado, carente de uma desculpa urgente. As palavras de Juliana voltaram a ecoar na sua mente, na velocidade de um raio: "Fique com tudo. Não quero nada do que é seu. De você, não quero nada além de distância. Ou melhor só quero o menino, quero levá-lo comigo. Ele é apegado a mim tanto quanto eu sou apegada a ele."

Queila não podia tirar o menino de Juliana, se tirasse, Juliana iria sofrer muito, acabaria odiando-o ainda mais por ter entrado na sua vida. Tinha de haver um modo de remediar aquela história. Como?

A voz de Queila tornou a se propagar pela sala, interrompendo os seus pensamentos:

— Acho bom você falar e rápido onde está meu filho senão a sociedade inteira vai saber que você teve um filho com uma prostituta. Eu não tenho nada a perder. Você, sim.

Miguel, enfim, respondeu:

— Ele partiu com a minha esposa. Minha ex-esposa.

— A jacu? Por que ela levou Benício com ela?

— Porque ela se apegou muito ao menino e ele também a Juliana. Eles moram no interior do Paraná. Perto da fazenda do meu pai. Fica a uns bons quilômetros daqui.

— Vá buscá-lo!

— Acho que ele ficará melhor vivendo por lá, com Juliana.

— Eu quero o meu filho, Miguel. Vá buscá-lo!

— Ele não virá comigo, Queila.

— Virá, sim!

— Não virá, não! Ele ama Juliana. Ele não vai se desprender dela por nada deste mundo.

— Se é assim, eu irei com você buscá-lo!

— Está bem, se é isso o que você quer, eu a levo até lá.

— Muito bom, assim poderei lhe contar durante a viagem tudo o que fiz nesses últimos anos.

— Não estou interessado.

— Sei que não. Você não se interessa por nada a não ser por si mesmo. Quando partimos? Não tenho muito tempo a perder.

— Partiremos o quanto antes. O quanto mais rápido eu ficar livre de você e daquela criança indesejada melhor.

— O mesmo digo eu.
— Agora entendo o porquê do seu semblante pálido e entristecido. Quer dizer que finalmente aconteceu. Aleluia! Finalmente Miguel Pabliano levou de uma mulher um pé no traseiro. Bem feito!
— Ora...
— Uma pelo menos haveria de fazer isso com você, para fazê-lo sentir na pele o que você fez e faz com as mulheres. Admiro sua ex-esposa, faço questão de cumprimentá-la pelo feito.
— A Europa piorou você, Queila.
— Não. A Europa me ensinou a ser mais eu, meu caro.

Durante todo o trajeto até a fazenda, Miguel só tinha um pensamento: como evitar a separação entre o menino e Juliana. Não era preciso ser vidente para prever o quanto ela sofreria, longe da criança que tinha agora como sendo o próprio filho. Se Benício fosse levado pela mãe para a Europa, o sonho dele de voltar as boas com Juliana ruiria de vez.

Juliana avistou a caminhonete de Miguel assim que ela atravessou a porteira do sítio. Foi o poeirão que levantou que chamou sua atenção. Assim que avistou Miguel descendo do veículo, seu semblante mudou. Ela largou o que fazia e foi atendê-lo.
— Miguel, você por aqui?
— Olá, Juliana, como vai?
— Bem, na medida do possível.
Queila juntou-se a eles, então.
— Olá. — disse ela, friamente e antes que Miguel o fizesse, apresentou a si mesma.

Os olhos de Juliana mostraram grande surpresa quando Queila disse que era a mãe de Benício. Ela já a vira uma vez, mas não guardara sua fisionomia.
— Benício vai gostar de vê-la. — falou Juliana a seguir.
— Será que ele ainda se lembra que eu sou a mãe dele? O menino tinha apenas quatro anos quando o deixei com Miguel.
— Um filho nunca esquece sua mãe. — afirmou Juliana. — Vou chamá-lo.

— E aproveite para ir fazendo as malas dele.
— Malas?
— Sim, meu bem. Vim buscá-lo.
Os olhos de Juliana transpareceram grande abalo. Miguel jamais vira tanta tristeza nos olhos de alguém.
— Como assim "buscá-lo"? — alarmou-se Juliana. — Ele está bem aqui. É feliz aqui.
— Bem, aqui?! Feliz?! — ironizou Queila, com acidez. — Francamente, como alguém pode ficar bem, ainda mais feliz, num fim de mundo desses? Só quando meu filho se mudar para a Europa é que ele irá saber o que é realmente felicidade, o que é realmente viver bem. O que é realmente civilização.
— Europa?! Você pretende levá-lo para a Europa? — chocou-se Juliana, ainda mais.
— Sim, para morar comigo. Em Milão. Eu deixei Benício com Miguel só até eu me acertar por lá, agora já posso levá-lo e oferecer-lhe uma vida digna.
— Eu pensei...
— Que eu nunca mais voltaria para apanhar meu filho? Pois bem, enganou-se redondamente.
Juliana engoliu em seco, por um minuto pareceu em transe, dura feito estátua.
— Vamos, filha. — falou Queila batendo palmas para despertá-la. — Não tenho todo o tempo do mundo. Quero ir embora desse lugar barrento o mais rápido possível.
Miguel se mantinha calado, olhando para Juliana, tomado de grande pena.
Juliana, despertando do choque falou:
— Benício vai sofrer muito com a nossa separação. Está tão acostumado comigo, meu pai, minha mãe, com tudo aqui.
— Em menos de um mês na Europa ele nem vai se lembrar mais de vocês.
— Eu amo seu filho como se fosse o meu próprio filho.
— Eu sinto muito. Agradeço tudo o que fez por ele, mas agora deixemos os sentimentos de lado e sejamos práticas. Eu compreendo seu desespero, seu apego, mas tudo o que fiz até hoje foi pensando no

meu filho, em dar-lhe um futuro melhor, bem melhor do que tive. É nele que eu me seguro quando me vejo desesperada e morta de saudade do meu país. A Europa é linda, no entanto, não é a minha pátria, moro lá porque só lá posso construir um futuro melhor para mim e para o menino.

Juliana, sem ver outra escolha, foi buscar o garoto. Enquanto isso, Queila ficou reparando na casa humilde da família e desdenhando a vida que se levava ali. Miguel era só ouvidos.

Assim que entrou na casa, Juliana explicou a situação para a mãe. Vicentina abraçou a filha e disse:

— Você precisa ser forte, minha querida.

— Oh, mamãe eu vou sentir tanta falta dele.

— Eu sei, todos nós, mas ela é a mãe do garoto, a verdadeira mãe e tem todos os direitos sobre o filho.

— Eu sei.

Juliana enxugou as lágrimas no dorso da mão e perguntou:

— A senhora arruma as malas dele? Eu não suportaria...

— Arrumo, querida. — adiantou-se Vicentina, lacrimosa. — Pode ficar tranquila.

Juliana então respirou fundo, secou os olhos com a ponta do pano de prato e foi chamar Benício que estava ajudando seu pai no celeiro. Assim que os dois se aproximaram de Queila e Miguel, Queila sorriu para o menino e disse:

— Filho! Como você está lindo!

O garoto se lembrava dela, sim. Mas não nutria por ela o mesmo afeto que nutria por Juliana, a quem tinha como mãe. Queila abraçou a criança e, entre lágrimas, falou:

— Mamãe, voltou para buscá-lo, filho. Você vai para a Europa comigo, onde estudará numa excelente escola e...

O menino recuou o rosto, olhou para ela, franzindo a testa, e perguntou com determinação:

— Eu já estudo na escola de Lagoa Serena.

— Aquilo não é escola, meu bem.

— Mas eu gosto de lá.

— Você gosta do que a mamãe gostar daqui por diante.

Queila endireitou o corpo e sem esconder a impaciência, disse:

— As malas dele já estão prontas?
— Eu vou apanhar.
Minutos depois, Juliana acompanhada dos pais trazia as malas de Benício.

Juliana, então, curvou-se sobre ele, tocou seu rosto carinhosamente e disse:
— Você vai com ela, agora, Benício...
O garoto, entre lágrimas, protestou no mesmo instante:
— Eu não quero ir, mamãe.
Ao ouvir o menino chamando Juliana de mãe, Queila inflamou-se:
— Ela não é sua mãe, Benício! Eu sou sua mãe.
A criança se agarrou a Juliana e, entre lágrimas, bradou:
— Ela é a minha mãe, sim!
Queila, fuzilando Juliana com os olhos, perguntou:
— O que você fez com a cabeça do meu filho?!
A resposta de Juliana soou firme e instantânea:
— Eu não fiz nada pelo qual deva me envergonhar.
— Você o fez acreditar que é a mãe dele, foi isso?
— Ele sempre soube que eu não era sua mãe verdadeira. Eu jamais mentiria para ele.

Queila calou-se, umedeceu os lábios com a língua, prendeu os cabelos atrás da orelha e voltando-se para o garoto, disse:
— Agora venha, Benício.
O menino se prendeu ainda mais a Juliana. Aos prantos, começou a gritar:
— Não! Não deixe ela me levar, mamãe, por favor!
O desespero do menino causou grande comoção em todos. Foi então que Miguel fez uma sugestão bastante pertinente:
— Deixe ele se despedir dela com mais tempo, Queila. Deixe ele se acostumar com a ideia.

Queila bufou, irritada. Chamando a atenção do menino, disse autoritária:
— Está bem. Mamãe deixará você por mais algumas horas na companhia dessa gente. Mas é só por mais algumas horas, amanhã cedinho esteja de malas prontas para partir e não quero manha nem choro.

O menino se agarrou ainda mais a Juliana e ela a ele. A cena feriu os sentimentos de Miguel. Havia mais uma vez conseguido penetrar a camada de pedra que ele havia construído em volta do seu coração.
Voltando-se para Queila, Miguel disse:
— Vamos, então.
— Sim, vamos. Mas amanhã, por volta das seis da manhã passaremos aqui para apanhá-lo.
Queila partiu da sede do humilde sítio com os olhos presos no filho enlaçado naquela que considerava sua mãe. A visão a deixou indignada e, ao mesmo tempo, revoltada. Aquilo não era justo. Fora ela quem o carregara em seu ventre durante nove meses. Fora ela que aceitara sua vinda de bom grado, que lutara contra tudo e contra todos, especialmente contra Miguel e a voz da razão para manter o filho na barriga e dar-lhe à luz. Fora ela, graças a ela, que Benício viera ao mundo e, por isso, ele lhe devia gratidão, respeito e obediência.
Fora também por ele que se mudara para a Europa e trabalhara incansavelmente para poder lhe dar estudo e condições mais dignas de viver. Fora ela, tudo ela. Não podia haver mais ingratidão por parte dele e da vida se ele menosprezasse tudo o que fez em troca de uma mulher que simplesmente o criou nos últimos anos.

Assim que Miguel pendurou seu chapéu no chapeleiro que ficava atrás da grande porta da casa da sede da fazenda Mato Serrão, ele limpou a garganta, voltou-se para Queila e perguntou de modo prático e direto:
— Quanto você quer para deixar o menino comigo?
— C-como?
— Eu perguntei: quanto você quer para deixar o menino comigo?
— Menino?
— Sim, o menino que veio buscar.
— Está querendo comprar o meu filho.
Ele fez uma careta de desagrado, tornou a limpar a garganta e respondeu:
— Sim.

— Sim?
— Sim. Quanto quer para deixar o menino comigo? Diga seu preço, eu pago.
— Você, querendo pagar por uma criança, seu próprio filho?
— Chega de embromação, Queila, diga quanto quer, vamos.
— Você nunca deu a mínima para o garoto, por que isso agora?
— Quanto?
— O que deu em você?
— Diga quanto?
— Você acha que eu sou capaz de vender o meu próprio filho?
— É.
— Você não me conhece.
— Conheço bem, não só você como qualquer outro ser humano para saber que diante do dinheiro, o dinheiro sempre fala mais alto. Vamos diga quanto quer.
— Eu não quero um centavo em troca do meu filho, jamais aceitaria.
— Larga de fazer manha, Queila. Sei que o dinheiro fala mais alto em seu coração.
— Eu amo o menino, Miguel. Por ele consigo ter forças para levar adiante a minha vida. Por ele encontro forças para lhe dar um futuro que lhe permita ter melhores condições financeiras para o estudo, para se estruturar na nossa sociedade.
— Chega de lorota e me diga quanto quer pelo garoto.
— Eu o carreguei em meu ventre por amor, você não sabe o que é para uma mãe um filho. Não faz ideia nem nunca fará. Não só porque nunca será uma mãe, mas também porque dentro do seu peito há tudo menos um coração.

Miguel sentou-se, cruzou as pernas e permaneceu encarando a ex-amante com seu ar irônico. Queila, em tom de desabafo, voltou a falar:

— Todos ao meu redor queriam que eu abortasse o menino, especialmente você, lembra? Você foi de todos quem mais insistiu. Mas eu lutei contra você e contra todos porque era uma vida que crescia dentro de mim, abortar, seria o mesmo que assassinar um semelhante.

Miguel não se deixou intimidar, continuou insistindo na sua proposta:

— Eu vou lhe pagar muito bem, você vai voltar para a Europa com muito dinheiro. Dinheiro para comprar, até mesmo, uma casa por lá.

— Nem que fosse dinheiro suficiente para eu comprar um palácio por lá, nem por todo o dinheiro do mundo eu seria capaz de vender o meu menino.

— Você é uma estúpida.

— E você é um desalmado.

O clima no recinto pesou. Até o ar pareceu ficar mais denso.

— Vou deixar você refletir por algum tempo a respeito da minha proposta. — acrescentou Miguel, minutos depois. — Nada melhor que a reflexão para...

Ela o interrompeu, subitamente:

— Oh, meu Deus.... é por causa dela, não é?

A vermelhidão tomou conta da face de Miguel. Queila prosseguiu, mirando fundo em seus olhos.

— É por causa dela... Eu jamais pensei que Miguel Pabliano: mulherengo, irresponsável e filhinho de papai seria capaz de propor uma indecência dessas a uma mulher para agradar uma outra mulher.

Ela riu, debochada.

— Como o mundo dá voltas, meu Deus... Jamais pensei, não só eu, com certeza, mas todas as mulheres que você usou e jogou fora, que um dia haveria de ter uma mulher que o fizesse se curvar diante dela. Que tirasse lágrimas dos seus olhos, amolecesse esse seu coração insensível e egoísta.

— Você não sabe o que diz.

— Sei muito bem o que digo. Aquela moça virou a cabeça de Miguel Pabliano, fisgou o seu coração, *infisgável,* se é que existe essa palavra...

Um grito rompeu a garganta do homem de 36 anos:

— Chega!

Queila não deixou se intimidar com o berro, continuou, no seu tom mais afiado:

— Você ama aquela moça.

— Já disse, chega!

Queila começou a rir. Gargalhar, na verdade. Riu tanto a ponto de lacrimejar.

— Ai, como eu queria que todas as mulheres que passaram por sua mão estivessem aqui para ver essa cena, elas partiriam daqui realizadas.

Ele saltou da cadeira e pegou-a firmemente nos braços:
— Quanto quer pelo menino?
— Você, como qualquer outro riquinho, pensa que pode conseguir tudo na vida pela força do dinheiro, mas está enganado, redondamente enganado, o dinheiro pode comprar muita coisa, mas não preciosidades da vida, como o amor, a paz, a saúde e a felicidade.

As palavras caíram sobre Miguel como flechas, fazendo-o soltar os braços dela e recuar. Queila voltou a romper-se numa gargalhada aguda e espalhafatosa.
— Miguel Pabliano você tem muito ainda a aprender na vida.

O rosto dele se tornou sombrio. Queila, sem piedade continuou fuzilando-o com palavras.
— Diga-me quando foi que você realmente descobriu que amava aquela moça?

"Deve ter sido um baque descobrir que a amava, que realmente a amava. Deve ter se sentido desesperado. Como um navio sem bússola em alto mar. Pobre coitado."

Ela tornou a rir. Depois, cortou o riso e falou seriamente:
— Pois muito bem feito, você mereceu e merece tudo o que vem passando nas mãos dessa moça. Para lhe falar a verdade, tudo o que está passando por causa desse amor, dessa paixão, é ainda pouco. Muito pouco. Você nunca valeu nada, nunca soube tratar ninguém com dignidade, respeito e compaixão. Só soube iludir os corações das mulheres, fazê-las de gato e sapato, usá-las e jogar fora. Sempre ouvi dizer na vida que aqui se faz aqui se paga, estou começando a achar que é verdade.
— Terminou o discurso?

Ela o peitou com o olhar. Ele tornou a abordar a sua proposta:
— Você não pode recusar a minha proposta, é muito dinheiro que está em jogo.
— Dinheiro... dinheiro... dinheiro... Você só sabe falar nisso, Miguel?
— Olha só quem fala, uma vagabunda que vendia o corpo por dinheiro.

Ela aproximou-se dele e sem titubear deu-lhe um tapa na cara, um bem dado!
— Olha só como fala comigo, seu inútil. — enfureceu-se. — Você não sabe nada a meu respeito, por isso não me julgue. Se vendi meu

corpo, foi porque não encontrei outra solução, até aquele momento, para me sustentar. Não tive a sorte de nascer numa família rica como você. Mas a todo momento, o meu único intuito era deixar de ser o que era para me acertar na vida, porque eu, como toda mulher, queria ser amada por um homem de verdade e não se deitar com um qualquer em troca de dinheiro, somente para satisfazê-lo na cama.

Uma crise de choro não permitiu que continuasse se defendendo. O clima ali pesou ainda mais. Somente quando conseguiu se controlar, Queila voltou a falar.

— Eu percebi o quanto Benício gosta da sua ex-mulher e o quanto ela gosta dele. Sou muito grata a ela por tudo o que fez por meu filho enquanto estive fora, mas não posso deixá-lo aqui, seria o mesmo que partir, deixando um pedaço do meu corpo.

"Se você fosse mãe compreenderia a minha posição. Se fosse um pai de verdade também haveria de compreender."

— Eu sou o pai.

Ela tornou a rir, debochada.

— Que grande pai você é, hein, Miguel? Nunca sequer olhou para o menino. Pouco se importou com ele, tanto que o deu a sua ex-esposa para trazê-lo para esse fim de mundo, para viver bem longe de você.

— Foi ela quem quis trazê-lo. Juliana se apegou muito à criança bem como Benício a ela.

— Deve ter sido um alívio para você.

— Quer saber de uma coisa? Foi mesmo! Quem quis ter esse filho foi você, não eu!

— Cuidado, Miguel, podem haver outros, dos quais você nada sabe.

— Onde está querendo chegar?

— Você dormiu com tantas mulheres que pode ter engravidado muitas delas, as quais guardaram segredo a respeito da gravidez. Você nunca foi de se precaver... Sempre abominou preservativos... Deve ter pego um bocado de doenças venéreas... Já consultou um médico?

Ele mordeu os lábios de ódio. Queila parecia divertir-se com o desespero daquele homem. Recompondo-se, desabafou:

— Preciso comer alguma coisa, estou faminta. Vou tomar um banho e depois tomar um café bem reforçado, com pão, manteiga e tudo mais que eu tiver direito.

Visto que Miguel permanecia parado feito uma estátua, Queila achou por bem tomar as providências. Assim, partiu em busca da cozinheira. Assim que a encontrou expôs suas vontades.

Miguel deixou o corpo cair no sofá da sala assim que a moça se foi. Sua mente foi novamente invadida pela cena que presenciara naquela tarde. O momento em que Benício se agarrou a Juliana e ela a ele, enquanto lágrimas e mais lágrimas rolavam pelo rosto dos dois. Aquilo partiu seu coração mais uma vez.

Tudo que ele menos queria era fazer Juliana sofrer mais do que já fizera e, no entanto, lá estava ele, mais uma vez, causando-lhe tanto sofrimento. Tinha de haver um jeito de reverter aquela situação, fazer com que Queila deixasse a criança no Brasil, com Juliana, para que ela não sofresse e para que o menino também não sofresse. Por mais que ele não quisesse, tivesse evitado, tornou-se impossível não ver o filho chorando de desespero, de saudade antes mesmo de ela existir.

Miguel afundou-se na poltrona tomado de pena. Tinha de haver uma solução para o caso. Ele tinha de convencer Queila a deixar Benício com ele, mas como?

Após o banho, Queila fez o que prometera a si mesma, jantou, depois foi sentar-se na sala na companhia de Miguel. Assim que o silêncio se instalou no ambiente, Miguel falou:

— Eu tomei uma decisão muito importante, Queila.

Ela faz ar de espanto.

— Você?! Tomando uma decisão importante! Vai chover!

Ela foi até a janela da sala e pôs a cabeça para fora.

— Falo sério, Queila.

— Você, falando sério? O que há, está com febre? Passando mal?

— Ouça-me.

— Sou toda ouvidos.

— Decidi dar meu sobrenome ao menino.

— O menino...

— Sim, o menino...

— Ele tem nome, sabia? Seria bom começá-lo a chamar pelo nome.

— O que acha da minha ideia?

— Por que isso, agora? Nunca se interessou em dar o seu sobrenome a criança?
— Mudei de ideia.
— Assim, de repente? O que quer em troca?
— Que você deixe ele comigo.
— Ah... eu sabia que deveria ter algum interesse por trás desse gesto tão prestimoso. Essa Juliana deve ter mel correndo nas veias ao invés de sangue. Só pode, para fazê-lo chegar a esse ponto! Assumir o filho que rejeitou desde o início por causa dela.
— E então?
— E então...
— O que achou da minha proposta?
— Sensata. Afinal, o garoto é seu filho e, automaticamente, seu herdeiro. Mas eu nunca me importei com isso e você sabe disso, nunca quis nada seu, tenho dignidade, você bem sabe, só precisei que ficasse com o menino para eu poder trabalhar e, assim, garantir-lhe um futuro promissor, caso não precisasse, jamais o teria procurado e lhe pedido para ficar com a criança. Não queria que ele tivesse contato com um desalmado como você. Você não o merece, ele não o merece.
— O tempo muda as pessoas, Queila.
— Que tempo, que nada, não me venha com filosofia barata, Miguel. Você só tomou essa decisão para poupar a sua *queridinha* do sofrimento que a separação lhe trará. Você, na verdade, está pouco se *lixando* com o menino, como sempre fez desde que soube da sua existência.
— Pensei nele também.
— Pensou nada.
— Dessa vez você está enganada. Eu vi como ele ficou triste com a notícia. A sua ideia de querer levá-lo para a Europa o afetou profundamente.
— Nossa! Será que finalmente uma centelha de bondade conseguiu florescer nesse corpo desalmado, corrompido pelo diabo? Se sim, parabéns, estou deveras admirada.
— Pare de zombar da minha cara, Queila.
— Está bem, se você quer dar o seu nome ao meu filho, que seja feita a sua vontade. Ainda assim, ele parte comigo para a Europa.

— Você não viu como ele ficou arrasado?

— Vi e é por isso mesmo que eu vou levá-lo comigo para que ele fique bem longe da sua pessoa que só serve para lhe trazer desgosto.

— Se você não deixá-lo eu não darei à criança o meu sobrenome.

— Faça como preferir. Se quiser dar dê, se não quiser, fique à vontade.

Miguel levantou-se, foi até ela, que se mantinha encostada junto ao parapeito da janela, pegou seu braço e disse com todas as letras:

— Queila, não me provoque!

Ela também respondeu com todas as letras:

— Ponha-se no lugar de seu filho, Miguel. Pelo menos uma vez na vida, antes de tomar uma decisão como esta, por interesse. Ponha-se no lugar de qualquer outro ser humano, antes de fazer algo, de ferir alguém. Você passará a pensar duas vezes antes de fazer qualquer coisa para alguém. Aprenderá a ter respeito pelo próximo, o mesmo que quer ter das pessoas.

O sol já caía no horizonte e Miguel estava na varanda, fumando, na esperança de acalmar os nervos quando avistou uma carroça vindo na direção da casa. Quem seria a uma hora daquela?, perguntou-se. Surpreendeu-se ao descobrir que era Silvana. A moça parou a carroça quase em frente ao casarão, desceu e foi até ele.

— Olá, Miguel, desculpe vir aqui a essa hora, mas precisava muito lhe falar.

— Quer entrar?

— Não. Aqui está bem.

— Fale, aconteceu alguma coisa com Juliana?

— Não, mas vai acontecer se o menino for embora. Miguel, você precisa fazer alguma coisa para impedir que isso aconteça, por favor, em nome de Juliana. Ela ama aquele menino, o menino adora ela. Ambos vão sofrer muito.

— Eu sei. Já usei todas as armas para convencer Queila, a mãe do garoto, a deixar o menino com Juliana, mas ela o quer de todo jeito. Se ele não for embora com ela, ela pode entrar na justiça e, certamente, ganhará a causa. Qualquer juiz vai dar razão para a mãe da criança.

— Oh, Miguel, Juliana vai se acabar longe do menino.

— Eu sei. Mas o que mais posso fazer? Pelo visto eu só trouxe tristezas para Juliana, não? Todas as alegrias que ela pensou que teria ao meu lado viraram tristezas. Eu nunca deveria ter entrado na sua vida, ela nunca deveria ter aceitado se casar comigo.

— Ela o amava, Miguel.

— Infelizmente.

— Quem é que domina o coração? Quando ele fala mais alto não há rédeas que o segurem.

— Por que tem de ser assim?

— Eu não sei, só Deus sabe...

O silêncio permaneceu entre os dois, temporariamente. Então, Miguel pediu licença e foi até seu quarto, voltou meio minuto depois trazendo na mão o porta-joias que dera para Juliana e ela deu para a irmã que depois vendeu para Miguel para poder levantar dinheiro para poder pagar a cirurgia de Cirineu. Estendendo o porta-joias para a ex-cunhada, Miguel disse:

— Pegue Silvana, é seu.

Ela olhou para o porta-joias com testa franzida.

— Meu?! — espantou-se. — Não, Miguel, as joias não são mais minhas, eu as vendi para você, lembra?

— Elas não me servem para nada, Silvana, por isso as estou devolvendo para você.

— Eu não tenho dinheiro para pagar por elas.

— Não precisa pagar, estou lhe dando. É um presente meu para você.

— Não posso aceitar.

— Por favor.

— Não devo. Dê a Juliana, afinal, pertenciam a ela.

— Juliana não gosta de joias, se gostasse não as teria dado a você. Por isso, aceite-as. Ficarei feliz se aceitá-las. Você pode vendê-las e com o dinheiro melhorar sua casa, ajudar seus filhos nos estudos.

— É uma boa ideia, Miguel. Obrigada.

— E quanto ao casamento de sua irmã?

Os olhos de Silvana arregalaram-se, ligeiramente.

— V-vai bem... — respondeu hesitante.

Miguel assentiu um tanto sem graça. E para encerrar a visita, despediu-se da moça.

— Até mais, Silvana.

— Miguel...

Ele voltou a olhá-la.

— Sou muito agradecida pelo que fez por mim e por meu marido. Sinto muito pelo que aconteceu a você e Juliana... Quero muito que você seja feliz, de alguma forma.

Miguel mordeu os lábios para não chorar.

No dia seguinte, o sol nem bem acabara de raiar e Miguel já estava de pé.

— *Seu* Miguel de pé tão cedo? — perguntou Valmira.

— Quero tomar uma xícara de café, Valmira.

— Valmira vai fazer um dos forte para o senhor. Um café capaz de levantar até defunto.

Assim que a mulher pôs a água para ferver, perguntou:

— O senhor vai mesmo embora hoje?

Ele balançou a cabeça ligeiramente.

— Tão rápido assim?

Ele tornou a concordar com o balanço da cabeça.

A mulher pôs à mesa uma xícara de café fumegante. Depois serviu uma para ela. Entre um gole e outro, ela falou:

— Desculpe pôr o bedelho onde não sou chamada, mas, por que o senhor não se casa com essa moça, essa *tar* de Queila... Quenia... Queika...

— Queila.

— Essa mesma, por que o senhor não se casa com ela, ela me parece uma moça muito distinta.

— Ô, se é... — ironizou Miguel.

— Muito religiosa.

— Nossa! — exclamou Miguel ainda mais irônico. — Não sabe o quanto ela é religiosa!

205

— Muito direita...
— Ô, ... Direitíssima.
— Então, meu senhor, case-se com ela. Nada melhor que casar com uma moça certa e *pura*.
— Ô, Valmira, acorda! A Queila não passa de uma prostituta!
— Prosti, o que?
— Prost... Mulher da vida. Entendeu, agora?!
Surda como era, a mulher entendeu "Mulher maravilha".
— Então, meu senhor, mais um bom motivo para o senhor se casar com ela.
Miguel riu. A simpática e simples Valmira, a seguir, deu-lhe um aconselhou muito sério:
— Se não quer se casar com essa tal de Queila, case-se com outra, então. Não é só a mulher que precisa de um homem, patrão. Um homem também precisa muito de uma mulher.
Miguel ia opinar, mas calou-se ao perceber que havia coisas mais importantes a conversar com Valmira.
— Diga-me, Valmira. Como vai o casamento de Juliana?
A mulher ficou ligeiramente atrapalhada com a pergunta.
— Juliana é feliz com o segundo marido? Onde vivem? Tiveram filhos?
A mulher parecia não saber por onde começar. Quando foi responder, calou-se ao ver Queila vindo pelo corredor.
— Aí está você, cheguei a pensar que houvesse fugido. — disse ela ao entrar na copa.
— Bom dia. — disse ela voltando-se para Valmira. — Vou tomar um pouco de café com leite, por favor.
Queila puxou a cadeira e se sentou à mesa. Prestando melhor atenção em Miguel, comentou com ironia:
— Você acordou com uma cara péssima.
— Por que será, não?
— Dinheiro não é tudo mesmo... Você montado na *gaita*, mas não pode comprar o que mais quer: o amor! Quando ouvia as pessoas dizerem que o dinheiro pode comprar um corpo, jamais a alma de uma pessoa, não acreditei. Agora sei que é a mais pura verdade.

Miguel preferiu ficar indiferente à observação da moça e insistiu mais uma vez:
— Pensou na minha proposta?
Queila não respondeu, levou a xícara de café até a boca, sorveu o líquido fumegante com prazer, o mesmo que transparecia em seus olhos, por ver Miguel Pabliano em desespero.

Estavam todos em frente a humilde casa do sítio de Seu Valeriano para se despedirem de Benício. O menino começou se despedindo de Aparecido que lhe presenteou com um estilingue que ele próprio havia feito. A seguir foi a vez de Benedita que abraçou o amigo querido e lhe deu sua pulseira feita de barbante para que ele tivesse alguma recordação dela. Vicentina foi a próxima a se despedir do garoto. Abraçou o menino com muito carinho e lhe desejou boa sorte na sua nova fase de vida. Seu Valeriano fez o mesmo. Até mesmo Silvana abraçou-o como se fosse o próprio filho.
Chegara a vez, então, de Juliana se despedir:
— Lembre-se do que a mamãe lhe disse: "não importa a distância que fiquemos um do outro, o amor que sentimos um pelo outro estará sempre nos unindo."
— Eu vou me lembrar, mamãe.
— Isso mesmo, meu querido, lembre-se disso, sempre.
O abraço a seguir foi forte e emocionado. Juliana fez o possível para não chorar; para não entristecer ainda mais o momento. Desfez o abraço e disse, olhando ternamente nos olhos do pequenino:
— Agora vá, Benício. Sua mãe o espera.
O menino, olhos lacrimejantes, atendeu ao pedido de Juliana. Queila, também recebeu o filho com um abraço e, observou:
— Vamos, meu querido. Uma nova vida o espera longe daqui.
Nem bem seguiram para o carro, Benício soltou-se da mãe, voltou até onde Juliana estava parada e a abraçou derramando-se novamente em lágrimas. A cena era tocante para todos.
— Vá, meu querido. — falou Juliana após o longo abraço. — Agora vá e seja muito feliz... Não se esqueça de me escrever. Eu o amo muito.

— Eu também, mamãe. Muito.

Antes de entrar no carro, Miguel voltou mais uma vez o olhar para Juliana e sentiu um novo aperto no peito. Pelo olhar dele, ela pôde compreender o que se passava em seu coração. O que ele muito queria lhe dizer: "Eu sinto muito por tudo isso...".

Durante o trajeto até Curitiba, Queila foi contando para o filho sobre sua vida na Europa, as coisas maravilhosas que existiam por lá e tudo o que ele poderia fazer morando lá.

O menino ouvia tudo, calado.

— Você vai amar o lugar, Benício. Acredite-me você vai gostar tanto que nunca mais vai querer pôr os pés no Brasil.

Pelo espelho retrovisor, Miguel observava o menino e podia perceber pelo seu olhar, vago e lacrimejante, que ele não estava prestando atenção alguma ao que Queila dizia. Estava com o pensamento longe, voltado para Juliana, sofrendo por ter de se separar dela.

Coincidentemente, o menino parecia sofrer tanto quanto ele sofria estando agora distante de Juliana.

Assim que chegaram à casa de Miguel em Curitiba onde Queila havia deixado sua bagagem, a moça disse, no seu tom mais maroto:

— Não se aborreça mais com a nossa presença nessa casa, meu querido. Falta pouco, agora, para partirmos. Só o tempo de tirar o passaporte do menino.

A voz forte de Miguel soou mais forte que o habitual.

— Antes, quero registrar a criança como meu filho.

Queila foi enfática ao dizer:

— Eu não vou mudar minha decisão quanto a levá-lo comigo para a Europa só porque você está disposto a dar, finalmente, seu sobrenome a seu filho.

— Eu não espero mais que mude nada do que planejou por causa disso. Ainda assim, quero dar-lhe o meu sobrenome. Ele é, afinal de contas, o herdeiro da família Pabliano.

Aquela era uma verdade, intransponível.

— Está bem. Admiro seu gesto. Finalmente você está mostrando que tem algum caráter, algum pingo de dignidade e respeito para com um semelhante.

Não pareceu, porque Miguel não deixou transparecer, mas as palavras de Queila mexeram com ele, foram capazes de fazê-lo sentir certo orgulho de si próprio.

Como Miguel havia prometido, tudo foi acertado no cartório. E, assim, Benício ganhou o sobrenome do pai. Passou a se chamar Benício Nascimento Pabliano.

Foi Miguel quem levou Queila e Benício até o aeroporto em São Paulo para apanharem o vôo para Milão. Assim que os passageiros foram chamados para fazerem o *check in,* Queila voltou-se para Miguel e disse:

— Obrigada, mais uma vez, pelo que fez por mim.

Ela tentou beijá-lo, mas ele virou o rosto. A mulher, então, voltou-se para o menino e disse:

— Benício, diga adeus para o seu pai.

Miguel manteve a cabeça virada para o outro lado.

— Ele é meu pai?! — espantou-se o garoto.

— Sim, Benício. Miguel Pabliano é seu pai. Por isso que agora você se chama Benício Nascimento Pabliano.

O menino estendeu a mão para Miguel e disse:

— Adeus, papai.

Miguel conseguiu finalmente vencer a barreira que se impunha entre ele e o filho e olhou para a criança. O menino tornou a repetir:

— Adeus, papai.

Os lábios de Miguel moveram-se mas nenhum som conseguiu atravessá-los.

Queila pegou o bracinho do menino e falou:

— Venha, Benício, o avião nos espera.

O garoto nem bem deu um passo, voltou até o pai, parou bem de frente a ele e disse com determinação:

— Diga a mamãe que eu volto, papai. Que um dia eu volto para ela.

Miguel soube imediatamente que o filho se referia a Juliana. Aquelas palavras por pouco não o fizeram chorar. Queila voltou até o garoto, pegou sua mão novamente e num tom ríspido falou:

— Vamos, Benício. Depois de conhecer a Europa você nunca mais vai desejar pôr os pés nesta terra de índios. Muito menos naquele fim de mundo em que você viveu nesses últimos anos. Você vai crescer, logo só vai pensar em garotas e mais garotas. Vai agradecer a mamãe, essa aqui, sua mãe verdadeira por ter tirado *você* desse país que Pedro Álvares Cabral teve a infelicidade de descobrir.

Mãe e filho seguiram pelo corredor até o portão de embarque onde apresentaram os passaportes. Miguel assistia a tudo de longe.

Minutos depois, Benício voltou-se mais uma vez para o pai e acenou para ele, sorrindo.

Miguel deixou-se comover mais uma vez com o sorriso do garoto, um sorriso bonito, idêntico ao seu.

Enquanto isso nos arredores de Lagoa Serena. Silvana perguntava a irmã:

— Você está bem, realmente bem?

—Tenho de estar, Silvana. Se eu quiser, um dia, reencontrar Benício tenho de ficar bem.

— É assim que se fala, mana.

Silvana contou a seguir para a irmã, a respeito do porta-joias que Miguel lhe devolveu. Juliana estava surpresa.

— Eu achei o gesto de Miguel, surpreendente. O que revela que ele não é tão mau assim como você pensa. Se foi, mudou. Provas tenho, afinal, foi ele próprio quem comprou de volta as joias que havia lhe dado e você me deu, para eu poder pagar a cirurgia de Cirineu.

— Você nunca havia me dito que havia sido ele o comprador das joias.

— Mas foi. Acheguei-me a ele e expliquei a situação. Ele compreendeu de imediato a minha urgência e por isso fez um cheque nominal, já que a quantia era grande, e me entregou na mesma hora. Antes de eu partir, ele ainda me disse: se o dinheiro não for suficiente, eu lhe darei mais.

Juliana ficou ainda mais surpresa. Silvana, então, perguntou a irmã, num tom diferente.

— Miguel mudou, maninha... Não acha que deveria...

Juliana a interrompeu no mesmo instante:

— Por favor, Silvana, não quero mais falar no assunto. Por favor.

Silvana achou melhor respeitar o pedido da irmã.

 Assim que Miguel voltou para Curitiba, encontrou-se, por acaso, no clube, com o cunhado. Já que os dois foram amigos, confidentes no passado, Miguel desabafou com Maximiliano. Contou em detalhes sobre a volta de Queila e tudo o que se desencadeou com sua volta.
 — Confesso que senti pena do garoto. Pelos seus olhos pude ver o quanto ele está sofrendo com essa mudança de endereço. Acho que jamais vi tanta tristeza nos olhos de uma criança como vi transparecer nos dele. Ele se apegou muito a Juliana, a tem como sua mãe, e ela o têm como se fosse seu próprio filho. Ambos estão sofrendo demais com a separação. Juro que fiz de tudo para impedir que Queila levasse o menino com ela para a Europa, mas foi impossível, ela não mudou de ideia. Por fim, achei mais do que justo que a criança tivesse o meu sobrenome, acertamos tudo antes de ela partir. Ainda estou com ódio da Queila por ela não ter deixado o menino com Juliana como lhe propus.
 — Ela é mãe, Miguel.
 Ele fez uma careta como quem diz: "O que se há de fazer?".
 A opinião de Maximiliano, a seguir, deixou Miguel pensativo por dias.
 — É uma pena que o menino cresça ao lado de um homem que não é verdadeiramente seu pai. — ele se referia ao italiano com quem Queila havia se casado na Itália e que lhe possibilitou ganhar a cidadania italiana com direito a trabalhar no país legalmente. Ainda que seja um estranho é ele que essa criança vai ter um dia como sendo seu verdadeiro pai. Porque o pai e a mãe acabam sendo sempre aqueles que criam a criança.
 Miguel fixou no cunhado um olhar inquiridor. Mas como Miguel nada disse, Maximiliano continuou:
 — Eu não gostaria que isso acontecesse com meu filho. Se bem que...
 — Se bem que...?
 — Graciela não quer me dar um filho de jeito nenhum. Toda vez que eu toco no assunto ela vem com aquela conversa de que é ainda muito jovem para ter uma criança e... blá blá blá...

— E você quer ter muito um filho?

— Sim, Miguel! Filho ou filha, não importa, quero viver a emoção de ser pai. De ver meu filho crescer, de estar presente em todos os momentos felizes e infelizes de sua existência.

— Maximiliano, meu caro, jamais pensei que isso fosse importante para você.

— Mas é.

— Isso prova que a gente nunca conhece os outros como pensa conhecer.

— A gente não conhece nem mesmo a nós mesmos, devidamente, meu caro. Há vontades dentro de nós, tal como a de ser pai e estar presente na vida do filho em todos os momentos, as quais, para muitos, passam despercebidas. Mas elas estão lá, no âmago do ser e se revelam quando vasculhamos o inconsciente.

Miguel refletiu naquelas palavras e chegou à conclusão, mais tarde, de que elas faziam total sentido.

— Sua irmã já está com quase quarenta anos de idade. A medicina diz que é bem mais difícil e arriscado para uma mulher engravidar pela primeira vez depois dos quarenta. Se ela demorar muito para se decidir a engravidar, tenho receio de que não possa mais gerar filhos.

— Vocês já conversaram a respeito?

— Sim. Toco no assunto quase todo dia, mas ela desconversa, diz que ficará grávida na hora certa, enfim...

Houve nova reflexão por parte de ambos, então, Maximiliano deu um conselho a Miguel:

— Miguel, além de meu cunhado, você é um amigo, por isso vou lhe dar um conselho: ame seu filho, esteja presente sempre que puder, isso não só fará tremendamente bem a você como também a ele. Acredite-me. Não perca a oportunidade de curtir a vida juntos para não se arrepender depois.

Miguel manteve-se calado, mas sua mente não.

No dia seguinte, Graciela procurou o irmão em sua casa para fazer um desabafo.

— O que há, por que essa cara amarela? — perguntou Miguel, assustado com a aparência da irmã.
— O problema de sempre.
— Problema?! — estranhou Miguel, despachado. — E, por acaso, você tem algum problema?
— Tenho sim, meu irmão. Quem não tem?
— Então diga, qual é?
— Como você é frio e insensível.
— Sou prático, é diferente.

Graciela enrubesceu ao encontrar o brilho irônico no olhar de Miguel.

— Vamos, Graciela, desembucha... O que, afinal, está lhe aborrecendo? Falta de dinheiro não pode ser. A empresa de papai vai de vento em popa. Portanto, suas ações devem estar lhe garantindo um bom sustento. Então, só pode ser o Maximiliano. O que foi? Ele arranjou outra, foi isso? Era de se esperar.
— Como assim era de se esperar?
— Ora...
— Pois não é nada disso, Miguel. Estou chateada porque estou tentando, já há algum tempo, engravidar e quando consigo, ocorre aborto natural. Maximiliano não está sabendo disso, pensa que continuo evitando uma gravidez. Não quero que ele saiba da verdade para que não me culpe por isso. Estou com receio de que eu tenha esperado demais e assim, passado da idade.

"Maximiliano vivia me alertando a respeito, percebo agora que ele estava certo. Mas eu tive medo Miguel, medo, entende? De deformar o meu corpo com a gravidez e depois ser rejeitada por meu marido. Todavia, agora, tenho medo de que ele me rejeite por não poder lhe dar o que ele tanto almeja, que é um filho, ou filha, o que ele há anos me cobra. Estou num sufoco só."

— Talvez você esteja tendo dificuldade para engravidar por ansiedade.
— Ansiedade, como assim?
— Você fica tão aflita para engravidar e depois que engravida fica com tanto medo de perder o bebê que acaba encontrando dificuldades

para manter a gestação. Você precisa relaxar, o que não é fácil para uma pessoa *elétrica* como você.

"Muitas mulheres com dificuldades para engravidar, conseguem-no depois que adotam uma criança. Segundo pesquisas, isso acontece porque elas relaxam, não se pressionam mais para ter um filho como antes, porque já têm um. Se bem que..."

— O que?

— É o destino.

— Destino? Desde quando você acredita em destino?

— Já faz algum tempo que venho pensando a respeito e, chegando à conclusão de que tudo o que vivemos, é coisa do destino.

— O mundo é tão complexo, não sei ao certo no que acreditar... Dizem que tudo está certo como está. Eu duvido, pois a vida é, muitas vezes, como um quebra-cabeça embaralhado. Por mais que tentemos encaixar as peças, elas não se encaixam ou falta sempre uma, ou duas... Só sei que existe tanta gente que pode ter filho, tem e não dá a mínima para eles e, aqueles que tanto querem, pelo menos um para amá-lo, não o conseguem. Isso não é justo.

O comentário era válido, percebeu Miguel, pois ele próprio se encaixava na categoria dos que têm filhos e não lhes dedicam atenção, amor. Não reconhecem a dádiva de tê-los e o profundo pesar quando não conseguem ter um.

Enquanto isso na Europa, Benício tentava se adaptar a sua nova vida. O que estava sendo árduo para ele, afinal, não falava italiano, tinha de aprender a língua rápido para poder acompanhar a escola, fazer amigos...

Até mesmo as palavras que eram escritas e pronunciadas com muita semelhança ao português ele tinha dificuldades para entender. Seria um período árduo de adaptação, mas Queila se mostrava otimista, confiante de que o filho tirasse aquilo de letra da mesma forma que vinha se adaptando a ela, a mãe biológica, que lhe era muito carinhosa e gentil. Tratava-o como um príncipe, porque no fundo, ela o via como um príncipe, como faz a maioria das mães.

À noite, depois que Benício se recolhia para dormir, ela ia até a porta entreaberta do quarto do menino e o ouvia conversando com Juliana, na penumbra. Contava-lhe, como se estivesse ali, a respeito dos acontecimentos do dia. Aquilo a deixava enciumada sim, mas ao mesmo tempo de coração partido. Triste por ver o filho sofrer de saudade daquela que também tinha como mãe.

Queila, às vezes, chorava calada, observando tudo aquilo. Voltava-se para Deus e explicava, em pensamento, mais uma vez, que trouxera o filho para a Europa não para torturá-lo, mas para poder lhe dar um futuro mais digno, viver ao seu lado como todo filho deve viver boa parte de sua vida, ao lado da mãe.

Benício não podia ouvir a voz de Juliana ou sentir seu tato, mas podia sentir a sua luz e o seu calor chegando até ele, de forma sobrenatural. Para ele, ela podia escutá-lo onde quer que estivesse.

A sensação que Juliana tinha ao conversar com o menino, em pensamento, era idêntica.

Semanas depois, Henrique estava mais uma vez visitando o primo.

Miguel estava sentado numa cadeira de vime, perto das janelas, descalço e com os botões da camisa desabotoados. Um toco apagado de cigarro pendia do canto esquerdo de sua boca. Seus olhos, olhos de névoa e de perda, continuavam olhando para trás, em busca do futuro tão sonhado ao lado de Juliana, jamais vivido, jamais atingido.

Ele queria fugir dele próprio, porque fugindo, não teria de encarar a frustração e a angústia que torturavam a sua alma.

Ele sabia, agora, mais do que ninguém, que trocar o amor, uma vida feliz ao lado de uma mulher encantadora e fiel como Juliana por uma vida desregrada, na boemia, na boa vida fora o mesmo que trocar *gato por lebre*.

Só agora ele percebia que o que fica mesmo na vida é o amor, a pessoa que o destino reservou para você.

Henrique, ficou imóvel, em gélido silêncio, olhando para o primo que até então não demonstrara sinal algum de ter notado a sua presença.

215

— Miguel. — chamou ele, para que seu primo o notasse.
O toco do cigarro caiu dos labios de Miguel quando ele num tom irônico disse:
— Henrique Pabliano... A que devo a honra?
Henrique tirou o casaco, pois o ambiente estava abafado, sentou-se na poltrona que havia ali, quase ao lado da cadeira e perguntou:
— Como tem passado? Não tem mais aparecido no clube.
— Eu enjoei daquilo.
— Soube que anda ausente até dos bares.
— Também não vejo mais graça em tudo aquilo. A boemia havia, há muito tempo, virado rotina e descobri, recentemente, que detesto rotina.
Miguel jogou os braços para trás e espreguiçou-se. Voltou então os olhos para o primo e lhe contou os últimos acontecimentos que cercaram a sua vida.
Um longo silêncio dominou o ambiente depois de suas palavras.
Henrique dava sinais de estar revirando tudo aquilo na cabeça. Depois, parecendo ter posto todos os pensamentos em ordem, falou:
— Nem todo padrasto tem bom coração para com seus enteados, Miguel. Alguns os tratam muito mal, sabia? Transformam a vida dos enteados num inferno. E os enteados são obrigados a permanecer onde estão, aguentando malcriações por não terem outra escolha, por serem dependentes financeiramente de seus padrastos. Muitas mães, diante da situação, calam-se. Percebem o que se passa, mas não tomam atitude alguma para não complicar o convívio com o marido. O mesmo fazem os maridos com a esposas que se tornaram madrastas de seus filhos.
— Você tem toda razão no que diz, Henrique. Além do mais, como me disse Maximiliano outro dia, o menino vai crescer ao lado de um homem que não é seu pai, mas que vai acabar sendo encarado como sendo seu pai.
Subitamente, Miguel se pôs de pé, abotoou a camisa, pôs as meias e os sapatos.
— Aonde vai? — estranhou Henrique.
— Preparar alguns documentos. Falar com o meu pai.
— Sobre?

— Sobre a minha mudança para a Europa.
— Mudança?!
— Sim, minha mudança. Não para sempre, é claro, mas por algum tempo. Tempo suficiente para fazer o menino saber que eu sou o pai dele, e impedir que o padrasto faça alguma coisa de errado com ele.

Um sorriso lindo estampou-se na face bonita e serena de Henrique.
— Como vai encontrá-lo?
— A mãe dele me deixou o endereço. Se não for verdadeiro, eu logo saberei, ainda assim eu os encontrarei.
— Talvez, você encontre, na Itália, uma nova chance no amor, Miguel.
— Talvez...
— Boa sorte!
— Obrigado. Deseje-me sorte também com papai. Você sabe que ele não é fácil.
— Se sei, vocês dois são idênticos.
— Ora, Henrique, vá chatear outro!

Depois de renovar seu passaporte e providenciar dólares para a viagem, Miguel chegou de surpresa ao escritório do pai. Nem bem entrou na sala, foi direto ao assunto. Aristides, boquiaberto, comentou, mais para consigo mesmo do que para o filho:
— Quer dizer, então, que você assumiu o filho que teve com a prostituta?!
— Sim, papai. Era o mínimo que eu podia fazer. Afinal, o menino é meu filho. É a minha cara quando eu tinha a idade dele.
— Eu ainda não consigo engolir essa criança...
— Seu neto, papai. Legítimo herdeiro de tudo o que o senhor possui.
— Isso para mim é ultrajante.
— Papai, se o senhor conhecesse Benício melhor... Esquecesse que sua mãe era... bem, o senhor sabe... O senhor o veria com outros olhos. Foi assim que eu fiz. O que me ajudou muito mesmo foi Juliana. A certa hora me perguntei por que ela tinha tanta adoração pelo menino e a resposta soou rápida em meu cérebro: porque ele é adorável. Ousei então olhá-lo com outros olhos, da mesma forma que Juliana e pude ver então as maravilhas que ela via nele.

"Papai, aquele garoto é meu filho, seu neto... Eu, o senhor, nós temos de fazer alguma coisa por ele...".

— Só por ele?

— Aonde o senhor quer chegar?

— Você está fazendo tudo isso somente por ele ou também por Juliana, Miguel?

— Pelos dois, papai. Quero que eles tenham orgulho de mim por algo de bom que eu faça. Não quero mais ser visto como aquele que só trouxe dor e tristeza à vida das pessoas. Pelo menos, na vida do meu filho e na de Juliana.

— Incrível como essa moça exerce grande poder sobre você, filho. Ela é realmente uma bênção na sua vida.

— Antes eu fosse uma bênção na vida dela também, papai.

O pai refletiu por instantes, enfim disse:

— Está bem, Miguel. Faça o que achar melhor. Vá ficar com seu filho na Europa por um tempo, acho que essa experiência de vida vai ajudá-lo muito a se tornar uma pessoa mais humana. Quem sabe, me empolgo e visito vocês para conhecer o menino de uma forma que nunca me permiti conhecê-lo?

— Ótima ideia, papai.

— E quanto a ela? Juliana...

— Ela se casou com outro, papai. Disse-me com todas as letras que faria o possível para ser feliz com ele. O que posso fazer senão tentar esquecê-la?

Assim que Miguel partiu, o pai se perguntou se ele não estava querendo ficar próximo do filho porque assim estaria de certo modo próximo à moça que tanto amava e cujo nome era Juliana da Silva.

Nona parte

Miguel entrou no avião decidido a cumprir a promessa que fizera a si mesmo. Nunca se sentiu determinado a fazer algo como naquele momento. O voo entre Brasil e Itália, foi tranquilo, sem turbulências, sem insônia.

Assim que chegou a Milão, Miguel tomou um táxi e pediu que o levasse até o endereço que Queila havia lhe deixado. Em menos de quarenta minutos o veículo estacionou no meio fio em frente ao predinho em que ela morava com o marido e o filho. Era um edifício gracioso, com floreiras na janela, num bairro muito agradável.

Miguel sentiu certa admiração por Queila naquele instante, pois ela partira do Brasil disposta a se estruturar na vida, ter um casamento com um homem de bem, criar condições para acolher o filho, quando fosse buscá-lo no Brasil para morar com ela na Itália e conseguira. Ele tinha de reconhecer o fato de que ela era realmente uma mulher determinada e que sabia lutar com a cara e a coragem por seus sonhos.

Ele estava subindo o pequeno lance de escadas em frente à porta do edifício quando uma moradora abriu a porta, sorriu para ele e lhe deu passagem. Ele ia tocar a campainha do apartamento dela, mas já que a porta estava aberta entrou sem se anunciar.

Quando se viu diante da porta do apartamento de Queila, no segundo andar do edifício, respirou fundo e tocou a campainha. Logo ouviu passos vindo em direção à porta, não demorou muito para que a pessoa olhasse pelo olho mágico e abrisse a porta.

— Miguel? — espantou-se Queila, ao se ver face a face com ele. — Quando o vi pelo olho mágico pensei estar vendo coisas. — seu tom era simpático.

— Olá, Queila. — respondeu com certo constrangimento.
— Você, aqui?
— Sim. Vim passar um tempo na Itália.
— Um tempo?
— Sim, para ficar perto do menino.
Os olhos dela se abriram um pouco mais, a boca, ligeiramente.
— Não devo estar ouvindo bem. — admitiu ela, confusa.
— É isso mesmo que você ouviu. Achei que seria importante para o menino ter a companhia do pai. Do verdadeiro pai ao seu lado, durante seu crescimento.
— É sempre importante. Entre.
Ele aceitou o convite. Indicando-lhe o sofá, ela acrescentou:
— Sente-se. Pelo que percebo você acaba de chegar, não? Quer beber alguma coisa, comer algo?
— Não, obrigado.
Queila sentou-se numa cadeira bonita e ficou a admirar Miguel Pabliano. Fez-se um breve silêncio até que dissesse:
— Mal posso acreditar que você esteja aqui e pelo motivo que alega.
Ele baixou os olhos, ligeiramente sem graça, ela voltou o rosto por sobre o ombro e chamou:
— Benício!
O menino atendeu ao chamado no mesmo instante.
— Sim, mamãe.
Ao ver Miguel, comentou, olhando para ele com grande interesse:
— Eu conheço o senhor, não? É meu pai, não é mesmo?
Miguel concordou com a cabeça, balançando-a, timidamente.
— O que o senhor faz aqui?
Queila ia responder a pergunta, mas calou-se ao perceber que ela seria melhor respondida pelo próprio Miguel.
— E-eu... — começou Miguel, gaguejando, com os olhos a ir e vir do menino. — Bem... estou a passeio...
A mentira fez Queila repreender Miguel pelo olhar no mesmo instante. Ao perceber que ele não tinha coragem e força para dizer ao garoto, olhos nos olhos, a verdade, ela disse por ele:
— Seu pai veio para Milão, Benício, por sua causa.
— Por minha causa?!

A voz do garoto transpareceu espanto e alegria.

— Sim! — afirmou Queila. — Seu pai veio para cá, por sua causa. Para lhe fazer companhia.

Um sorriso bonito despontou na face rosada do menino. Miguel continuava a olhar para ele, com certa insegurança, sem conseguir focar os olhos nos olhinhos dele, que o olhavam com interesse redobrado.

A sala se silenciou mais uma vez, foi Benício quem, minutos depois, quebrou o gelo.

— Quer ver o meu quarto?

Miguel voltou os olhos para Queila que o encorajou, por meio do olhar, a aceitar o convite. Ainda que sem graça, Miguel olhou para o pequenino e balançou a cabeça em sinal de afirmação.

Benício foi até ele, pegou sua mão e o puxou até seu quarto. Era um quarto bem decorado, com um lindo e agradável papel de parede, em tons de azul claro. Havia um guarda-roupa embutido, uma cama ampla, uma escrivaninha para estudar e apoiar os livros da escola, uma luminária... A janela era coberta por uma cortina num tom bege que servia para escurecer o ambiente quando necessário, era tudo, enfim, muito agradável. Mas o que mais chamou a atenção de Miguel foi o porta-retrato com a foto de Juliana sobre o criado-mudo ao lado da cama do menino.

Ao perceber que o pai olhava para a foto com grande interesse, o menino perguntou:

— Tenho muita saudade dela.

— V-você não se esqueceu dela, então?

— Não. Eu penso nela em todos os momentos. Quando vou me deitar, beijo sua foto e rezo para ela. Mamãe disse que se eu passar de ano ela me leva para vê-la no Brasil. Por isso tenho estudado bastante.

"Eu gosto da mamãe Queila. Ela é boa para mim, carinhosa, mas eu gosto da mamãe Juliana também. Gosto muito. Se eu pudesse viver com as duas mães ao mesmo tempo... Minha mãe e meu padrasto dizem que isso nunca vai ser possível. O que o senhor acha?

— Creio que eles têm razão, Benício.

Os olhos do menino entristeceram diante da resposta. Miguel pensou em dizer-lhe alguma coisa para alegrá-lo, mas não encontrou o quê.

— Aonde o senhor vai morar? — perguntou o garoto, afugentando a tristeza.

— Eu ainda não sei.

— Se o senhor quiser dormir aqui, eu cedo a minha cama para o senhor.

Miguel, comovido, respondeu imediatamente:

— Muito obrigado. Você é um garoto muito simpático.

Nisso, Queila apareceu à porta e disse:

— Benício é um garoto simpático, estudioso, um menino que vale ouro.

Miguel mordeu os lábios, comovido.

No minuto seguinte, Queila preparou um café da tarde para todos.

— Sua vinda vai fazer muito bem para ele, não que Carlo não seja um bom padrasto, é, mas é que o contato com o pai, verdadeiro, quando possível é fundamental para uma criança. Eu gostaria de poder hospedá-lo aqui em casa, mas, não creio que Carlo vá gostar muito da ideia. É um bom sujeito, mas é ciumento *pra chuchu*.

— Eu compreendo, não se preocupe. Se puder me indicar um lugar para eu me hospedar...

— Isso eu posso e *pra* já.

Queila demorou alguns segundos para se ajeitar. Quando voltou à sala, disse:

— Estou pronta, vamos.

Miguel mordeu os lábios e, num tom um tanto sem jeito, disse:

— Antes de irmos, eu queria lhe dizer algo a seu respeito... Algo que percebi somente quando aqui cheguei. Você é uma vencedora, Queila. Parabéns. Você estava certa em querer sair do Brasil, arriscar a sorte aqui.

— Obrigada.

— Aquilo que eu disse a seu respeito, àquela vez, bem, eu acho que eu não deveria ter dito, foi grosseiro da minha parte e você tinha toda razão quando disse:

"*Você não sabe nada a meu respeito, por isso não me julgue. Se vendi meu corpo, foi porque não encontrei outra solução, até aquele momento, para me sustentar. Não tive a sorte de nascer numa família rica como você. Mas a todo momento, o meu único intuito era deixar de ser o que era para me acertar na vida, porque eu, como toda mulher,*

queria ser amada por um homem de verdade e não se deitar com um qualquer em troca de dinheiro, somente para satisfazê-lo na cama.
"Eu lhe peço desculpas por aquilo."
Queila, sorrindo, foi sincera ao dizer:
— Eu sempre achei que no fundo, Miguel, você era um bom sujeito. Que sua vida boêmia, seu jeito de se envolver com as mulheres, era na verdade para se proteger, para evitar um envolvimento mais profundo com elas, por medo de amar. Eu não sei por que uns nascem com medo de amar, mas deve haver um porquê como há um porquê para tudo na vida.

Miguel corou, ela sorriu, sem mais delongas, os três partiram em busca de um local para Miguel se hospedar enquanto estivesse morando na Itália.

Alguém já disse que as pessoas podem surpreender na vida, pois bem, os três estavam descobrindo o quanto aquilo era verdadeiro.

Não levou muito tempo para que encontrassem uma quitinete a poucas quadras dali, mobiliada, para ser alugada. Para Miguel o local era perfeito, por isso alugou no mesmo instante, deixando como garantia, como é de praxe na Europa e Estados Unidos, três meses de aluguel pagos adiantado.

— Está feito! — exclamou Miguel, contente. — Agora só falta apanhar as malas na sua casa e me mudar.

Foi o que fez a seguir. Antes de deixar o apartamento de Queila, ela teve uma palavrinha com ele em particular:

— Eu permito a aproximação de vocês dois, desde que você não beba bebidas alcoólicas perto do menino, nem ande com vadias em sua companhia. Não quero que ele tenha má influência de qualquer tipo. Combinado?

Miguel assentiu com a cabeça.

Naquela noite, Queila teve de suportar mais uma crise de ciúmes de Carlo. Assim que ele soube da chegada de Miguel, o italiano surtou:

— Eu não quero contato entre vocês dois.

— Meu bem, eu não vejo nada em Miguel, acredite-me. Miguel foi paixão de uma semana só. Nada mais. Por favor, eu lhe peço, em nome de Benício, vai ser importante para ele, o contato com o pai.

Carlo não disse mais nada. Quando conheceu Miguel, pessoalmente, seu ponto de vista sobre ele mudou. Acabou gostando dele, parecia alguém em quem podia confiar. Desde então, começou a trocar algumas palavras com ele, o que foi bom para Miguel aprimorar o seu italiano.

Nos dias que se seguiram, Miguel assumiu a incumbência de levar Benício à escola e ir buscá-lo. Dia sim, dia não, almoçava com ele num restaurante. Com o passar dos dias foi se sentindo mais à vontade na sua presença. Isso porque Benício, inconscientemente, fazia o possível para fazê-lo ficar à vontade na sua companhia.

Na maior parte do bate-papo entre os dois eles falavam de Juliana. Como seria legal o reencontro deles, como era legal a época em que ele viveu no sítio, com ela e seus pais. Era com grande satisfação e alegria que contava as aventuras que vivera por lá.

Certo dia, depois de um passeio, Benício perguntou ao pai.

— A mamãe Juliana sabe que o senhor está aqui?

— Não.

— Então vou escrever-lhe, contando.

— Escrever?!

— Sim. Eu sempre escrevo para ela, pelo menos uma carta por mês.

De fato, o menino já havia escrito para ela contando como era a cidade, sua casa, seu padrasto, tudo enfim em Milão.

Miguel se achou um cretino naquele momento por ter-se esquecido daquele elo que podia manter os dois unidos: cartas.

— Mas você tem o endereço dela? Será que a carta chega realmente até lá?

O menino concordou com a cabeça, enquanto dava uma nova lambida no Sundae de chocolate.

— Boa-ideia! — empolgou-se Miguel. Feliz pela descoberta de um elo que podia manter com Juliana, mesmo à distância. — Mandaremos também um cartão postal para ela, o que acha?

O menino se alegrou.

— Ótimo!

Miguel pegou o punho do menino e o apertou carinhosamente. O menino sorriu para ele, feliz.

Na carta que Miguel enviou para Juliana, juntamente com a de Benício, ele descreveu detalhadamente o que o levou a morar na Itália.

Benício, por sua vez, contou tudo o que fizera com o pai desde que ele havia se mudado para lá. Algo que acreditou que Juliana gostaria de saber.

Pai e filho foram ao correio juntos depositar a carta. Ambos estavam eufóricos. Miguel aproveitou também para enviar a carta que havia escrito para o pai.

Incomodado com a falta de ter o que fazer, Miguel se matriculou num curso de língua italiana para estrangeiros. Só assim aprenderia a língua com mais facilidade e rapidez. Logo se apaixonou pelo italiano e também pelas músicas italianas.

Ao saber que aconteceria a tourada de rua na Espanha, pediu permissão a Queila para levar o garoto para assistir ao evento. Depois de repetir dez vezes que tomaria conta direitinho do filho, ela o permitiu.

O menino estava empolgado para assistir à cerimônia. Já que os touros sairiam livres, pelas ruas, capazes de chifrar quem estivesse à sua frente, Miguel procurou um lugar seguro para ficar com o filho durante a festividade.

— Quer chupar um sorvete? — sugeriu Miguel a certa hora.

O menino adorou a ideia.

— Então, aguarde-me aqui para não perdermos o lugar enquanto vou comprar. Volto já.

O menino fez sinal de positivo com os dedos.

Ao chegar à sorveteria, Miguel se lembrou que havia esquecido de perguntar ao filho qual o sabor de sorvete que ele queria.

"Chocolate!", lembrou-se ele, segundos depois, ao lembrar-se do sundae que o filho havia tomado, dias atrás, na sua companhia. Infelizmente, o sorvete de chocolate havia acabado. E agora? Qual sabor levar para o garoto, perguntou-se. Decidiu arriscar. Levaria um de creme e outro de morango, se ele não gostasse de um, ficaria com o outro. Era melhor arriscar do que ter de enfrentar aquele mundaréu de gente, novamente, para chegar até onde havia deixado o menino guardando lugar para os dois. E voltar novamente e depois, sucessivamente...

Foi um sufoco para Miguel andar com os dois sorvetes na mão até onde Benício ficara aguardando por ele. Sufoco maior foi descobrir que o garoto não se encontrava mais lá. Ele simplesmente gelou.

— Benício?! — chamou, girando o pescoço de um lado para o outro, em pânico. — Benício?!

O desespero tomou conta de Miguel. O chamado se repetia cada vez mais alto. Diante da falta de resposta, Miguel começou a perguntar sobre o menino às pessoas que estavam ali. Ninguém parecia tê-lo visto. O desespero fez com que Miguel desse os dois sorvetes a duas crianças para que também ficasse mais apto a se locomover por entre a multidão.

De repente, Miguel se sentia atordoado demais para continuar na procura pelo filho. Literalmente, não podia acreditar que deixara o desespero dominá-lo. Tentou mover-se, mas não tinha mais forças nem nas pernas nem nos braços. Ondas de escuridão turvavam-se sobre ele, ameaçando fazer perder a consciência. O ar de repente havia se tornado carregado de calor e densidade.

— Deus pai, por favor, traga esse menino de volta para mim! — começou a suplicar, Miguel, como nunca suplicara a Deus em toda a sua vida.

Foi como se seu pedido tivesse sido ouvido no mesmo instante, pois no minuto seguinte, Miguel avistou o filho não muito distante dali. Atravessou a multidão, quase que correndo. Ao achegar-se ao garoto, abraçou-o apertado e desesperadamente. Enterrou o rosto em seus cabelos, apertando-se contra a sua quentura sedosa e perfumada.

— Oh, Benício... Benício...

Miguel abraçou o filho ainda mais forte, apertando fortemente a cabeça do garoto contra o seu peito.

— Nunca mais faça isso comigo. Nunca mais, por favor.

— Fazer o que, papai?

— Sair do lugar em que o deixei esperando por mim.

— Mas eu não saí, papai. Continuei no mesmo lugar que me deixou antes de ir comprar os sorvetes. A propósito, *cadê* os sorvetes?

Só então, Miguel percebeu que havia tomado a direção errada ao deixar a sorveteria. Por isso não encontrara o menino.

— Os sorvetes... — respondeu Miguel, enfim. — Bem... venha comigo comprar outros dois.
— O senhor já chupou os dois?!
— Não! — riu, Miguel e explicou o que aconteceu.

O passeio terminou de forma descontraída e emocionante como sempre, com Miguel novamente surpreso com a alegria que sentia em estar na companhia do filho. Era como se estivesse na companhia do seu melhor amigo.

Quando voltavam para a casa, Miguel fez uma sugestão ao garoto:
— É melhor não contar nada sobre o nosso desencontro para a sua mãe. Se ela souber, receio que ela não nos deixe mais sair juntos.
— *D'accordo! Tutto benne!* — respondeu o menino em italiano.
— *Carino!* — exclamou Miguel, *italianando* a voz.

Os dois voltaram para a casa cantando, alegremente, uma canção famosa na Itália: *"Funiculi, funiculá... la ra ra ra...!"*

Assim que chegaram ao apartamento, Queila perguntou:
— Como foi o passeio?
— Bom, muito bom! — respondeu Benício, transparecendo naturalidade na voz. — Vi muitos touros correndo pela rua, mamãe.
— É mesmo?
— Sim. Muitos.

Miguel voltou para a quitinete, naquela noite, pensando no desespero que sentiu ao não encontrar o filho àquela hora, naquela tarde. De repente, perdê-lo era o mesmo que perder a coisa mais importante da sua vida, até mesmo a própria vida. Ele, definitivamente, amava o filho. Jamais pensou que seria tão agradável viver na companhia de uma criança, como descobria agora. Era uma sensação indescritível em palavras. Algo lindo de se viver.

A carta chegou às mãos de Juliana quase um mês depois de ter sido enviada, algo muito natural na época em relação à correspondência vinda de outros países, considerando também o local onde ela morava.

Juliana leu primeiro a carta de Benício e chorou a cada linha. Quando descobriu que a outra carta era de Miguel, seu rosto se converteu numa máscara de espanto. O que ela lhe revelava a deixou ainda mais espantada. Era inacreditável que ele havia se mudado para a Itália pelo menino e, também, por ela.

Sempre ouvira dizer que o ser humano não muda. Que permanece o mesmo, com mínimas alterações ao longo da vida... Pode apanhar, sofrer, mas não muda. Seria Miguel uma exceção? Ou seria o ditado um exagero, um rótulo sem ter nem por que? Bem, a mudança de Miguel ensinava a Juliana que não se deve rotular nada nem ninguém.

Enquanto isso em Milão, na Itália...
Diante da foto de Juliana, Benício comentou:
— Estou com tanta saudade dela, papai.
— Eu também, filho.
— Mal vejo a hora de ir para o Brasil e... Será que a mamãe Queila vai realmente deixar eu ir, como ela falou?
— Você vai, sim, vê-la. Eu lhe garanto.
— E se eu repetir de ano?
— Você não vai repetir. Você é um garoto estudioso, não tem por que repetir. Além do mais, estou aqui para ajudá-lo nos estudos.

O menino abraçou o pai.
— Obrigado, papai. Muito obrigado.
Após breve introspecção o menino comentou:
— Eu sempre sonho com ela, papai, é como se a mamãe Juliana estivesse aqui ao meu lado, dormindo ao meu lado.
— Eu acho que ela também sonha com você da mesma forma, filho. Da mesma forma...

Miguel abraçou mais forte o menino e sorriu, feliz, por estar com ele e por pensar em Juliana pensando nele. Aquilo era realmente verdade, Juliana também sonhava com o menino e tinha a sensação de que ele estava ali, ao seu lado. Toda vez que se dava conta disso rezava dobrado por sua segurança e para que ele fosse vê-la no Brasil quando chegassem suas férias.

Na semana seguinte, Miguel teve uma surpresa. Seu pai chegou à Itália de surpresa.
— Papai, o senhor por aqui?!

— Até quando você vai ficar olhando para mim com essa cara de espanto?! Vamos logo, dê-me um abraço e me convide a entrar.

Miguel atendeu o pedido do pai, rindo.

— Então é aqui que você tem vivido? — comentou Aristides Pabliano, passeando os olhos pelo minúsculo apartamento. — A diferença entre esse quitinete e sua casa em Curitiba é gritante. Não sei como conseguiu se adaptar a esse cubículo. Agora me diga, como vai a sua relação com o menino?

— Meu filho, seu neto.

— Sim, seu filho.

— Seu neto.

— Diga logo, rapaz.

Miguel disse apenas o que era verdade, que a relação entre ele e Benício era ótima, de uma intimidade sem igual, algo que crescia cada dia mais.

— O senhor vai conhecê-lo melhor, agora, e sei que vai gostar muito dele. Ele parece comigo fisicamente, mas na personalidade é o senhor escrito. O senhor mesmo verá, com os próprios olhos.

Aristides Pabliano sentiu a curiosidade se insinuar em algum lugar do seu ser.

A seguir, Miguel contou para o pai o desespero que sentiu aquele dia, na Espanha, quando se desencontrou com o menino.

— Eu nunca me vi tão desesperado como naquele dia, papai. Acho que meu coração ficou a um palmo da minha boca, tamanha a aflição. Não foi por medo do que Queila poderia me fazer por ter perdido o menino na multidão que fiquei desesperado. Foi por medo de perdê-lo mesmo, eu não queria perder Benício por nada desse mundo.

— Você entende agora o que eu sinto em relação a você? O que eu sempre senti?

Miguel assentiu com uma careta e comentou:

— Pelo visto está certo quem diz que ninguém pode realmente sentir algo até que sinta na própria pele.

E o pai completou:

— Está certo também quem diz que a vida é uma escola.

Pai e filho sorriram em concordância.

— E quanto às mulheres? — perguntou Aristides, a seguir. — Não se interessou por nenhuma italiana ainda?

229

— Tenho conhecido algumas italianas muito interessantes, já até saí com duas para a gente se conhecer melhor, mas...
— Você ainda pensa nela, não é?
— Sim, pai. Eu ainda penso em Juliana. Mesmo depois de tanto tempo, eu ainda penso nela... Ainda quero tê-la ao meu lado.
— Nem tudo se consegue na vida, filho. Em certos momentos temos que admitir para nós mesmos que aquilo que queremos e não podermos ter, só nos resta aceitar a condição e seguir em frente.
— Acho que o senhor tem razão. Se ela passou para outra eu também deveria passar. Tento, juro que tento, mas até agora...
— De qualquer modo foi bom, muito bom que você tivesse se apaixonado por Juliana. Esse amor sem fim, sem limites fez grande diferença na sua vida, despertou coisas positivas em você. Por isso que acredito hoje que está certo, também, quem diz que não existe amor errado, que toda união é necessária para que algo de bom aconteça em nossa vida, aconteça e cresça dentro de nós. Ainda que essa união dure apenas um dia.
— O senhor nunca foi de filosofar assim antes.
— Porque me limitava. É tão bom quando a gente se permite descobrir outros pontos de vista sobre a vida, não? Aprender a ter uma visão mais ampla sobre tudo que nos cerca, não só no planeta como no universo. Isso engrandece a gente. Nos faz melhor! Nos faz enxergar um sentido maior em tudo que nos acontece. Um sentido por estarmos aqui. Foi Henrique quem me despertou para tudo isso.
— Henrique... Por onde anda essa *figura?*
— No lugar de sempre: Curitiba. Trabalhando, tentando ser feliz.
— O senhor ficou sabendo que ele também se encantou por Juliana, não?
— Fiquei. Foi ele próprio quem me disse. E me pediu segredo.
— Foi graças àquele danado que eu comecei a perceber que gostava de Juliana. Foi ele quem me fez perceber que sentia ciúme dela.
— Eu ainda me pergunto: o que tem essa moça que desperta tanta paixão? Que mexe tanto com todos?
— A pureza, pai. Só pode ser sua pureza e compaixão.
Pai e filho ficaram reflexivos.
Como Miguel previu, o pai se encantou pelo neto aos primeiros minutos de convivência.

Décima parte

Despontavam os primeiros dias de janeiro de 1980 e o sítio da família da Silva estava aprisionado sob um céu em diversos tons de amarelo.

Juliana estava indo colher alguns pés de alface na horta junto a casa quando ouviu o barulho de um motor de carro ecoando a certa distância. Voltou-se para a direção da estrada e logo avistou um veículo vindo e levantando um leve poeirão.

Quem seria?, perguntou-se, curiosa.

Em segundos o carro chegou às proximidades da sede da fazenda e parou. A porta do lado do motorista se abriu e de dentro dele saiu Miguel.

Os olhos da moça ficaram extasiados, olhando para o recém-chegado. Queria falar, mas a voz não saía. Ficou imóvel, em gélido silêncio, olhando a aproximação do homem de 37 anos.

Ele parou a cerca de dois metros de onde ele estava, olhando firme para os seus olhos castanhos, bonitos, procurando por palavras que fugiam-lhe da boca.

— Olá, Juliana. Como vai? – disse ele, enfim.

— Miguel... – foi tudo o que ela conseguiu pronunciar, limitando-se a oferecer-lhe um sorriso hermético.

Um suspiro muito audível de alívio escapou do peito do adulto. Como se agora, que finalmente estava de frente para ela, pudesse relaxar.

— Trouxe alguém que você vai gostar muito de rever. – disse a seguir.

Ao seu sinal, a porta do lado oposto a do motorista se abriu e Benício saltou do carro, nem bem tocou os pés no chão de terra correu imediatamente na direção de Juliana.

Ao vê-lo, Juliana soltou o cesto das mãos e foi na sua direção. Assim que ambos se envolveram num abraço apertado, lágrimas explodiram de seus olhos.

— Mamãe... — murmurava o menino aos soluços. Apertando-se ainda mais forte a Juliana.

— Benício, meu amado Benício. Que saudade.

— Eu também estava com muita saudade de você, mamãe.

Ela afastou o rosto, olhou o garoto de cima a baixo e disse:

— Você cresceu um bocado nesse último ano. Está quase um mocinho.

Ele assentiu, sorrindo lindamente.

Ao perceber que Benício havia chegado, Vicentina foi até a varanda da casa. Ao avistar a senhora, que tinha como avó, o menino foi ao seu encontro. Foi outro reencontro emocionante.

Só então Juliana voltou a olhar para Miguel. Seu rosto, então, suavizou-se com um sorriso fatigado, e ela disse:

— Obrigada, não sabe como tudo isso me faz feliz. Ou melhor, acho que sabe sim, se não soubesse não teria vindo. Que bom que você...

Ela interrompeu-se ao notar que havia dito mais do que pretendia. O silêncio caiu sobre os dois como uma garoa inesperada.

Um minuto depois, Juliana quebrava o silêncio elogiando Miguel:

— Fico feliz que você e o seu filho tenham finalmente se entendido.

— Foi mais que se entender, Juliana. Hoje somos dois grandes amigos.

— Que bom, Miguel, que bom...

Ele não conseguiu conter outro suspiro, acompanhado de um sorriso largo e forçado, perguntou:

— Como você está?

— Bem.

— É feliz no seu casamento?

— Sim.

Sua voz não soou muito convincente para Miguel.

— Mesmo?

— Mesmo.

Um sorriso lúgubre surgiu nos lábios de Juliana que a seguir perguntou:

— E você? Casou-se?

— Não.

— É feliz?

— Com sinceridade? Tento ser. Benício tem me ensinado muito desde que nos aproximamos. Sou muito grato a ele e também a você, afinal, foi você quem sempre me incentivou a encará-lo de outro modo, tornar-me seu amigo. Sou eternamente grato a você pelo que fez por mim, pelo menino, por nós dois.

Ela sorriu, agradecida, mas seu sorriso refletia uma certa angústia.

No minuto seguinte ele voltou até o carro e de lá trouxe um pacotinho.

— Trouxe isso para sua mãe, é água benta e uma santinha de Fatima. Estive lá meses atrás e me lembrei dela, achei que ela iria gostar de receber algo de lá.

— Ela vai gostar muito.

— Entregue a ela, por favor.

— Entregue você mesmo, Miguel. Almoce conosco.

— Não sei se devo. Seu marido pode não gostar.

— Ele não está aqui hoje, está viajando. Por isso não haverá problemas.

— Se você acha que não...

Vicentina ficou muito feliz e agradecida pela lembrança.

— Fui sempre muito devota de Fátima, Miguel. Muito obrigada.

— Miguel e Benício almoçarão conosco, mamãe.

— Ótimo.

— Eu preparo tudo.

— Como queira, filha.

Em seguida, Vicentina pediu licença para levar Benício até Valeriano. Restaram ali, na cozinha da humilde casa de madeira, apenas Juliana e Miguel. Enquanto punha a toalha, pratos, talheres e copos sobre a mesa, ela quis saber detalhes da vida do ex-marido na Itália, ao lado do filho. Ele, sentindo-se mais à vontade, contou tudo sobre seu cotidiano na Europa. Ao final, disse, com sinceridade:

— Tudo isso que vivo hoje ao lado de Benício, Juliana, acredite-me é graças a você. Até o fato de eu conseguir chamá-lo de filho, eu lhe devo, pois foi você quem me encorajou a isto. Meses atrás meu pai me disse que você havia sido uma bênção na minha vida. Ele estava certo, certíssimo.

— Ora, Miguel...

Os olhares dos dois se prenderam por um segundo. Foi ela, ligeiramente sem graça quem fugiu dos olhos dele voltando a se concentrar nos preparativos para o almoço. Assim que Vicentina voltou para lá acompanhada do marido e do garoto que tinha como um neto, começaram a almoçar. Foi um momento muito agradável entre todos, Miguel se sentiu, pela primeira vez, ao menos por uns minutos como se fosse um membro da família.

Quando Juliana começou a retirar os pratos da mesa e colocá-los na minúscula pia da cozinha, para lavá-los, Miguel achou melhor partir.

— Bom, eu já me vou. – disse, querendo na verdade ficar por mais tempo ao lado da moça de quem sentia tanta saudade.

Ele esperou que ela dissesse "não, fique por mais tempo!" mas ela apenas concordou, evitando o seu olhar.

— Acho que vai querer que o menino fique hospedado aqui, não? – perguntou ele, antes de ir.

— Sim. – respondeu ela rapidamente. Feliz pela sugestão. – Se você permitir.

— É lógico que permito. Voltarei para Curitiba e daqui a quatro semanas volto para buscá-lo, tudo bem? Ótimo.

Sem mais delongas, ele partiu. Todos ali ficaram muito agradecidos a Miguel por deixar o menino com eles.

Benício, então, mal se continha de felicidade por estar novamente ao lado da família que tanto amava.

Naquela tarde, após quase um ano e meio de distância um do outro, Juliana e Benício puderam ficar a sós novamente como faziam nos velhos tempos.

Descansando a cabeça no ombro da mãe, com o braço direito passando por seu peito, o menino declarou mais uma vez o seu amor por ela:

— Eu amo a senhora, mamãe. Amo muito. Sinto tanta saudade. Se houvesse um modo da senhora ir morar conosco em Milão. Eu ficaria tão feliz...

Juliana beijou a mão esquerda do menino, esfregando depois o rosto contra ela e disse com certa tristeza:

— Nem tudo se consegue na vida, Benício. Nem tudo...

— Que pena.

Quando Silvana chegou com os filhos à sede do sítio e descobriram que Benício também estava lá, foi outro grande momento para todos. Aparecido e Benedita estavam também com muita saudade.

Enquanto as crianças brincavam, Juliana foi passar roupa no quarto. Silvana aproveitou então para falar com ela, em particular.

— O que foi? — assustou-se Juliana diante do olhar severo de Silvana sobre ela. — Que cara é essa? Por que me olha assim? Aconteceu alguma coisa?

— Você não acha que chegou a hora, Juliana? — perguntou Silvana, seriamente.

— Hora de que?! Do que está falando?

— Você sabe muito bem do que estou falando. Da mentira.

— Ora, Silvana, lá vem você de novo com essa história. Da minha vida cuido eu.

— Diga a Miguel a verdade, Juliana.

Juliana amarrou o cenho e seu nervosismo fez com que passasse o ferro sobre a roupa de forma abrupta.

— Larga de ser teimosa, minha irmã! A teimosa aqui era eu, lembra? — insistiu Silvana. — Conte-lhe a verdade.

— Não gosto de me repetir. — retorquiu Juliana, seriamente.

— Por que sofrer, continuar sofrendo por algo que já passou, mana?

Juliana bufou, largou o ferro, olhou grave para a irmã e disse:

— Você não entende... Certas coisas na vida são como um vaso que se quebra, quando quebrado é muito difícil juntar os pedaços, uni-los e colá-los novamente. Remendar o estrago que foi feito.

— Para mim não resta mais dúvida de que Miguel mudou, para melhor, é lógico.

— Para você, Silvana. Para você!

O cheiro de queimado interrompeu o assunto. Ao ver que havia sido displicente com a roupa, por isso a queimara com o ferro, Juliana choramingou:

— Está vendo só o que você me fez fazer?! Deixe-me em paz, agora, por favor.

Assim que Silvana saiu do aposento, Juliana parou novamente o que fazia, respirou fundo e fechou os olhos. O conselho da irmã ainda doía dentro dela.

Às vésperas da partida de Benício para a Europa, Juliana começou a sentir seu coração cada vez mais opresso. Era muito triste saber que teria de ficar distante dele praticamente mais um ano. O menino também sentia o mesmo em relação a ela.

Miguel voltou à fazenda Mato Serrão um dia antes do dia combinado para apanhar o menino. Assim poderia descansar e viajar com maior tranquilidade no dia seguinte.

A hora da despedida foi novamente dolorida tanto para o menino quanto para a família da Silva. Até Cirineu estava presente e se emocionou.

— Quando é mesmo que vocês partem? — quis saber Silvana.

— Ainda esta noite. Pegaremos um voo em Curitiba, por volta das seis da tarde, desceremos em São Paulo onde esperaremos o voo para Milão.

— Só tenho a lhe desejar, Miguel, muito boa viagem. Que você seja sempre muito feliz.

— Obrigado Silvana, você também.

Voltando para os demais, Miguel falou:

— Precisamos ir.

Suas palavras fizeram com que Benício abraçasse Juliana ainda mais forte.

— Prometo que nas férias do ano que vem eu volto. — jurou o menino. — E que vou escrever para a senhora todo mês.

— Eu vou esperar, filho.

Infelizmente tudo que é bom acaba rápido. Para todos ali o mês de férias de Benício no sítio passara como um raio.

Assim que Miguel e Benício partiram, Juliana, cabisbaixa, foi para o seu quarto. Minutos depois, Silvana foi atrás dela. Encontrou a porta do cômodo fechada, decidiu entrar sem bater. Quando os olhos, vermelhos e lacrimejantes de Juliana se encontraram com os da irmã, Silvana falou:

— Estou muito brava com você. Brava e decepcionada.

— O que foi que eu fiz?

Silvana chegou realmente a mostrar os dentes, dando uma momentânea e espantosa impressão de uma tigresa.

— E você ainda me pergunta?!

— Não me lembro de ter-lhe feito nada de errado, Silvana.

— Não foi comigo, que você fez algo de errado, Juliana, foi com você. E o pior é que continua fazendo.

— Do que está falando?

— Da mentira. Você deveria ter dito a Miguel a verdade. Para que continuar alimentando a discórdia entre vocês dois?

— Eu fiz o que era certo, acredite-me.

— Oh, minha irmã, eu queria tanto que você fosse feliz...

— Obrigada por se preocupar comigo, Silvana.

Juliana foi até a irmã e a abraçou.

— Volte atrás na sua decisão, mana, por favor. Por Benício.

— É tarde demais agora, Silvana. Tarde demais...

O abraço tornou-se mais apertado, enquanto lágrimas explodiam dos olhos das duas moças.

Silvana, então, desvencilhou-se dos braços da irmã, enxugou o rosto na ponta da manga do vestido, ajeitou o decote, depois o cabelo e disse:

— Eu já vou indo.

— Já, por que tão cedo?

— Tenho muita roupa para passar. Deixei, sem querer, acumular, sabe como é...

Silvana tornou a abraçar a irmã, procurou sorrir e partiu. Assim que deixou o sítio, disse para o marido:

— Cirineu, eu estava aqui fritando os meus miolos e cheguei a uma conclusão: não estamos sendo justos para com Miguel. Ele foi bom para nós. Nos estendeu a mão quando mais precisamos. Acho que é ele agora quem precisa da nossa ajuda. Pegue a caminhonete que compramos com a venda de algumas das joias que Miguel me deu, abasteça-a e vamos para Curitiba.

— Curitiba?!
— Sim, já, o quanto antes!
— Para que?!
— Eu lhe explico no caminho. Agora faça esse cavalo correr o mais rápido possível, por favor.

Uma hora e meia depois, o casal partia na companhia dos filhos para a capital paranaense, com Silvana de mãos entrelaçadas pedindo a Deus que eles chegassem a tempo de falar com Miguel antes de ele partir para São Paulo.

Quando chegaram à casa de Miguel, ele estava na companhia do pai, da irmã, do cunhado e de Henrique Pabliano, conversando descontraidamente com todos.

— Silvana?! — espantou-se Miguel ao recebê-la à porta. — V-você aqui?! Que surpresa! Por pouco você não me encontra, já estava de saída para o aeroporto. Em que posso ajudá-la? Aconteceu alguma coisa?

— Aconteceu. Podemos conversar em particular?
— Como lhe disse eu já estava de saída, se não for demorado.
— O que eu tenho a lhe dizer, Miguel é do seu interesse.

Ainda que com pressa, Miguel achou melhor ouvi-la. Assim que se fecharam numa das saletas da casa, Miguel apressou a moça:

— Diga, então, o que tem para me dizer.
— Vou direto ao ponto. É sobre Juliana.
— O que há? Aconteceu alguma coisa com ela?! Ela não está bem de saúde?
— Miguel, Juliana jamais se casou com Tobias.

A revelação deixou o homem temporariamente emudecido.

— Você fala sério?
— É lógico que sim. Todos nós, até mesmo Benício, escondemos de você o fato a pedido de Juliana. Até mesmo Valmira que trabalha na sede da fazenda Mato Serrão foi proibida de lhe revelar a verdade.

— Por quê?
— Ora, porque, Miguel... Para que você não voltasse a alimentar esperanças de uma reconciliação com ela. Para que não lhe perguntasse o porquê de ela ter desistido do casamento. O que ela certamente não conseguiria lhe responder, com sinceridade, olhando nos seus olhos.

Por que acha que ela desistiu de se casar com Tobias, Miguel? Pense, reflita... A resposta é bem simples: porque ela percebeu que o amor que sentia por você ainda era muito forte, mais forte que tudo.

— Por que ela continua me escondendo a verdade, alimentando essa mentira? Afinal, eu já lhe pedi desculpas, já lhe dei provas de que mudei, de que sou outra pessoa, disposto a uma vida a dois, de casado, de verdade.

— Ainda assim... Ela não põe muita fé em você.

Houve uma breve pausa, envolta de muita reflexão por parte dos dois. Diante do tempo que urgia, Silvana falou:

— Eu tinha de vir lhe contar a verdade, não suportava mais ficar calada, vendo tanto você quanto Juliana sofrendo. Por isso vim até aqui para lhe pedir que volte a Lagoa Serena e fale com Juliana a respeito.

— Você deveria ter me contado tudo isso enquanto estava lá.

— Eu quis, mas em respeito a minha irmã... Achei que ela acabaria lhe contando a verdade. Eu tentei forçá-la a fazer, mas... O coração de uma mulher, quando ferido, é difícil de se cicatrizar, Miguel.

Nova pausa, nova reflexão por parte de Miguel. Foi então que Maximiliano bateu à porta:

— Miguel, temos de ir, senão você vai perder o avião.

— Estou indo, Maximiliano.

Voltando-se para Silvana, Miguel falou:

— De que adianta eu voltar, Silvana? Já estive lá. Se ela ainda me quisesse, ela teria me dito a verdade, não escondido. Para mim isso é sinal de que ela não me quer mais, de jeito nenhum.

— Ela o quer, Miguel. Acredite-me. Só não tem coragem...

— Eu não quero mais fazer papel de tolo.

— Você será um tolo realmente se não der mais uma chance para vocês.

— Eu preciso ir. As aulas de Benício começam nesta segunda, a mãe dele me matará se eu não chegar a Europa com o menino amanhã.

— Miguel...

— Eu sinto muito, Silvana. Agradeço por ter vindo me procurar, dizer-me tudo isso, mas, agora é tarde demais... O ano que vem, quando voltarmos para cá, nas férias de Benício, conversarei com Juliana sobre isso.

239

— Quer dizer que você vai ficar mais um ano longe da mulher que tanto ama?
— Infelizmente sim, não há outro jeito.
Silvana partiu da casa de Miguel, chateada, sentia-se frustrada por não ter conseguido fazer o que tanto queria: unir a irmã e o ex-cunhado novamente como há muito tempo deveria ser.
No aeroporto, quando ainda Miguel e Benício se despediam da família, ouviu-se novamente o chamado para o embarque.
— Precisamos ir. — falou Miguel, acenando para todos.
Enquanto caminhava para dentro do avião, as palavras de Silvana voltaram a ecoar na mente de Miguel: "Juliana jamais se casou com Tobias... Todos nós, até mesmo Benício esconderam de você o fato a pedido de Juliana... Por que acha que ela desistiu de se casar com Tobias, Miguel? Pense, reflita... A resposta é bem simples: porque ela percebeu que o amor que sentia por você ainda era muito forte, mais forte que tudo... Eu tinha de vir lhe contar a verdade, não suportava mais ficar calada, vendo tanto você quanto Juliana sofrendo... O coração de uma mulher, quando ferido, é difícil de se cicatrizar... Você será um tolo realmente se não der mais uma chance para vocês..."
— Papai. — chamou Benício ao perceber a ausência do pai. — Vamos.
— Sim, Benício, vamos.

No dia seguinte, por volta das três horas da tarde, Juliana, como sempre, fazia sua cavalgada vespertina. Pensava em Benício enquanto cavalgava, nos bons momentos que passara com ele nas últimas quatro semanas e na tristeza que seria ter de esperar por mais um ano para revê-lo.
As palavras do menino voltaram a se repetir na sua mente: "Eu amo a senhora, mamãe. Amo muito. Sinto tanta saudade. Se houvesse um modo de a senhora ir morar conosco em Milão. Eu ficaria tão feliz..."
Juliana tornou a repetir, em voz alta a resposta que deu ao menino diante dos seu comentário:
— Nem tudo se consegue na vida, Benício. Nem tudo... — e fez um adendo — Que pena.

Nisso um relincho distante a despertou de seus pensamentos. Ao voltar os olhos para trás avistou a silhueta de um homem sobre um cavalo vindo na sua direção. De repente, seu coração gelou, de medo, sem saber ao certo o porquê. Quem seria?

Seus olhos mal podiam acreditar quando percebeu que o homem sobre o cavalo era Miguel. Sua garganta secou no mesmo instante e sua face se contorceu num misto de espanto e horror.

Ele desmontou do animal a uns oito metros de onde ela estava, olhou-a com olhos profundos e só então foi na sua direção. A pergunta inevitável saltou à boca da moça:

— O que você está fazendo aqui, Miguel? A uma hora dessas era para você já estar na Europa, não?

— Sim. — respondeu ele, mantendo seu olhar perscrutador sobre ela. — Acontece que... perdi o voo.

— Perdeu o voo?! C-como?

— Por sua causa.

— Por minha causa?! C-como assim... não estou entendendo.

— Eu não podia partir sem ouvir da sua boca, olhando bem para os meus olhos, sem desviá-los, o verdadeiro motivo que a levou a desistir do seu segundo casamento.

Ela agora o fitava com o coração em disparada, fria dos pés à cabeça.

— Quem lhe contou?

— Não importa. Só me diga, por favor, por que mentiu para mim?

Ela fez um gesto com as mãos, como que repelindo a pergunta. Mas ele insistiu, com voz firme, olhando fixamente para ela. Então ela baixou os olhos, para as mãos. Recusou-se a falar. Quando viu que não havia escolha, voltou a encará-lo, observou-o em silêncio por alguns instantes, emitiu um som desconsolado e disse:

— O que importa?

— Para mim importa muito.

Outra prolongada vacilação por parte de Juliana. Por fim, estirando as costas como que tomando coragem para falar, ela começou:

— Você teria feito o mesmo se estivesse no meu lugar.

— Talvez...

— Eu quis me proteger.

– Eu sei. Só acho que sua mentira não puniu somente a mim, está punindo também Benício e você.

Juliana não soube o que responder diante daquelas palavras. Apenas levantou os olhos, como se procurasse algo no ar e disse a única coisa que lhe veio à mente:

– Pertencemos a mundos muito diferentes, Miguel... Pessoas pertecentes a mundos diferentes não deveriam nunca se unir.

– Não quero ouvir a voz da razão, Juliana. Quero ouvir a voz do seu coração.

O minuto seguinte se estendeu por entre olhares silenciosos. Ele então suspirou longamente e disse:

– Eu já paguei por tudo que lhe fiz, tudo o que lhe peço agora não é o seu perdão, pelo que lhe fiz no passado. É uma nova chance, uma nova chance para vivermos lado a lado, uma nova chance para eu fazê-la feliz.

– Eu já lhe dei essa chance no passado. Por diversas vezes.

– Eu preciso só de mais uma. Mais uma e basta. Por favor. É mais uma chance também para você ser feliz porque sei que ainda me ama.

– Eu não o amo faz tempo.

– Está bem, já compreendi, quando você me amava eu não a amava, agora eu a amo e você não, as posições se inverteram, é isso? Tudo bem...

– Falo sério, eu não o amo mais. Nenhum amor resiste sem admiração. E eu não o admiro mais já faz tempo, muito tempo.

– Nem depois de eu ter partido para a Italia, para ficar próximo do meu filho? Ter assumido o garoto, ter me tornado um pai presente. Nada disso é digno de admiração? Acho que sou muito mais digno de admiração hoje do que no passado. Porque o que é para ser admirado em mim hoje é real, no passado eram só aparências, ilusões. Vai negar que estou errado?

"Eu promovi sofrimentos, você promoveu sofrimentos, será que ainda vale a pena continuar promovendo sofrimentos, agora?"

Enquanto ela pensava numa resposta ele aproximou-se dela, segurou suas mãos com infinita delicadeza e pediu:

– Olhe para mim, Juliana.

Ela resistiu. Ele tornou a insistir:

– Por favor.

Endireitando-se, ela olhou para ele e ele, então, afagou-lhe o rosto. Quando não havia mais defesas, beijou, doce e ternamente seus lábios.

Ela se entregou ao beijo por um longo e apaixonante minuto, até que então, subitamente, recuou o rosto e disse, com ar feroz:

— Não, Miguel. Não. Não posso fazer isso comigo. Não acredito mais em você, tudo em você ainda me soa falso, fingido. Volte para a Europa para junto do seu filho, é o melhor que você tem a fazer. Deixe-me em paz, nunca mais me procure.

— É isso mesmo que você quer?

— É.

— Está bem, farei o que me pede.

Uma sombra de desapontamento cobriu a face da moça a seguir.

— Só me resta então dizer-lhe adeus, é isso?

— Adeus.

Ele recuou um passo, sem tirar os olhos dela, enfim deu-lhe as costas e seguiu em direção ao cavalo. Estava prestes a montar o animal quando voltou até ela e disse seriamente:

— Você me pediu algo e eu aceitei. Acho justo que eu também lhe peça algo e você também aceite. É uma troca justa. Não é para mim, é para o Benício. O sonho dele é que você vá para a Itália passar pelo menos um mês com ele. Acho que ele lhe falou a respeito, não?

— Falou, sim. Mas é um sonho impossível... Eu não tenho condições financ...

— Eu pagarei sua passagem e estadia por lá com grande prazer. Se não quiser ficar na minha casa, eu...

— Eu jamais ficaria.

— Pois bem, ficará hospedada num hotel, perto da casa do garoto para que possam ter o maior contato possível. Que tal?

— A mãe dele não vai gostar de me ver por lá.

— Queila mudou um bocado. Ela gosta do que alegra o filho. Como diz o ditado: "Quem meu filho gosta, minha boca adoça."

— Eu...

— Pense em Benício, Juliana, na alegria que ele sentirá com sua presença. Ele foi capaz de cruzar o oceano para vir vê-la, retribua seu gesto.

— Eu...

— Quer um tempo para pensar? Eu lhe dou.

Juliana estava visivelmente aturdida, crispando as mãos, travando um duelo mental entre o sim e o não.

— Estarei na fazenda de meu pai, aguardando por sua resposta.

Ele havia acabado de montar o cavalo quando ela chamou por ele:

— Miguel?

Ele fechou os olhos, suspirou de alívio e um sorriso transpareceu em seus lábios. Por estar de costas para ela, ela não viu a expressão que se formou em seu rosto. Quando ele se virou, sua expressão havia mudado, estava séria novamente.

— Se for para eu ficar realmente hospedada num hotel, longe de você... Eu iria então pelo menino, para poder ficar um pouco mais perto dele... Você sabe o quanto eu o amo, Benício é para mim como um filho...

Miguel assentiu com um leve balançar de cabeça.

— Mas repito, Miguel: não espere ter nada comigo, pois como eu lhe disse...

— Eu já sei, você não me ama mais. Você já disse. Fique tranquila conviveremos por lá como amigos, dois bons amigos. Ou melhor nem conviveremos, você nem precisa me ver se não quiser. Dou-lhe a minha palavra.

Um sorriso de paz iluminou o rosto da moça.

De todos quem mais ficou feliz com a decisão de Juliana de seguir para a Europa para ficar um mês ao lado de Benício, foi Silvana. Ela acreditava que em um mês Miguel poderia dobrar a irmã, reconquistar seu coração.

Quando Benício que ficara na casa do avô em Curitiba, aguardando pelo pai, avistou Juliana chegando com Miguel, ele correu para abraçá-la. Mal podia acreditar quando o pai lhe contou que Juliana viajaria com eles para Milão.

— A senhora vai mesmo?! Fale sério.

— Sim, Benício, vou. — respondeu Juliana, emocionada.

— Que bom, a senhora vai gostar muito de Milão, vamos andar um bocado, *tem* muito lugar *bacana* para conhecer.

E foi assim que Juliana da Silva foi parar na Itáia ao lado do menino tão estimado. Queila ficou surpresa e até certo ponto enciumada quando soube da ida da moça para lá, mas depois de conversar com Juliana acabou gostando dela e logo ambas se tornaram grandes amigas.

— Não é à toa que meu filho gosta tanto de você. — elogiou Queila com sinceridade.

Juliana ficou encantada com Milão. Sempre que possível, saía na companhia de Benício para conhecer os pontos turísticos da cidade. Era Miguel quem os levava com o carro que havia comprado por lá. Durante os passeios, ela ignorava-o por completo, sua atenção era voltada total e exclusivamente para o garoto.

Nem mesmo quando ele a apanhava ou a levava de volta para o hotel onde estava hospedada, ela se dirigia a ele. Miguel, por sua vez, achava melhor respeitar seu silêncio.

Durante um dos passeios, o tempo esfriou, Miguel, então no mesmo instante, com modos de um verdadeiro cavalheiro, tirou seu casaco e o colocou nos ombros de Juliana.

— Não é preciso. — disse ela.

— É preciso, sim. Se pegar um resfriado estragará sua estadia na Itália.

— É isso mesmo, mamãe. — concordou o menino.

De repente, proteger Juliana do frio, da garoa, de qualquer coisa tornara-se para Miguel tão importante quanto proteger o filho.

Quando ele a deixou no hotel, naquele fim de dia, ela dirigiu-se para ele e disse:

— Tudo tem sido tão maravilhoso... Jamais pensei que seria tão bom assim... Quero agradecer-lhe por ter insistido em me trazer para cá... Eu...

Ele, delicadamente, interrompeu o que ela ia dizer:

— Eu a amo, Juliana.

A declaração de Miguel a pegou desprevinida.

— Eu a amo sim, muito. — continuou ele. — Levou tempo, sim... Seis anos para que eu lhe dissesse: eu te amo, mas esse dia finalmente chegou. Eu a amo, muito.

"Gostaria de libertá-la de todas as tristezas, decepções e frustrações que lhe causei, para que pudesse me ver com outros olhos. Mas desconfio que isso seja impossível, ao menos por hora, um dia quem sabe...

"Deus pai, nem acredito que tais palavras estejam atravessando meus lábios!"

O rosto adorável dela estava corado agora, nos olhos cintilavam lágrimas prestes a cair. Com certa dificuldade ela o lembrou:
— Eu lhe disse, ainda no Brasil, que não haveria volta, Miguel.
— Não haveria mesmo, Juliana, porque você, no íntimo nunca partiu de mim. Não é preciso voltar para o lugar de onde nunca partiu. Você ainda está em mim, eu ainda estou em você...
Aquelas palavras fizeram-na sorrir. Num tom mais ameno, ela procurou desviar o assunto:
— Apesar do vento frio e da garoa foi um passeio agradável, não foi?
Ele concordou, sorrindo, lindamente.
— Obrigada.
— Não há de que.
— Até amanhã, Miguel.
— Até amanhã, Juliana.
Ela abriu a porta e saiu. Ele a acompanhou com o olhar até ela chegar à porta do hotel. Ela então virou-se para ele e acenou com a mão. Ele retribuiu o aceno, sorrindo ternamente para ela, para a mulher que mudara radicalmente sua vida para melhor.

Nos meses que se seguiram Graciela e Maximiliano decidiram adotar uma criança. Para isso entraram na fila de adoção.
Henrique reencontrou a mulher que tanto amou na juventude e de quem se afastou por conta do destino. Ela se mudara para outro estado, agora era separada e tinha dois filhos, mas isso não foi empecilho para que eles se casassem.
Silvana continuou amando Cirineu como sempre o amou desde a adolescência. Quando ela voltava os olhos para o passado, divertia-se com tudo que foi capaz de fazer tanto para alcançar aquilo que acreditava que a faria feliz, e não passava de uma ilusão, como também para salvar o marido. Ela agora sentia orgulho de si e da vida que levava.
Aristides Pabliano depois da aproximação com o neto assumiu-o diante de todos, mostrava fotos e falava do menino com grande orgulho.
Quanto a Miguel, ele amava Juliana agora mais do que tudo e ela também o amava, todavia, agora, de uma forma mais lúcida.

Décima primeira parte

Na vida passada, Miguel Pabliano foi Allan Matheson, um rapaz que graças ao seu empenho no trabalho, seu senso de responsabilidade e honestidade fez triplicar a herança deixada por seu avô. Foi, em suma, o que Aristides Pabliano se tornou na vida atual graças aos ensinamentos que recebeu de Allan, seu pai na vida passada. Custou muito para Aristides aprender a importância do trabalho, da responsabilidade e do caráter na reencarnação em questão.

Allan Matheson foi também defensor dos direitos humanos, a favor das igualdades raciais e social. O que o levou a ser admirado pelos pobres e odiado por muitos da elite.

Seu grande amor era Flora (Juliana na vida atual), uma jovem meiga e encantadora por quem se apaixonou perdidamente desde os tempos da adolescência. Allan mal via a hora de ela atingir a maioridade para poderem se casar, ter filhos e serem, enfim, uma família feliz.

Todavia, uma herança deixada por um tio afortunado na Europa obrigou a família de Flora a se mudar para lá. A notícia pegou Allan desprevenido. Assustado foi conversar a respeito com a jovem:

— Flora, você tem mesmo de ir para a Europa com a sua família?

— Eu não posso ficar, Allan, ao menos por hora. Você sabe muito bem que minha mãe, doente como está, depende muito de mim. Além do mais, papai também vai precisar de mim por lá, até que tudo entre devidamente nos eixos.

— Você tem sua irmã para isso.

— Cornélia?! Ela não dá conta nem de si mesma.

— E quanto a nós, Flora?

— Se você me ama realmente, o seu, o meu, o nosso amor resistirá a esse tempo em que ficaremos longe um do outro.

— Estava tudo tão bem conosco... Por que isso foi acontecer?! — irritou-se Allan, inconformado.

— Calma, meu amor. Há males piores. Nossa separação será temporária, logo nos casaremos e...

— Você sabe que não posso me mudar para a Europa por causa dos meus negócios aqui na América. Será que você, tão apegada aos seus pais como é, será capaz de viver longe deles? Porque se casando comigo terá que viver novamente aqui nos Estados Unidos.

— Serei capaz, sim, Allan. Não se preocupe. Para matar a saudade dos meus pais, irei visitá-los pelo menos uma vez por ano.

— Você volta mesmo? Para nos casarmos e sermos felizes como planejamos?

— Volto, meu amor. É só minha mãe melhorar e meu pai se ajeitar por lá.

Ele abraçou a jovem e apertando forte e calorosamente desabafou:

— Eu a amo, Flora. Amo muito. Nunca se esqueça disso, por favor. Não sei se vou suportar ficar longe de você. Vai ser sofrido demais...

Na semana seguinte Flora e sua família partiram para a Europa. Allan estava no porto de Nova York para se despedir da jovem amada. Seus olhos estavam cheios d'água e quando a rampa do navio foi recolhida e um novo apito anunciou sua partida, lágrimas e mais lágrimas começaram a riscar sua face. Era triste a realidade, mas era a única verdade disponível.

Do navio Flora acenava para o moço que tanto amava, também derramando-se em lágrimas. Allan retibuiu o aceno como se fosse o último que trocariam na vida. Permaneceu ali, por quase meia hora, com o coração cada vez mais opresso, olhando para o navio que seguia para dentro do oceano.

Com o passar dos meses chegou uma carta de Flora para Allan na qual dizia que a mãe ainda continuava muito doente e necessitada de sua ajuda. Que sua volta para a América levaria bem mais tempo do que planejara. Irritado e decepcionado com a situação, Allan se envolveu com uma moça da alta sociedade e quando a jovem engravidou dele foi obrigado a se casar com ela.

Acabou encarando o casamento com sendo a melhor forma de esquecer o que se passou entre ele e Flora. Acreditava piamente que ela não conseguiria se desprender de sua família para voltar à América e se casar com ele, portanto, só lhe restava mesmo aquele destino.

Infelizmente Allan se envolveu com a moça errada, como acontece quando se faz algo precipitado. A jovem só estava interessada em seu dinheiro e causou-lhe profundo desagrado ao longo do tempo. Com ela teve um filho que lhe deu muita dor de cabeça para educá-lo. Um dia, ela fugiu com outro, deixando-o decepcionado mais uma vez com relação às mulheres. Para se esquecer de tudo se afogou no trabalho.

Nesse ínterim, Flora voltou aos Estados Unidos de surpresa e quando soube que Allan havia se casado com outra, decepcionada, pegou o próximo navio que partia para a Europa. Tudo o que ela mais queria era se ver longe dali, daquela triste realidade.

— Talvez tenha sido melhor assim. — concluiu, mais tarde, consigo mesma. — Talvez eu não suportasse viver mesmo longe do papai e da mamãe. Que Allan seja muito feliz com sua esposa e seu filho. Eu tentarei ser, de algum modo.

Mal sabia ela a triste realidade em torno da vida conjugal do moço que tanto amava.

Depois do sumiço de sua esposa, Allan tentou encontrar uma outra mulher para ser feliz. Todas com as quais se envolvia, descobria logo estarem interessadas somente no seu dinheiro e no seu destaque na sociedade. Isso aumentou a sua descrença nas mulheres e no amor. Deixou-o revoltado também com sua condição social, afinal, ao que tudo indicava, tanto mulheres quanto homens só se aproximavam dele por seu destaque na sociedade e por sua fortuna.

Quando Allan encontrou finalmente uma moça decente para se casar descobriu que só se interessara por ela porque lembrava, de certa forma, Flora. Visto que ele ainda a amava, ele foi até à Europa em sua busca.

Ao descobrir que Flora havia se casado, sentiu seu coração se despedaçar ainda mais. Ao voltar para os Estados Unidos procurou, como sempre, fugir das suas frustrações afetivas se atolando de trabalho.

O marido de Flora, por amá-la muito, fazia de tudo para agradá-la. Sabia que ela amara muito um americano cujo destino os separou. Tudo o que ele queria, juntamente com o filho que teve com ela, era vê-la feliz. Esforçaram-se muito para isso ao longo da vida.

Noutra volta à Europa, Allan encontrou Cornélia, a irmã de Flora. Já haviam se passado 15 anos desde que eles haviam se mudado para o continente. Ao saber que Flora fora atrás dele e ao descobrir que ele havia se casado com outra moça e tivera um filho com ela, voltou arrasada e decidiu se casar com um rapaz que se interessou por ela, Allan ficou surpreso.

— Ela não o amava, Allan — salientou Cornélia —, mas queria ter filhos.
— Eu compreendo... Acho que compreendo. — respondeu Allan, entristecido.
— Você quer vê-la?
— Vê-la? Quem?
— Flora.
Ele refletiu por alguns segundos, por fim disse:
— De que adiantaria, Cornélia? Agora é tarde demais.
Segundo Allan, para ser sua mulher, ela teria de ser virgem. A pergunta da moça a seguir o deixou ligeiramente confuso.
— Você ainda ama Flora, Allan?
Levou quase dois minutos até que ele respondesse:
— Eu não quero amar mais ninguém. O amor só nos causa dor. Sofri demais por tudo que vivi ou melhor que não vivi com Flora. Se houver vida em algum lugar após a morte, jamais vou me deixar apaixonar outra vez para não sofrer. Para não ser feito de bobo pela vida.
Recolocando o chapéu, acrescentou:
— Adeus.
— Adeus, Allan.
De que serviu se empenhar no trabalho, enriquecer, entregar-se ao amor, casar-se, porque aprendera na Igreja que o homem deve procriar, se tudo isso lhe trouxe tantas complicações?, questionou-se Allan enquanto partia. E voltando os olhos para o céu, pensou: "Se houver uma outra vida serei o avesso do que fui nessa em questão."
Mas ele ainda amava Flora e ela também o amava. E o amor resistiu ao tempo, atravessou vidas para um dia, como se espera, vencer no final.

Por que nascemos com medo e desconfianças, se nada que vivemos nesta vida os justifica?
Só mesmo olhando para trás, para vidas passadas é que podemos compreender o porquê de tudo isso e de tudo, enfim, que cerca o nosso coração e que nos foge à compreensão.
Uma coisa é certa, nada na vida é em vão. Por trás de tudo, há uma razão importante para a nossa evolução espiritual...

Sucessos Barbara
A outra face do amor

As palavras de Verônica ainda estavam ecoando na mente de Nathalia.

— Eu não sei o que é pobreza. Eu só conheço a riqueza, o luxo. Mesmo dentro da barriga da minha mãe eu só vivi cercada de riqueza, luxo e poder. Ouro, prata, diamantes... Se quer saber realmente o que sinto, pois bem, não faço questão alguma de conhecer a pobreza. Nunca fiz. Tanto isso é verdade que eu jamais, em momento algum, visitei a dependência dos empregados. Só tenho olhos para o que é rico, próspero e belo.

— Mas sua melhor amiga é paupérrima.

— Évora? Sim, ela é paupérrima. Coitada, ela e a família não têm onde cairem mortos. É, nem tudo é perfeito. Para tudo há sempre uma exceção, não é o que dizem? Évora é a exceção. Eu gosto dela, sempre gostei, sua condição social miserável nunca conseguiu prejudicar nossa amizade como eu pensei que aconteceria. Não é incrível como a vida nos surpreende?

Nathalia se perguntou mais uma vez: por que uns nascem para conhecer somente o luxo e a riqueza e outros somente a pobreza?

Dias depois, Évora entrava na propriedade de Verônica acompanhada do noivo, ansiosa para apresentá-lo a amiga.

— Será que ela vai gostar de mim, Évora? — perguntou o noivo.

— Vai e muito. Tanto que lhe dará o emprego de que tanto precisa e por meio do qual poderemos ter, finalmente, condições de nos casarmos.

Minutos depois o rapaz era apresentado a Verônica.

— Ele não é formidável, Verônica? — perguntou Évora.

— Sim, Évora, ele é formidável — concordou Verônica olhando com grande interesse para o tímido e pobre rapaz que também não tinha, como se diz, onde cair morto.

Amor incondicional

Um livro repleto de lindas fotos coloridas com um texto primoroso descrevendo a importância do cão na vida do ser humano, em prol do seu equilíbrio físico e mental. Um livro para todas as idades! Imperdível!

Sem amor eu nada seria...

Em meio a Segunda Guerra Mundial, Viveck Shmelzer, um jovem alemão do exército nazista, apaixona-se perdidamente por Sarah Baeck, uma jovem judia, residente na Polônia.

Diante da determinação nazista de exterminar todos os judeus em campos de concentração, Viveck se vê desesperado para salvar a moça do desalmado destino reservado para sua raça.

Somente unindo-se a Deus é que ele encontra um modo de protegê-la, impedir que morra numa câmara de gás.

Enquanto isso, num convento, na Polônia, uma freira se vê desesperada para encobrir uma gravidez inesperada, fruto de uma paixão avassaladora.

Destinos se cruzarão em meio a guerra sanguinária que teve o poder de destruir tudo e a todos exceto o amor. E é sobre esse amor indestrutível que fala a nossa história, transformada neste romance, um amor que uniu corações, almas, mudou vidas, salvou vidas, foi no final de tudo o maior vitorioso e sobrevivente ao Holocausto.

Uma história forte, real e marcante. Cheia de emoções e surpresas a cada página... Simplesmente imperdível.

A Solidão do Espinho

Virginia Accetti sonha desde, menina, com a vinda de um moço encantador, que se apaixone por ela e lhe possibilite uma vida repleta de amor e alegrias.

Evângelo Felician é um jovem pintor, talentoso, que desde o início da adolescência apaixonou-se por Virginia, mas ela o ignora por não ter o perfil do moço com quem sonha se casar.

Os dois vivem num pequeno vilarejo próximo a famosa prisão "Écharde" para onde são mandados os piores criminosos do país. Um lugar assustador e deprimente onde Virginia conhece uma pessoa que mudará para sempre o seu destino.

"A Solidão do Espinho" nos fala sobre a estrada da vida a qual, para muitos, é cheia de espinhos e quem não tem cuidado se fere. Só mesmo um grande amor para cicatrizar esses ferimentos, superar desilusões, reconstruir a vida... Um amor que nasce de onde menos se espera. Uma história de amor como poucas que você já ouviu falar ou leu. Cheia de emoção e suspense. Com um final arrepiante.

Paixão Não se Apaga com a Dor

No contagiante verão da Europa, Ludvine Leconte leva a amiga Barbara Calandre para passar as férias na casa de sua família, no interior da Inglaterra, onde vive seu pai, viúvo, um homem apaixonado pelos filhos, atormentado pela saudade da esposa morta ainda na flor da idade.

O objetivo de Ludvine é aproximar Bárbara de Theodore seu irmão, que desde que viu a moça, apaixonou-se por ela.

O inesperado então acontece, seu pai vê na amiga da filha a esposa que perdeu no passado. Um jogo de sedução começa, um duelo entre pai e filho tem início.

De repente, um acidente muda a vida de todos, um detetive é chamado porque suspeita-se que o acidente foi algo premeditado. Haverá um assassino a solta? É preciso descobrir antes que o mal se propague novamente.

Este romance leva o leitor a uma viagem fascinante pelo mundo do desejo e do medo, surpreendendo a cada página. Um dos romances, na opinião dos leitores, mais surpreendentes dos últimos tempos.

Ninguém desvia o destino

Heloise ama Álvaro. Os dois se casam prometendo serem felizes até que a morte os separe.

Surge então algo inesperado.

Visões e pesadelos assustadores começam a perturbar Heloise.

Seria um presságio? Ou lembranças fragmentadas de fatos que marcaram profundamente sua alma em outra vida?

Ninguém desvia o destino é uma história de tirar o fôlego do leitor do começo ao fim. Uma história emocionante e surpreendente. Onde o destino traçado por nós em outras vidas reserva surpresas maiores do que imagina a nossa vã filosofia e as grutas do nosso coração.

Quando o Coração Escolhe

(Publicado anteriormente com o título: "A Alma Ajuda")

Sofia mal pôde acreditar quando apresentou Saulo, seu namorado, à sua família e eles lhe deram as costas.

— Você deveria ter-lhes dito que eu era negro — observou Saulo.

— Imagine se meu pai é racista! Vive cumprimentando todos os negros da região, até os abraça, beija seus filhos...
— Por campanha política, minha irmã — observou o irmão.

Em nome do amor que Sofia sentia por Saulo, ela foi capaz de jogar para o alto todo o conforto e *status* que tinha em família para se casar com ele.

O mesmo fez Ettore, seu irmão, ao decidir se tornar padre para esconder seus sentimentos (sua homossexualidade).

Mas a vida dá voltas e nestas voltas a família Guiarone aprende que amor não tem cor, nem raça, nem idade, e que toda forma de amor deve ser vivida plenamente. E essa foi a maior lição naquela reencarnação para a evolução espiritual de todos.

A lágrima não é só de quem chora

Christopher Angel, pouco antes de partir para a guerra, conhece Anne Campbell, uma jovem linda e misteriosa, muda, depois de uma tragédia que abalou profundamente sua vida. Os dois se apaixonam perdidamente e decidem se casar o quanto antes, entretanto, seus planos são alterados da noite para o dia com a explosão da guerra. Christopher parte, então, para os campos de batalha prometendo a Anne voltar para casa o quanto antes, casar-se com ele e ter os filhos com quem tanto sonham.

Durante a guerra Christopher conhece Benedict Simons de quem se torna grande amigo. Ele é um rapaz recém-casado que anseia voltar para a esposa que deixara grávida. No entanto, durante um bombardeio, Benedict é atingido e antes de morrer faz um pedido muito sério a Christopher. Implora ao amigo que vá até a sua casa e ampare a esposa e o filho que já deve ter nascido. Que lhe dissesse que ele, Benedict, os amava e que ele, Christopher, não lhes deixaria faltar nada. É assim que Christopher Angel conhece Elizabeth Simons e, juntos, descobrem que quando o amor se declara nem a morte separa as pessoas que se amam.

A Lágrima não é só de quem chora é um romance emocionante do começo ao fim.

Vidas que nos completam

Vidas que nos completam conta a história de Izabel, moça humilde, nascida numa fazenda do interior de Minas Gerais, propriedade de uma família muito rica, residente no Rio de Janeiro.

Com a morte de seus pais, Izabel é convidada por Olga Scarpini, proprietária da fazenda, a viver com a família na capital carioca. Izabel se empolga com o convite, pois vai poder ficar mais próxima de Guilhermina Scarpini, moça rica, pertencente à nata da sociedade carioca, filha dos donos da fazenda, por quem nutre grande afeto.

No entanto, os planos são alterados assim que Olga Scarpini percebe que o filho está interessado em Izabel. Para afastá-la do rapaz, ela arruma uma desculpa e a manda para São Paulo.

Izabel, então, conhece Rodrigo Lessa, por quem se apaixona perdidamente, sem desconfiar que o rapaz é um velho conhecido de outra vida.

Uma história contemporânea e comovente para lembrar a todos o porquê de a vida nos unir àqueles que se tornam nossos amores, familiares e amigos... Porque toda união é necessária para que vidas se completem, conquistem o que é direito de todos: a felicidade.

Leia também

Mulheres Fênix
Quando é Inverno em Nosso Coração
Se Não Amássemos Tanto Assim
Deus nunca nos deixa sós
Suas verdades o tempo não apaga
Só o coração pode entender...
Gatos muito gatos
(Livro de fotos para os fãs de gatos).

𝓗

Para adquirir um dos livros ou obter informações sobre os próximos lançamentos da Editora Barbara, viste nosso site:

www.barbaraeditora.com.br

Ou escreva um e-mail para:
barbara_ed@estadao.com.br

Ou escreva para
BARBARA EDITORA
Av. Dr. Altino Arantes, 742 – 93 B
Vila Clementino – São Paulo – SP
CEP 04042-003
(11) 5594 5385

Para entrar em contato com o autor:
americosimoes@estadao.com.br